OPTIMISTA POR EXCELENCIA

NORMAN VINCENT PEALE

OPTIMISTA POR EXCELENCIA

Claves para sobreponerte al mundo negativo de hoy

TALLER DEL ÉXITO

OPTIMISTA POR EXCELENCIA

Publicado por:
Taller del Éxito, Inc.
1669 N.W. 144 Terrace, Suite 210
Sunrise, Florida 33323
Estados Unidos
www.tallerdelexito.com

Editado y publicado en Colombia por Editorial Taller del Éxito, S.A.S. con la autorización de Taller del Éxito, Inc.

ISBN: 978-1607384885

Corrección de estilo: Nancy Camargo
Diagramación: Carla Bórquez Carrillo
Diseño de carátula: Diego Cruz

Printed in Colombia
Impreso en Colombia
Impreso por Editorial Nomos S. A.

22   23   24   25   R|CNM   08   07   06   05

Contenido

Dedicado con mucho afecto a los miembros de la Iglesia Marble Collegiate, en la ciudad de Nueva York, cuya leal amistad ha significado más de lo que jamás podría expresar.

—Norman Vincent Peale

Unas palabras para el lector

Si quieres vivir en este mundo cruel y aun así tener algo de fe y optimismo reales, este libro es para ti.

Eres un optimista empedernido cuando tienes lo que se necesita para enfrentar con creatividad la fría realidad de la existencia humana y aun así sigues creyendo que tendrás buenos resultados. En nuestro libro, esa es una característica de alta calidad en cualquier persona.

"Empedernido" es toda una palabra en sí misma. Y no significa fanfarronería, ni desprecio, ni ser duro de carácter, ni un matón. Mira la definición en el diccionario de español, es toda una obra maestra:

Empedernido: obstinado, tenaz, que tiene un vicio o una costumbre muy arraigados.

Ser resiliente ante la aplicación de fuerza y no romperse, tener buena textura sustancial en la personalidad: eso es ser empedernido en su máxima expresión.

Entenderlo de esta forma depende en gran parte de tu manera de pensar, ya sea débil o fuerte, tímida o audaz, vacilante o franca; el hecho es que, como quiera que sea, añádele una actitud empedernida a tu manera de pensar y obtendrás una mezcla especial, muy especial. Cuando eres empedernido en tu manera de pensar, sabes soportar tensión sin quebrantarte. Esto último es muy importante, porque si tus pensamientos se quebrantan, sin duda, tú también te quebrantarás.

Pero no es suficiente con mantenerte firme y limitarte a mantener tu posición. El psiquiatra que afirmó que "el principal deber del hombre es soportar la vida" solo relató la mitad de la historia, y la mitad más desafortunada. Atacar, superar, triunfar y avanzar es la mejor mitad. Así que a la fórmula de "mente empedernida" le añadimos la alegre palabra optimista. De nuevo, aquí tenemos un término que ha asumido una connotación inadecuada, porque no es una descripción del súperanimado, el ultra brillante y casual. Más bien, consiste en ver lo peor con absoluta realidad, pero aun así seguir creyendo en lo mejor. Una vez más, veamos la definición en el diccionario:

> **Optimismo:** doctrina que indica que los beneficios de la vida superan el dolor y el mal de la misma; que la vida es preponderantemente buena. La inclinación a poner la construcción más favorable sobre las acciones y los sucesos, minimizar aspectos adversos, condiciones y posibilidades o anticipar el mejor resultado posible; un temperamento alegre y lleno de esperanza.

De modo que un "optimista empedernido" es alguien que no se desmorona en sus pensamientos a pesar del estrés que soporte y continúa con esperanza y alegría, esperando lo mejor, sin importar cómo se vea la situación. Quizá la señora Alan Shepard, esposa del primer astronauta estadounidense, expresó esta filosofía bastante bien al describir la actitud que tuvo cuando su esposo hizo su salto al espacio: "Creo en el poder del bien y de Dios. Sentía que la bondad me rodeaba y sabía que Alan estaba en el lugar correcto y en las manos de Dios. Yo dormía bien...".

Otra ilustración del optimista empedernido la da Alan Moorhead en su fascinante libro sobre África, *El Nilo blanco*. Él describe a David Livingstone, aquel famoso explorador y misionero, en un inolvidable personaje. "Tenía esa cualidad que los árabes describen como *baraka*. En las circunstancias más improbables, tenía el poder de mejorar la vida y hacerla ver mejor de lo que era antes. Su sola presencia parece haberles conferido una bendición a todos los que lo conocieron".

Considera el rollo de los problemas de la vida: enfermedad, dolor, peligro, temor, odio, prejuicio, guerra y más. Hay un tipo de persona que tiene lo que se necesita; es aquel que, con la ayuda de Dios, iguala a cualquiera o a todos los que lo rodean: el optimista empedernido.

—Norman Vincent Peale

UNO

Procura tener lo que se necesita

Enfrentémoslo, para vivir en este mundo en particular tienes que ser fuerte. Sin fuerza, terminarás aplastado o al menos estropeado. Si esta afirmación te parece un poco sombría, recuerda todas las cosas que le suceden al ser humano: dolor, enfermedad, frustración, accidentes, decepción, fracasos, juegos dobles, por nombrar unos pocos.

Una cualidad que todos debemos aprender a desarrollar es la de tener lo que se necesita para enfrentar todo tipo de inconvenientes. Si no has tenido que enfrentarlos, en algún momento te tocará. Si no desarrollas algo de verdadera resistencia interna, cualquier eventualidad te golpeará y te sacudirá. Así que démosle una mirada a las fuentes de fuerza que tú y yo necesitamos.

Lo primero es desarrollar tenacidad interior. Para tener la mentalidad de optimista empedernido, esta es una cualidad prioritaria. De hecho, en este mundo hay dos clases de mentalidad: la débil y la fuerte. Quienes tienen mentalidad débil no saben soportar adversidades, ni críticas, pues estas los reducen con rapidez. Los hieren y lastiman mucho. Los problemas y los obstáculos los espantan. La adversidad y la oposición los abruman. ¡Estos son los pobres miserables de mente débil!

Pero también están los de mentalidad fuerte. Al igual que cualquier otra persona, a ellos tampoco les gusta la crítica, pero saben cómo recibirla y manejarla. Con cuidado, ellos extraen de las críticas todos los conocimientos que estas contienen y se deshacen de lo que no les sirve.

Los problemas y los obstáculos solo sirven para desafiarlos y no les avergüenza la adversidad, ni la oposición. Las impresionantes e inspiradoras personas con mentalidad fuerte son todas unos personajes. Se han fortalecido en el interior. Tienen lo que se necesita.

Mira muy al fondo de tu interior y en tu personalidad encontrarás cierta fortaleza que el Creador puso dentro de ti cuando te creó. Él sabía muy bien lo que ibas a enfrentar en esta vida y te hizo igual a eso, a todo eso. De hecho, eres más fuerte de lo que crees. Si no has ejercitado tus "músculos" espirituales, por naturaleza, si no se usan, se ablandan, como cualquier músculo. A medida que reactives tu fortaleza básica mediante el uso, esta se desarrollará y se fortalecerá aún más.

He escuchado que Frank Leahy, quien fue entrenador en Notre Dame y creador de varios equipos estelares de fútbol americano, escribió un letrero con letras gigantes en los vestidores. Era lo último que veían los jugadores al salir al campo de juego. Decía: "Cuando la marcha se haga difícil, deja que la dificultad se marche". Escribe ese pensamiento con letras grandes en tu conciencia y, sin duda, la fortaleza que hay en ti empezará a fluir y seguirá haciéndolo cuando las circunstancias se hagan difíciles.

Quizás el mundo fue hecho como es, lleno de problemas y dificultades, para hacer que esta cualidad de la fortaleza surgiera en nosotros, los seres humanos. ¿Qué intenta hacer el Dios Todopoderoso con nosotros? Debe haber algún propósito; de lo contrario, entonces la vida sería un gran chiste sombrío y nada divertido. Me pregunto si su propósito no es hacer personas fuertes y controladas, que sepan enfrentar la vida en la Tierra de tan buena manera, que merezcan la vida eterna.

Si ese no es su propósito, ¿por qué, entonces nos creó a su imagen? Sin duda, lo hizo con la expectativa de que, al final, lográramos ser como Él. Esto, además de ser bondadosos y amorosos, también significa ser fuertes, verdaderamente fuertes.

Una forma de cultivar tu cualidad potencial de resistencia interior es aferrándote a una imagen mental en la que te visualizas poseyéndola. Practica "verte" a ti mismo, no como alguien débil, indeciso y vacilante, sino fuerte, controlado y con propósito. Recuerda que tiendes a convertirte en aquello que visualizas.

Para ayudarte a visualizarte en términos de este fuerte patrón mental, sugiero el uso diario de la siguiente afirmación: "Dios me hizo fuerte. Me veo como lo que en realidad soy: fuerte. Con la ayuda de Dios, no soy débil; soy fuerte. Tengo lo que se necesita. Gracias Dios por mi fuerza".

Sigue diciendo esto, creyéndolo. Sigue practicándolo también y, en su debido momento, tu mente consciente aceptará como una realidad lo que estás afirmando. La fuerza que se irá estableciendo firmemente en tu subconsciente se convertirá en la característica determinante de tu personalidad. Porque tú eres lo que tu mente subconsciente realmente piensa que eres.

Una mujer normal, de mediana edad, vino a mí para una consulta. Su esposo permaneció fuera de mi oficina, porque ella quería hablar a solas conmigo.

"Nuestro hijo de 17 años fue arrestado por el robo de un automóvil", explicó ella, "y también está en otros problemas. Yo conozco los hechos, pero su padre todavía no. He tenido miedo de decírselo. Verá, él no sabe tomar cosas como esta tan bien como yo, así que he tenido que enfrentarlo todo yo sola. Quiero que me ayude con mi esposo para que esta situación no lo destroce".

No pude evitar admirar a esta fuerte mujer. Quizás había consentido demasiado a su esposo haciendo que él, de hecho, fuera algo así como un bebé mayor al cual satisfacer, basada en algún profundo instinto maternal. Lo cierto es que, sin duda, ella tenía lo que se necesitaba para enfrentar un problema familiar bastante difícil. Con admiración, le pregunté: '¿De dónde obtiene su fuerza?'. Usted es todo un personaje".

"Bueno", respondió, "somos personas pobres. Hemos tenido que luchar y ser austeros. Parece que todo siempre lo hemos obtenido con dificultad. Nos ha ido bien, pero nunca hemos tenido mucho; y en mi niñez, fui criada en un hogar similar". Su pequeño relato, sin ninguna muestra de queja o amargura, me impresionó. Luego, continuó: "No tardé en darme cuenta de que Jack (su esposo) era un hombre muy agradable, pero sin muchas habilidades, ni ambiciones. Así que me hice cargo de la familia. Tuve que ser fuerte y, con la ayuda de Dios, he vivido fortalecida. Solo tomé la decisión de ser fuerte, y eso es todo".

Bueno, eso puede ser todo, pero créeme, eso es bastante. Sin duda, ella era una optimista empedernida. Ten claro esto: la verdadera fuerza está en ti, lo sepas o no. Es más, en tu interior tienes toda la fuerza que necesitarás para manejar todo lo que debas enfrentar.

Cuando este concepto fundamental de fuerza inherente está firmemente arraigado en tu patrón de pensamientos, tienes la capacidad para enfrentar cualquier circunstancia sin desmoronarte y sin importar lo difícil o crítica que esta sea. Y cuando en el fondo de tu mente sabes que tienes lo que se necesita, no estás tan nervioso, tenso o temeroso respecto a afrontar asuntos difíciles. Por el contrario, tienes una tranquila y firme sensación de capacidad y padeces de muchas menos dudas con respecto a tu habilidad para enfrentar situaciones complicadas.

He visto cómo esta fortaleza se desarrolla en algunas personas derrotadas, así que sé lo que nuestro método para desarrollar fuerza puede lograr. Tomemos, por ejemplo, este difícil caso.

Una mañana, temprano, entré al café del hotel en una gran ciudad. Al mirar por todas partes, vi a un hombre sentado a solas en una esquina y observé que tenía su cabeza inclinada sobre sus manos; además, sus codos descansaban sobre la mesa. Su imagen daba la impresión de ansiedad y cansancio; pensé que quizás estaba orando. Luego, me ocupé con mi desayuno y me absorbió la lectura del periódico de esa mañana, así que no volví a pensar en él.

Poco después, escuché mi nombre y, al levantar la mirada, vi al mismo hombre de pie ante mí con una mirada de sorpresa. "¡Me va a maldecir!", dijo.

"¿Cómo puede ser eso?" Pregunté. "¿Por qué está pidiendo que lo maldigan?".

Se tiró al asiento que estaba a mi lado y dijo: "Quizá las oraciones sí son respondidas. Estoy pasando por un momento muy difícil y estaba sentado allá, tratando de comer algo de desayuno y con el deseo de decirles a todos que se vayan al i____. Luego, pensé en orar. Yo sí oro... algunas veces. Así que dije: 'Dios, ayúdame'. Por favor envíame algo de ayuda y hazlo pronto'. No sé qué lo trajo a usted acá, pero sé algo: usted es la respuesta a esta oración que acabo de hacer".

"Bueno, seamos directos", respondí, "sin duda creo en la dirección de Dios, y si Dios quiere usarme para ayudarlo, tenga por seguro que lo haré con gusto. Pero, por favor, no piense que hago milagros". Accedí a encontrarme con él más tarde ese mismo día para conocer sus problemas y ver qué hacer para ayudarle.

"No puedo soportarlo todo yo solo", dijo desesperado cuando nos encontramos durante una hora a las 5:00 de la tarde. "Es demasiado. De hecho, siento que voy a explotar. No puedo soportar la situación, eso es todo. Estoy que me reviento bajo esta tensión. No vale la pena. Sencillamente, no la vale". Se dejó caer sobre una silla, lanzó el directorio telefónico contra la pared y de nuevo insistió con vehemencia en mandar todo al lugar caliente que hay debajo de la tierra.

"Prosiga", le dije. "Dígamelo todo y enviaré a traer más directorios telefónicos para que se los lance a esa pared, si así lo desea".

El pobre hombre sonrió y se calmó un poco, pero era evidente que estaba en un gran conflicto y muy nervioso. A medida que hablaba, vi que estaba lleno de culpa y frustración. "Verá", continuó, "he tenido esta gran ambición toda mi vida, una urgencia por ir a lugares donde pueda ser el mejor de todos. ¿A dónde llegué con eso? Seguro, he ganado dinero, pero en su terminología religiosa, 'he perdido mi alma'. Sí, eso es. He perdido mi alma. Eso es exactamente.

Fui un chico pobre de la zona pobre de la ciudad. Solía ver a los pomposos banqueros, abogados y comerciantes conduciendo sus grandes autos y pasando tiempo en el club campestre. Los odiaba y, aunque no lo crea, todavía los odio... esos pesados idiotas. Pero a pesar de eso, quería unirme a ellos, tener lo que ellos tenían... autos, membresías a clubes y todas esas cosas. De hecho, quería ser un pez gordo como ellos... un pesado, pomposo pez gordo como ellos. Así que comencé a hacer todas las bajezas que algunos de ellos hacen, y créame que hablo en serio cuando digo bajezas.

Y ya estoy hastiado. Estoy harto de todo".

Vaya historia la que descargó, y descargar es la palabra. Puse mis pies en el umbral de la ventana y escuché, presté atención a la dura realidad de los suburbios, en un estilo que superaba con creces la habilidad descriptiva de nuestros desagradables novelistas. Sin duda, ellos no estuvieron allá con esos extremadamente desagradables habitantes del barrio de los peces gordos.

"¡Vaya! usted debió ser escritor. Podría empuñar una audaz pluma, y no estoy hablando de una remota posibilidad".

Sin percibirlo, yo estaba adoptando su propio estilo picante. Era obvio que algo atormentaba a aquel hombre y que, fuera lo que fuera, iba más allá del hastío. De hecho, estaba desnudando su alma. Y eso siempre es impresionante.

Cuando tratas con un hombre rudo, de puños cerrados, no le das respuestas suaves, insípidas y carentes de energía. Esa franqueza y honestidad necesitan respuestas que estén a su altura. Pude haber sugerido que buscara a un consejero. Sin duda, algo de terapia le habría podido servir, y después se lo mencioné. Pero en ese momento, él necesitaba la aplicación directa de una fuerza sanadora que no era complicada, una que tenía un filo lo suficientemente poderoso para penetrar la maza de podredumbre de la que él estaba lleno. Así que, en su propio idioma, le di "obras espirituales".

Más evidencias de que la dirección de Dios estaba obrando en este caso parecían pura coincidencia. De repente, la melodía de himnos tocados con campanas de carillón entró por la ventana abierta y, a medida que oscurecía, una gigantesca cruz iluminada se destacó sobre el cielo nocturno.

"¿Conoce usted algo de teología?", le pregunté.

"¿Teología?", repitió desconcertado.

Señalé la cruz en la cima de un edificio de oficinas donde también funcionaba una iglesia, a 25 pisos sobre la calle. "La cruz está en el centro de la teología. En ella, el Salvador murió una vez para mostrar que Dios se ocupa de nosotros y que nos ama. No pretendo entender lo que sucede, pero he visto que cuando personas como usted o como yo miramos a esa cruz y al Hombre que murió en ella, y creemos que ÉL murió por nosotros, y con humildad deseamos, pedimos y estamos dispuestos a recibir la salvación... la recibimos". Le presté mucha atención a aquel hombre, sabiendo que él nunca antes había escuchado algo así, porque me había dicho que, cuando estuvo yendo a la iglesia, fue a una del tipo muy agradable y delicada para la mente. Ese tipo de religión escabrosa y adaptada al tamaño del hombre fue toda una novedad para él, pero era obvio que, en ese momento, mis palabras lo habían atraído.

"Solo Cristo Jesús tiene el poder para limpiarlo de todos los patrones de odio, codicia, sexo y alcohol, así como de la insatisfacción con la vida en general. Y Él lo hará, si usted tiene las agallas para acercarse a Él y le pide que lo limpie. Así que arrodíllese ahí ante la ventana, mire a la cruz y dígale al Señor que lamenta toda la podredumbre que hay en su interior". Debo admitir que esto fue muy duro y que yo solo adoptaría esa táctica con ciertas personas. Este amigo era todo un hombre rudo y recibió un tratamiento acorde.

Lo juzgué bien, porque aceptó mi sugerencia. De hecho, lo hizo todo al pie de la letra, lo cual, sin duda, explica por qué obtuvo resultados. Se puso de rodillas y oró de la siguiente forma (es claro que no tomé nota de su oración palabra por palabra, pero me impresionó tanto, que lo siguiente es casi textual; fue toda una oración, créeme).

"Señor soy una sabandija, pero Tú lo sabes sin necesidad de que yo te lo diga. Soy de lo peor, como no ha habido otro, y si comenzara a decirte toda la maldad que he cometido, no tendrías tiempo para escuchar a otra persona, porque estarías muy ocupado conmigo. Además, de todas formas, sabes todo acerca de mí, entonces ¿cómo podría engañarte?

Pero créeme, Dios, no quiero hacerlo. Estoy hastiado de mi terrible manera de vivir, pensar y actuar, no quiero ser más así. Esta es la verdad, Dios. Debo admitir que, incluso mientras hablo, guardo ciertas reservas, pero, por favor, no dejes que sea un farsante. Ayúdame a ser limpio, como dice el Dr. Peale.

No puedo hacer nada por mí mismo, así que me pongo por completo en Tus manos. Deja que tu sangre, que derramaste en la cruz, caiga sobre mí ahora. Solo necesito que me transformes".

Nunca escuché algo como lo que este hombre oró cuando decidió hacerlo. Le habló al Señor con la misma honestidad y franqueza con la que había hablado conmigo.

A menudo, me he preguntado qué sucedió en el proceso de regeneración que hubo en él, pero he concluido que hubo cinco factores: (1) Él estaba hastiado con lo que era. (2) Él quería ser diferente y de verdad lo deseaba. (3) No expresó una cantidad de dudas y preguntas religiosas, solo creyó. (4) Tomó su fé directamente de la Biblia, y esto a pesar de tener una educación de muy alto nivel y el reblandecimiento en su vida debido a un trasfondo de iglesia decadente y sofisticada. (5) Fue tras su fe en Dios con todo lo que tenía y obtuvo su perdón. Y también empezó a obtener lo que deseaba justo en ese momento, aunque tenía por delante un largo proceso de desarrollo.

"¡Dios!, me siento mejor", dijo al ponerse de pie.

"Ya debió haber recibido algo de salvación", le dije, "porque hace media hora usted no estaba diciendo 'Dios'".

"Extraño", continuó él, "pero ese sentimiento reprimido casi que se ha ido. De hecho, me siento en paz y como feliz". Tenía una mirada que me impresionó. ¿Lo había tocado Dios? Esa era la única explicación posible. Desde luego, él no cambió de lo peor a lo mejor en esta conversación. Todavía había mucho trabajo espiritual por hacer en él, pero había tomado el turno, e incluso ese pequeño comienzo le trajo alivio y cambio.

Tiempo después, aquel hombre pudo trabajar con nueva energía y vitalidad. ¿Y por qué no? Las actitudes dañinas que antes le habían drenado energía, poco a poco, estaban comenzando a verse superadas. Su mente funcionaba mejor y, como él lo dijo cuando lo vi unos meses después: "A mi mente están llegando tantas ideas, que no alcanzo a mantener el ritmo".

Por cierto tiempo, estuve observando cómo este hombre desarrollaba fuerza. Cobró vida a nivel espiritual, mental y físico. Debió experimentar un "nuevo nacimiento" porque, de hecho, había sido lanzado a un nuevo mundo. La nueva vida le dio energía. Las circunstancias ya no lo desaniman como solía suceder antes de aquella mañana cuando nos conocimos en el restaurante de un hotel. Ahora, sí tiene lo que se necesita y toma las cosas tan bien, que está progresando en asuntos personales. Este hombre se organizó al reactivarse en torno a él la dinámica centralidad de Dios. Eso lo hizo fuerte, con nuevas competencias para manejarse como persona y hacerles frente a sus problemas.

De hecho, el ser fuerte y tener lo que se necesita suele ser cuestión de cultivar tu personalidad a un nivel espiritual profundo. La renovación dramática y extrema a la que acabo de referirme no es necesaria en la mayoría de las personas. En esencia, solo basta con creer que se puede. Y se puede si se persevera en esta certeza. Si la vida está siendo demasiado dura para ti, es mejor que tengas una verdadera sesión de honestidad contigo mismo y te preguntes dónde está el problema. Quizá tú mismo te estás complicando. La tendencia es a culpar a otros o a las condiciones sociales o a aquellas fuerzas que no sabes cómo controlar. Pero la realidad es que tu problema no está más allá de lo que puedes controlar; la solución está dentro de ti. Emerson afirmó: "Dentro del hombre siempre hay razón para su buena o mala fortuna". Considera con atención lo que él dijo.

Al hacer un análisis final, el fracaso se puede rastrear hasta encontrar la presencia de elementos de fallas en la personalidad, a los cuales se les ha permitido dominar los patrones de pensamiento. Estos elementos de fallas conspiran para crear inconscientemente la creencia de que tienes la capacidad para triunfar. Y, como se ha indicado antes, todo ser humano tiende a ser lo que su imagen mental ha creado de sí mismo como persona.

¿La solución? Invierte la imagen mental. Desde luego, lograrlo requerirá una considerable reeducación de ti mismo y no será fácil. Tener logros creativos nunca es fácil. Pero tampoco es imposible. De hecho, aunque es difícil, el proceso es bastante simple en su operación. Comienza con entender que debes corregir tu manera de pensar. Será difícil al comienzo, porque los hábitos mentales han creado profundos canales en tu consciencia y la tendencia negativa protestará contra esa fuerte reorientación mental positiva. Pero si te sientes débil y derrotado, en gran parte es por el hecho de que tu mente te ha mentido por años en cuanto a tus habilidades reales, tratando de hacer que fracases. Así que debes resistir a tu mente. Personaliza tu mente y dile con firmeza: "Tengo un poderoso pensamiento nuevo, un pensamiento de fe vital y mi intención es alcanzar el éxito y la felicidad con él, así que tú, ese 'viejo patrón de negatividad y derrota', ¡ya no me vas a controlar más!". Nunca dejes que tu mente te controle. Contrólala tú siempre. Y con la ayuda de Dios puedes hacerlo. Tú eres capaz de dominarla si tienes la fuerte voluntad de hacerlo, y a esa voluntad súmale la fuerza motivadora más dinámica que tiene la confianza positiva.

Antes, a los jóvenes se les enseñaba esta fuerte filosofía en las escuelas de los Estados Unidos, al igual que en los hogares y en las iglesias. Ese tipo de enseñanza directa desarrolló una excelente generación de hombres y mujeres en este país, pero luego fue abandonada a nivel general y en su lugar se instaló una suavidad deteriorante. Si me lo preguntas, considero que ese fue un crimen contra la naturaleza humana. Y digo eso sin que me lo pregunten.

Los recuerdos me llevan a la vieja Escuela Williams Avenue en Norwood, Ohio, un suburbio de Cincinnati. George Reeves fue mi maestro de quinto grado, un hombre gigantesco de 240 libras. Todavía recuerdo sus fuertes palmadas sobre la parte trasera de mis pantalones. Para él, la corrección manual era muy provechosa para el estudiante y aportaba al principal propósito de la educación, que, según él, era formar hombres. Y al parecer, esos castigos funcionaron, porque muchos años después, en la columna de un periódico, escribí acerca del Sr. Reeves y sobre cómo me había reprendido. En respuesta, recibí muchísimas cartas provenientes de todas partes del país, de quienes estudiaron con él, jactándose de también haber recibido castigos por parte de este maestro de gran tamaño.

Él fue todo un personaje y dejaba una impresión duradera en las mentes y también en el cuerpo. Uno de sus métodos que recuerdo era que, de repente, en medio de una clase, explotaba diciendo "¡silencio!" Y cuando él daba la orden, puedo asegurar que el silencio reinaba. Luego, miraba hacia el tablero y escribía en letras grandes las palabras "NO PUEDO". Luego, daba la vuelta para mirarnos.

Entonces, sabíamos qué hacer. Al unísono decíamos: "¡Quite el NO!". Con un rápido movimiento, borraba el NO, dejando que la gran palabra PUEDO permaneciera inolvidable.

"Que esto sea una lección para ustedes", decía. "Dejen de quejarse diciendo que no pueden. Recuerden quiénes son. Son hijos de Dios. Son estadounidenses. Con la ayuda de Dios es posible superar cualquier dificultad". Luego, añadía esa frase que nunca he olvidado, ni nunca he querido olvidar. "Tú puedes, si crees que puedes".

Así que es tan simple como eso. Quita el NO de NO PUEDO y desarrollarás lo que se necesita para enfrentar todo. Así es como están hechos los optimistas empedernidos.

No anules estas sugerencias diciendo que ya no eres un estudiante de quinto grado, ni de universidad, ni tampoco alguien joven. Nunca se es demasiado viejo para reeducar tu mente pasando de la desconfianza y la inseguridad a creer y a tener seguridad.

En una ocasión, recibí la carta de un hombre de 93 años. Decía: "Durante 93 años, he tenido complejo de inferioridad". Si esto es cierto, es el complejo de inferioridad más largo que me haya llamado la atención. "Y ese complejo me hizo sentir miserable todos esos 93 años", proseguía. "Pero un amigo me dio su libro, *El poder del pensamiento positivo*. Lo leí, creí lo que decía y puse en práctica sus sugerencias. Y ahora escribo para informarle la buena noticia de que, después de 93 años, ya no tengo complejo de inferioridad".

Y al parecer así fue, sin duda, porque su frase final sí revela un profundo pensamiento positivo:

"El futuro se ve bien", declaró.

Otro factor importante en tener la fuerza suficiente para enfrentar la vida es, ante todas las dificultades, ver las posibilidades presentes. Y, desde luego, las posibilidades son inherentes a todas las situaciones difíciles y que parecen inoportunas, aunque a veces, para estar seguras, se ocultan bien. A la mente derrotada se le dificulta obtener éxito a partir del fracaso, porque no es capaz de percibir las posibilidades en medio de situaciones difíciles. E incluso, si esa mente puede ver alguna vaga posibilidad de oportunidad, no tiene lo que se necesita para hacerla realidad.

Pero las personas fuertes tienen una mente que no se nubla ante las sombrías penumbras. Ellas conocen el puntaje. Entienden muy bien los obstáculos y las resistencias inherentes a determinado problema. Pero la cualidad que las diferencia de las personas derrotadas es su habilidad de ver siempre un rayo de luz en cualquier oscuridad, no importa cuán negra sea.

Hace poco, recordé a este tipo de personas cuando mi esposa y yo visitamos a nuestra hija Elizabeth, que está estudiando en la Universidad Mt. Holyoke. Al recorrer el campus, llegamos a un reloj solar en donde estaba escrita esta provocadora inscripción: "Para una visión más grande del final de la sombra, está la línea de luz".

¿Qué significa eso? Bueno, cuando partí de Nueva York en un avión Boeing 707 hacia París, era casi la media noche en mi ciudad y las 5:00 de la mañana en Paris. Era una noche oscura y sin luna, y nos elevamos a 33.000 pies. Todo estaba oscuro, pero no fue así por mucho tiempo. Al mirar al Este a esa gran altura, una muy delgada, casi infinitesimal línea de luz apareció a lo lejos, en el horizonte, donde la sombra terminaba. Poco tiempo después, y 500 millas más allá, bajo el radiante amanecer, los cielos resplandecieron en toda su gloria.

Las personas fuertes tienen esa visión "más grande" y, por lo tanto, pueden ver la línea de luz al final de la sombra. Y tampoco se dan por vencidas. Una de las cosas más simples respecto a todos los factores de la vida es que, para llegar a donde quieres ir, debes seguir avanzando.

Estábamos conversando en un grupo cuando la conversación se dirigió hacia un hombre que hacía un trabajo inusual bajo oposición y, desde luego, era el objeto de críticas alimentadas por los celos. Él tenía una fe firme en su trabajo y en sí mismo, y también llegué a saber que en Dios. Alguien cuestionó si él podría soportar toda esa "presión". Un hombre respondió: "No se preocupe por él. Él está bien, nunca deja de luchar".

Aquel hombre salió con éxito de la dificultad solo porque tenía una personalidad indomable, obstinada, determinada y muy decidida. No puedes evitar que te agrade alguien que no deja de luchar y se abre camino, sin importar nada, a pesar de lo que otros digan, hagan o deje de hacer, porque él siempre sabe que está haciendo lo correcto, tiene su consciencia clara y objetivos que valen la pena. Esto es optimismo empedernido en acción.

Es maravilloso ver que no necesitas ser débil, que puedes ser fuerte, que eres capaz de resistir la vida, que tú también sabes cómo enfrentarla sin doblarte, ni ser derrotado.

¿Cómo ser así? ¿Cómo desarrollar esta cualidad de tener lo que se necesita? Desarrollando la fe en que Dios no es solo una idea teórica, sino que en realidad es cercano y siempre te está ayudando. Ora, piensa y practica esta confianza hasta que tengas toda la certeza de que, en realidad, Dios está contigo. Luego, sabrás que cuando tengas que enfrentar algo difícil, no tienes que hacerlo solo. Dios te va a ver en medio de todo y estará a tu lado para ayudarte.

En una ocasión, alguien me pidió que llamara a un hombre que se encontraba en el hospital. Y sin esperarlo, tuve una experiencia inspiradora. Aquel hombre, un líder de negocios de otra ciudad, se encontraba muy enfermo. Sus amigos no sabían si él tenía completa claridad de su condición.

"Una noche, escuché su charla en una conferencia", dijo. "Usted presentó cosas muy buenas. ¿Por qué vino a verme? Tan ocupado como vive, no tiene tiempo para perder con un viejo inválido tendido, olvidado en el armario.

Usted sabe lo que tengo ¿verdad?", preguntó sin dar rodeos. "Tengo cáncer de páncreas y mis probabilidades de vivir son de una en mil".

Al parecer, quería hablar y prosiguió diciendo: "Nunca he sido demasiado religioso, pero no creo que haya sido muy malo. De todas formas, nunca pretendí serlo", dijo, hablando con claridad. "Pero he estado pensando y todo lo he aclarado con Dios. Me criaron para creer en Dios y, de hecho, creo 100% en Él. Mis compañeros de trabajo me han estado escribiendo desde que me enfermé y verá, me resulta chistoso lo que algunos dicen. Cuando fueron mis socios de negocios, nunca mencionaron a Dios y ahora todos están hablando de Dios conmigo y me dicen que, si tengo fe en Dios, Él me acompañará, sin importar lo que suceda. En sus cartas me dicen que con la ayuda de Dios han salido de sus propias dificultades. Me pregunto ¿por qué no hablan más de Dios en su vida cotidiana?

Mi padre y mi madre me enseñaron a poner la fe en Dios. Ahora, tengo una lucha justo delante de mí y lo sé. Pero creo que estoy ganándola. Sin embargo, la pelota rebota. Sea lo que sea que suceda, Dios está conmigo. Puedo enfrentar esa realidad como ser humano; y como cristiano, la creo".

Me senté mirando a este hombre y, finalmente, le dije: "¿Sabe algo? Nunca lo olvidaré. Solo espero poder demostrar, ante circunstancias similares, la mitad del valor y la fuerza que usted muestra".

"Así será", dijo, "porque usted cree en Dios al igual que yo, y si alguna vez llega a estar como yo estoy, puede contar con Él. De hecho, he aprendido que se puede depender del Señor para que nos ayude a enfrentar cualquier cosa".

Aquel hombre vivió solo cuatro días más después de esa visita, pero si hubiese vivido hasta los 90 años, difícilmente, habría logrado mayor valentía. Ese hombre pasó por un valle que a veces es llamado el valle oscuro; pero ningún valle por el que él pudo haber pasado fue demasiado oscuro, porque a su alrededor había una luz y banderas hondeando. Casi se escuchaba el sonido de las trompetas a su paso hacia el otro lado. Él tenía lo que se necesita.

El principio de pensamiento creativo es muy importante, porque, como Gautama Buddha lo declaró: "La mente lo es todo, te conviertes en lo que piensas".

Si desde su niñez una persona comenzara a construir un patrón de pensamiento espiritual firme, esto haría que ella fuera casi a prueba de la adversidad y tendría una fortaleza inquebrantable durante toda su vida. Pero en nuestra mente no hemos construido este tipo de mentalidad, e incluso, muy a menudo, nuestra religiosidad ha contribuido a nuestro estado mental negativo.

Como maestro espiritual, he aplicado los principios de control de pensamiento creativo con muchos de mis estudiantes y el porcentaje de éxito al superar debilidades personales ha sido muy alto.

Por ejemplo, una noche, hace más o menos un año, me encontraba volando hacia la Costa Oeste y un hombre se sentó a mi lado durante gran parte del vuelo; no solo estaba sin fuerzas, sino también enfermo a nivel físico, mental y del alma.

Describió en detalle sus síntomas físicos: obesidad, alta presión arterial, dificultad para respirar, estómago nervioso, dificultades hepáticas, dolores en algunas articulaciones. Sin darse cuenta, también se abrió y puso en evidencia una aguda enfermedad mental. A medida que me expresaba sus pensamientos de enfermedad, estos eran un miserable compuesto de resentimiento, odio, celos, pesimismo y lujuria. Estaba viviendo una vida de baja moralidad, por decirlo con suavidad.

Después de entretenerme por un par de horas y mil millas de distancia de recorrido con este putrefacto desorden de pensamientos, de repente me preguntó: "¿Qué d____ cree usted que anda mal conmigo?".

"Su referencia al demonio", respondí, "puede ser más significativa de lo que usted mismo pretende. Usted se encuentra en ese estado quizá porque, de hecho, está como el demonio. En otras palabras, su problema consiste en malos pensamientos, de hecho, pensamientos muy malos. Y por favor, recuerde que los pensamientos malos como los suyos lo pueden enfermar de verdad, porque se exteriorizan como síntomas físicos".

"Malos pensamientos, ¿usted cree que ese es mi problema?", musitó, repitiendo lo que le dije. "¿Por qué ningún escritor, maestro o predicador no han explicado con mayor claridad que pensar mal tiene tan malos efectos y lo que se puede hacer al respecto?".

"Algunos lo hemos intentado", respondí, "pero olvidemos el pasado y hagamos algo constructivo ahora. Esto es lo que le sugiero, y no piense que no le va a ayudar, porque si lo hará. Mañana, comience a leer los primeros cuatro libros del Nuevo Testamento, Mateo, Marcos, Lucas y Juan. Subraye cada frase que le inculque un pensamiento saludable. Continúe con la lectura y subrayando, sin dejar de hacerlo un solo día.

Y a medida que lea y subraye, comprométase también con cada pasaje seleccionado, memorizándolo para poder repetirlo con facilidad sin tener que leerlo. Repítalos todos una y otra vez, saboreando su melodía y significado, y al mismo tiempo viendo cómo esos pensamientos se arraigan en lo profundo de su mente y cancelan esos viejos y malos pensamientos ya arraigados, los cuales han estado envenenando su consciencia y minando su salud".

Un ejemplo que le di fue Mateo 6: 22; 23 (Nueva Traducción Viviente): "Tu ojo es una lámpara que da luz a tu cuerpo. Cuando tu ojo es bueno, todo tu cuerpo está lleno de luz; pero cuando tu ojo es malo, todo tu cuerpo está lleno de oscuridad". "¿Esto qué quiere decir?", pregunto. Le expliqué que "la forma como ve las cosas, la actitud que asume, la inclinación de su manera de pensar determina si todo su ser va a estar lleno de oscuridad y penumbra o de luz y gozo. La manera en que uno ve o enfrenta la vida es la que hace la diferencia".

Nunca sabes con certeza a dónde llevan las lecciones que das, pero aquel hombre se veía sensible. Nos dimos la mano en el aeropuerto de la Costa Oeste y él desapareció de mi vista y también de mi memoria. Pero meses después, en el vestíbulo de un hotel en Chicago, un hombre se me acercó. "¿Me recuerda?", preguntó. Esta suele ser una pregunta difícil cuando te mueves entre tantas reuniones con muchas personas, como es mi caso, pero siempre la respondo con evasivas. "Me parece familiar, pero debo reconocer que no lo conozco".

"No me sorprende" respondió, "aunque hace un tiempo pasé casi toda una noche con usted. Solo que, en ese entonces, yo era todo un descuidado con exceso de peso, una especie de haragán".

"Bien, es evidente que esa descripción ya no se ajusta ahora", dije, mirando con admiración a la persona saludable y bien arreglada que tenía delante de mí.

Luego lo recordé. "¡Ya lo reconozco!", exclamé. "¡Usted es el hombre de malos pensamientos!".

"Era, querrá decir, ya no", dijo sonriendo. "Me decidí a poner en práctica su plan de lectura de la Biblia. Ahora, conozco muchos pasajes de las escrituras y ellos me llenan mi consciencia, como usted dijo. Mi mente está sólida y llena de ellos. Y también han sanado mi mente, no hay duda de eso; además, me siento mejor en todo sentido. De hecho, estoy demasiado saludable, y", añadió, "he encontrado una fortaleza y vigor que no había sentido en años. He pasado por algunos tiempos difíciles durante el último año. Me han sucedido cosas que me habrían derribado por completo. Pero con la dirección y ayuda del Señor, tengo lo que se necesita para enfrentarlos e incluso más, para hacer algo con esas dificultades".

El método que resultó ser tan exitoso en este caso también puede obrar maravillas contigo. Pero hay ocasiones en las que se sugiere una terapia más profunda, una sanidad a fondo dentro de la estructura de la personalidad, o, para decirlo en otras palabras, se requiere un cambio fundamental de naturaleza radical. Con el paso de los años, es muy posible construir por dentro un cuerpo de fracaso en forma de conflicto y estrés. Esto se manifiesta a sí mismo en varias reacciones que van sumando al derrotismo. Pero hay una cura.

Permíteme relatarte la curiosa historia de un hombre infeliz cuya sanidad de personalidad es uno de los dramas humanos más extraños que jamás haya conocido.

Este hombre, alguien muy capaz, por años fue víctima de algunos muy evidentes defectos de personalidad. Era demasiado tenso, al punto de tensionar a todos los que lo rodeaban. Era un perfeccionista e insistía en que todo se hiciera exactamente así y de inmediato. Cuando llegaba a su oficina, de manera automática, sus empleados se tensionaban. Si la más mínima cosa salía mal, él explotaba en ira y, según la información que obtuve, casi todo el tiempo estaba airado.

Se puede decir que en casa era más exigente. En la oficina, al menos hacía un débil intento de ser amable, pero en casa no se contenía. Aunque sin duda amaba a su esposa, sin darse cuenta, había hecho que ella fuera el amortiguador de sus irritaciones, algo que era constante. Maldecía, gritaba y llegaba al punto de tomar cualquier cosa que estuviera a su alcance y la lanzaba por los aires. Luego, caía en una profunda y oscura depresión y permanecía así por horas e incluso días.

Año tras año, su esposa soportó pacientemente ese comportamiento. Ella era devota a su esposo y, sin duda, para ella él era un gran hombre; su trabajo en la vida era hacer todo lo posible para facilitarle a él todas las cosas; así era como ella pensaba. Oraba por fortaleza para soportar sus arrebatos de ira y la recibía, pero, poco a poco, la constante presión comenzó a drenar su energía y cada vez era más difícil soportarlo.

Entonces, una buena tarde, como dice el dicho, los papeles cambiaron. El hombre había estado enfurecido ventilando una de sus diatribas cuando, de repente, su esposa lo miró con una furia que hervía. Con los ojos encendidos, y caminando hacia él mientras hablaba, ella comenzó a decirle sin maquillar todos los aspectos de cómo ella y los demás lo veían a él y a su personalidad. Cuando él trató de interponerse, ella le dijo secamente: "¡Quédate quieto y escucha! He soportado tus diatribas por años y ya es hora de que escuches, y créeme, me vas a escuchar".

Estando ahí sentado sin poder hacer nada ante el devastador retrato que ella describía de él, este hombre tuvo de repente una extraña experiencia. La voz de su esposa pareció desvanecerse. Fue como si estuviera solo mirando un arroyo con una corriente suave y lenta. De alguna forma, se dio cuenta que estaba viendo el arroyo de su personalidad. Era como un río que fluía lentamente y en el centro de la corriente un objeto grande, duro, oscuro, de aspecto áspero, se balanceaba de arriba hacia abajo. Él lo reconoció como un gran bulto de pecado, su pecado; un compuesto de todos los factores problemáticos en lo profundo de su ser: culpa, odio, tensión sin control.

Sin duda, esa experiencia fue una clara visión hacia el problema básico de muchas personas. ¿Tenemos pecados, debilidades y males diferentes? ¿O son manifestaciones de un pecado, debilidad o maldad central? Quizá sean como manifestaciones de un gran pecado, duro y abultado, escondido e incrustado en la consciencia, del cual surgen las debilidades perceptibles en cada persona. Bien podría ser que el pecado sea indivisible y que, en esencia, no tengamos pecados, sino pecado. Desglosa y drena ese pecado central y tendrás un cambio en cuanto a tu manera de ser.

Tan repentina como vino, esa extraña visión pasó, y ahí, delante de él, estaba su esposa todavía hablando. De repente, sintió mucha ternura hacia ella y lamentó todos los malos momentos que le había hecho pasar. Al percibir que algo inusual le había pasado a su esposo, ella lo miró con extrañeza, dejó de hablar y se sentó en una silla, estaba exhausta.

En ese momento, él supo que debía cambiar. Temía que si no hacía algo rápido con ese bulto duro en el arroyo de su consciencia, su personalidad se sobrepondría y él seguiría siendo como había sido siempre. Entendió que solo Dios podía cambiarlo, porque sabía muy bien que él no podía cambiar nada en él por sí solo. Luego, le dijo a su esposa lo que había visto y juntos oraron intensamente a Dios implorándole que lo ayudara.

Al relatar su experiencia, él hizo énfasis en la intensidad de su petición, explicando que nunca antes había apelado a Dios con "todo lo que tenía", como lo hizo aquel día. "De repente sentí que en mi mente hubo una explosión de fe. En ese instante creí. No tiene idea del sentimiento de alivio que me sobrecogió".

No hubo ninguna transformación dramática inmediata, pero era obvio que él no era el mismo hombre y el cambio se fue dando de manera constante. Se volvió más callado, menos intenso, incluso calmado y, sin duda, más controlado. Pudo lograr grandes mejoras en su manera de pensar y actuar. Su cambio indica que el bulto duro se había deshecho y la corriente se lo había llevado. Y sin duda, así debió ser, porque su esposa, quien lo conocía bien, dice con una mirada de asombro en sus ojos: "Ahora, mi esposo es muy diferente".

Los resultados prácticos han sido definitivos. Él habla de una nueva y abrumadora sensación de fortaleza y poder. "La horrible presión que solía acumularse en mi interior ya no está y me siento mucho más aliviado. ¿Por qué nadie me habló de este poder antes de destrozar tanto mi vida? Bueno, de todas formas, gracias a Dios, ahora lo conozco".

Tú sí puedes desarrollar fortaleza y tener lo que se necesita para tomarla. Tú también puedes llegar a ser un optimista empedernido.

Resumen de

Procura tener lo que se necesita

1. Para vivir en este mundo tienes que ser fuerte, no hay alternativa. Así que comienza a desarrollar fortaleza interior o fuerza tensora en tu mente y en tu espíritu.

2. Cuando la marcha se haga difícil, deja que la dificultad se marche, tú eres fuerte.

3. No dejes de insistir en tener claro en tu mente el gran hecho de que Dios puso una fortaleza potencial en tu naturaleza. Al afirmarla y practicarla, esta fortaleza básica se endurecerá, así como pasa con los músculos.

4. Madura a nivel espiritual, porque la verdadera fortaleza no es agresividad. Es más bien una reacción con un poder similar a Dios en el que la fortaleza y la amabilidad, como las de Cristo, son un factor importante.

5. Invierte la imagen mental que tienes de ti mismo como alguien débil y ten una imagen clara en la que te haces fuerte. Luego, aférrate con firmeza a ese concepto de forma consciente hasta que haga parte de ti.

6. Practica hasta que domines aquel poderoso pensamiento creativo de que "tú puedes si crees que puedes". Luego, sigue practicándolo hasta interiorizarlo y hacerlo una parte de tu forma de ser y de pensar.

7. Conviértete en un posibilitador. No importa cuán oscuras se vean las cosas o cómo sean en realidad, levanta tus ojos y mira las posibilidades, míralas siempre, porque siempre están disponibles.

8. Ten la certeza de que, con la ayuda de Dios, puedes tomar lo que tienes para enfrentar toda situación de la manera más valerosa posible.

9. Recuerda: te conviertes en lo que piensas, bueno o malo, débil o fuerte, derrotado o victorioso.

DOS

Nunca le temas a nadie, ni a nada

"Nunca le temas a nadie, ni a nada en esta vida". Recuerdo esa afirmación como si fuera ayer. El orador era Grove Patterson; el lugar, la oficina editorial del viejo *Diario de Detroit;* la fecha, octubre de 1920.

Siendo un joven reportero que acababa de salir de la universidad, estaba recibiendo instrucciones de mi jefe, quien, tiempo después, llegó a convertirse en un amigo de toda la vida. Me señaló con un dedo recto y lleno de tinta. Parecía que siempre tenía tinta en sus dedos: "Escúchame, Norman, y nunca lo olvides. No vayas por la vida temblando en los zapatos y huyendo de un puñado de miedos. ¿De qué hay que temer?".

Supongo que me analizó muy bien, porque el temor y el sentido de inferioridad me habían afectado e inundado por años, hasta que supe cómo superarlos. Y aquella lección de parte de Grove Patterson fue importante en ese proceso educativo.

"Hazles frente a los demás y a las cosas. Míralos a los ojos y diles a todos que desaparezcan. Debes decirte a ti mismo, y hazlo todos los días, la suficiente cantidad de veces como para que se te quede grabado: 'Con la ayuda de Dios no le temeré a nadie, ni a nada'".

En realidad, aquel día mi editor dio en el clavo conmigo. Introdujo en mi consciencia sus palabras y su propia fe de tamaño real. Por primera vez, tuve la pequeña esperanza de que yo sería capaz de vencer mis temores. Casi como si leyera mi mente, añadió unas pocas palabras más potentes y la desgastada y vieja oficina de periódico en Jefferson Avenue se iluminó con ellas. Hasta hoy, recuerdo el poder que sentí cuando Grove las recitó lentamente: "¡Sé fuerte y valiente! No tengas miedo ni te desanimes, porque el Señor tu Dios está contigo dondequiera que vayas" (Josué 1: 9).

Me dio una suave palmada y dijo: "¡Sal ahora jovencito, y da todo de ti!". Esa fue una de aquellas experiencias a la que siempre vuelves en tu memoria para tomar de ella nuevas fuerzas para la vida.

Desde aquel momento, he trabajado tiempo extra para dominar el temor. Al comienzo, mi motivación era una serie de razones muy personales; estaba enfermo y cansado de ser temeroso, tímido y nervioso. Necesitaba encontrar alivio y liberación, de lo contrario, nada cambiaría en mi vida. No iba a llevar una vida de sufrimiento bajo el tormento del temor. No podía vivir con eso, así que decidí que el temor no haría jamás parte de mi vida.

¿Pero cómo? Esa era la gran pregunta. Grove Patterson dijo que la fe en Dios me ayudaría. Bien, yo era un joven muy devoto; mi padre era predicador y yo había estado inmerso en la iglesia toda mi vida hasta cuando fui a la universidad. Luego, durante cuatro años, me avergüenza decirlo, rara vez fui a la iglesia, salvo cuando mis padres iban a visitarme. Quizás había tenido bastante de la iglesia o los predicadores de la iglesia de la universidad no hablaban a mi corazón, aunque debo decir que le di pocas oportunidades de hacerlo.

Cuando pasaba vacaciones en casa, iba todos los domingos a escuchar a mi padre predicar. Pero él era diferente. Eran cosas realistas, humanas, prácticas que él exponía y era evidente su amor por las personas que tenía al frente. En sus años de juventud había sido médico y también debió ser muy bueno, a juzgar por el cargo y la posición que tenía en Milwaukee, donde tenía su consultorio. Luego, después de una serie de enfermedades, experimentó una notable conversión espiritual y no pudo evitar el seguir en el ministerio. Siempre unía la medicina y la religión en una suerte de paquete que incluía cuerpo, mente y alma. Él creía en la Biblia y en la espiritualidad; al mismo tiempo, era un pensador liberal activo con una fuerte consciencia social.

Era único en su manera de pensar y expresarse; y sin duda, había sido forjado en un molde único. Era incomparable. Al escucharlo, y también al vivir con él, comprendí que tenía algo diferente, muy diferente: un cristianismo que de verdad funcionaba con una fuerza poderosa, terapéutica y que transformaba la mente. Vi con claridad que a medida que la mente se sana también se sanan el cuerpo y el alma. Así que comprendí la profunda verdad de que las enfermedades en los seres humanos, tanto a nivel mental como físico, se originan en enfermedades del alma.

Gracias al énfasis de la fe práctica de mi padre, comencé a ver que había una forma de salir de mis conflictos. Esto me inició en la búsqueda de la paz mental, de la victoria sobre mí mismo y de la fortaleza y el poder que sin duda el cristianismo ofrecía. No lo encontré de una vez; de hecho, fue una búsqueda larga y a menudo frustrante, pero encontré suficiente, de modo que, al igual que mi padre antes de mí, también sentí un llamado definitivo al ministerio.

Entré a la Escuela de Teología de la Universidad de Boston, pero allá no encontré la respuesta a mi problema, la cual seguía buscando. El primer intento de los profesores fue alterar mi fe "simple" y sustituirla con un acercamiento intelectualizado a las enseñanzas de Jesús, haciendo de ellas una especie de manifiesto social. A esto lo llamaron el método del "evangelio social", refiriéndose a la aplicación de las enseñanzas de Cristo a los problemas de la sociedad. Eso era considerado mucho más superior al aparentemente anticuado "evangelio individual" o la salvación de la mente y el alma de las personas. Se hacía poco esfuerzo por equilibrar cada énfasis importante, el individual y el social, incluyéndolos en un "evangelio, completo o total". Pero los maestros, los líderes de la iglesia y los estudiantes súperinteligentes me impresionaron y me convertí en un entusiasta exponente del llamado evangelio social.

Sin embargo, después de unos años de enseñar este exclusivo énfasis social, comencé a volverme escéptico del mismo como la respuesta de las respuestas. La perspectiva espiritual personal que tenía, al igual que mis fuerzas, perdieron peso y frescura. Así mismo, las personas sin entusiasmo que venían a mi iglesia parecían comprometidas solo cuando hablaba con ellas de manera simple acerca de los métodos de Dios para tener una mejor vida. Comencé a cuestionarme si el tipo de cristianismo de ética social sí poseía la dinámica de cambio de personalidad. Comprendí que las personas necesitaban a Dios en su vida personal antes de poder apoyar programas sociales centrados en Dios. Y bajo el exclusivo énfasis en este evangelio social, vi cómo las personas se deterioraban en su vida espiritual.

Así que, estando en un genuino dilema, me encontré revisando el Nuevo Testamento página por página, con la esperanza de encontrar una programación definida de este evangelio social. Era lo suficientemente ingenuo como para creer que el Nuevo Testamento era nuestro único documento básico de autoridad respecto a las enseñanzas reales de Jesucristo. Pero mis amigos estudiosos me decían que no buscara ahí, sino que estudiara una fuente vaga que ellos denominaban "las mejores perspectivas de nuestro tiempo".

Esta sabiduría superior me impresionó mucho (un vestigio de mi viejo temor a las personas es que siempre me han impresionado los eruditos y quienes saben utilizar vocabulario muy elaborado), así que busqué mi respuesta en esas llamadas "mejores perspectivas". Pero también comencé a hacer preguntas: ¿Quiénes tienen esos puntos de vista y qué es lo que saben? Y comprendí que incluso las mejores perspectivas pueden cambiar con el paso del tiempo, mientras que "Jesucristo es el mismo ayer, y hoy, y por los siglos" (Heb. 13: 8).

Por último, concluí que sus enseñanzas ante todo han sido diseñadas para desarrollar personas piadosas en este mundo malvado. Estas personas piadosas, si se las "despaganizara" lo suficiente, tendrían actitudes de interés hacia su prójimo. Practicarían la hermandad y tendrían buena estima hacia todos los hombres sin importar la raza, el color o la posición. Tratarían de hacer que la vida fuera mejor para todos, en especial cuando "estos pequeñitos" (Marcos 9: 42) significa débiles y desafortunados. Vi que el principio de sociedad iluminada creció a partir de enseñanzas así de básicas. Sin embargo, nunca pude compartir la engreída posición de que para ser un cristiano debía liderar una huelga o unirme a un partido socialista o impulsar la legislación social en el congreso o llamar reaccionarios a quienes no lo hicieran. Observé lo arrogantes y mezquinos que eran los extremistas, tanto en los campos liberales como en los fundamentalistas, así que decidí ir por el medio con personas de sensibilidad promedio que no tenían todas las respuestas, pero comprendían ese hecho y buscaban a Dios con humildad.

Me gradué de la Escuela de Teología y acepté pastorear una iglesia en Brooklyn que tenía solo 40 miembros y un pequeño edificio a punto de caerse. Con entusiasmo, salí a la creciente comunidad, haciendo un esfuerzo por construir la iglesia. Subí escaleras, golpeé el pavimento y usé todos los medios a mi disposición para alcanzar a otras personas; y una por una fue llegando hasta que, en menos de tres años, teníamos cerca de 1.000 miembros y un bello edificio. Seguí intentando establecer una síntesis del evangelio social e individual, haciendo siempre énfasis en lo maravillosa que puede ser la vida cuando se la organiza en torno a Cristo y rendida a Él. Y teníamos una maravillosa congregación de personas felices, pero felices en una forma verdaderamente dedicada. La fe dinámica de mi Padre Celestial las estaba alcanzando a ellas y también a mí, y resultó ser sin duda uno de los instrumentos más inesperados que Dios usó.

Luego, fui llamado a una hermosa iglesia grande en Syracuse, una gloriosa estructura construida casi por completo con inmensas ventanas instaladas sobre piedra. Incluso ahora, puedo visualizar cómo el sol pasaba por los vitrales en las soleadas mañanas de los domingos, creando largos haces de luz sobre la gran cantidad de sillas en la nave central.

Era el púlpito de una universidad, e incluso impresionado por los eruditos, en especial por quienes apreciaban la profundidad, expuse algunos sermones muy "intelectuales". Pero un día, uno de los profesores, el Decano Bray, un hombre amable y un verdadero estudioso, me invitó a almorzar y me dijo: "No trates de impresionarnos con erudición. Aunque somos maestros, ante todo somos seres humanos, lo creas o no. Tú eres nuestro maestro espiritual, así que desmenuza el pan de vida para nosotros, en pedazos lo suficientemente pequeños, de modo que lo podamos digerir. Solo sé tú mismo y comparte con nosotros en nuestra necesidad lo que Dios significa para ti y ha hecho por ti a nivel personal. Muéstranos el camino hacia la paz, al entendimiento y a la fuerza". Un sabio consejo de un profesor con la grandeza suficiente para ser simple.

Bien, el problema era que yo había perdido la vitalidad espiritual que antes había tenido. Y no era solo eso. Los viejos temores y las molestas inseguridades seguían abrumándome y me estaba tensionando con conflictos en mi mente y en mis emociones. Mi fe, debía admitirlo, no tenía la suficiente profundidad, vitalidad o penetración para sanar la condición traumática que por mucho tiempo había habido en mi mente. Para mí, el patrón ético y sociológico que se hacía pasar por cristianismo, y que sin duda había llegado a dominar el protestantismo liberal de los Estados

Unidos, era insatisfactorio e ineficiente. Si no me podía cambiar a mí, una persona, ¿cómo podría cambiar alguna circunstancia difícil o a una sociedad? Sencillamente, necesitaba encontrar algo que de verdad funcionara, no tenía alternativa. Y también sabía dónde buscarlo.

Comencé un estudio científico serio de individuos que hubieran experimentado cambios profundos y definitivos en su personalidad: exalcohólicos, ladrones, libertinos y gente con problemas de toda clase que ahora era libre de sus antiguos problemas. En casi todos los casos, encontré que era su profunda rendición a Jesucristo la que había producido cambios tan asombrosos en todos y cada uno de ellos.

Aunque no había sufrido con ninguno de los problemas mencionados, tenía otras dificultades que eran igual de complicadas y también producían una vida miserable. Experimenté miedo, timidez, inseguridad, sentimientos de incapacidad y un gran complejo de inferioridad. ¿Podía el hecho de rendirme a Jesucristo limpiar todo ese desorden de debilidad en mi vida como lo había hecho en las personas objeto de mi estudio? De verdad creía que podía, aunque nunca escuché algo al respecto en la Universidad de Boston, salvo del querido viejo "Daddy" Butters, un tipo de maestro muy humano quien se encontraba con los estudiantes para conversar y orar con ellos, y les preguntaba con mucha amabilidad: "¿Se están portando bien, chicos?".

Pero encontré que no podía sacar completa ventaja de esta salvación en los años posteriores a mi graduación del seminario, mientras no superara un obstáculo intelectual. Al parecer, ese negocio de ser "salvo" o "transformado", por lo general, lo veían con recelo los líderes cristianos intelectualizados y mi relación con aquellas personas también me hizo tomar distancia. De hecho, era casi considerado como algo "anticuado". Al menos, el cambio de vida no era algo en lo que se insistía en los "mejores" círculos; y en cuanto al pecado, al parecer era solo un fenómeno social limitado a capitalistas y republicanos, en contraste con los muy sofisticados políticos piadosos, líderes laborales y de izquierda. Rara vez, escuchabas a los predicadores más sofisticados hablar sobre el pecado, salvo en un sentido teórico; la excepción eran unos pocos "reaccionarios" que todavía tenían sus dudas sobre el socialismo y en poco tiempo se les informó que ya no hacían parte del círculo interno de líderes eclesiales con poder.

Las reuniones de reavivamiento, como las dirigidas por Billy Sunday, y más recientemente, por Billy Graham (y los intelectuales no sacan mucho provecho de él), eran vistas con menosprecio. Toda la idea de reavivamiento cayó en desuso entre el cristianismo liberal. Cuántas veces he visto a Bill Jones, Mary Smith y Harry Wilson, graduados universitarios comunes y corrientes, hacer su mejor esfuerzo para encontrar inspiración en ese cristianismo sin espíritu, erudito y sin vida en el que trataron de encontrar interés. En resumen, el corazón y gran parte del alma salieron del cristianismo, y cuando eso sucedió, miles de personas siguieron su camino directo al infierno, aunque mantenían los formalismos externos e incluso iban a la iglesia y aportaban para el presupuesto.

En mi mente divagué por muchas partes en un intento por encontrar un sistema de fe y un método para practicar esa fe que me diera victoria personal sobre mí mismo. Antes de poder ayudar a otros a triunfar, yo tenía que encontrarlo por mí mismo; de lo contrario, sería otro caso de un ciego guiando a otro ciego y los dos caeríamos en el hoyo.

Comencé a leer cierta literatura espiritual que veía cada vez más presente en los hogares de personas que hacían parte de iglesias y que estaban siendo alcanzadas con ese tipo de mensajes. Ese material venía del Movimiento por la Unidad, de la Ciencia de la Mente, de varios maestros metafísicos, de la Ciencia Cristiana, del Grupo Oxford y de Rearme Moral. De Glen Clark, Starr Daily y Sam Shoemaker, autores que todos leían con avidez. Esos escritores enseñaban que Jesucristo establecía una forma de pensamiento y de vida científica y completamente viable, que aportaba transformación y victoria. En cierto sentido, lo que leía evocaba las predicaciones de mi padre, aunque él nunca había tenido acceso a ninguno de esos escritos en sus primeros años. Él había llegado a conceptos similares por su propia búsqueda independiente de un mensaje práctico y científico para seres humanos modernos, que de verdad funcionara cuando se necesitara.

Como un leal ministro en la iglesia más vieja de esta Tierra, la Iglesia Reformada de los Estados Unidos, siempre fui, y sigo siendo, un cristiano ortodoxo. Creo en la Biblia como la Palabra de Dios, tan sinceramente como el fundamentalista más aguerrido, independiente del vocabulario forzado y el enfoque mecánico en el que algunos de ellos insisten. Acepto por completo el plan de salvación. Creo que Jesucristo es el Divino Hijo de Dios y nuestro Señor y Salvador. Creo en el Espíritu Santo, en el nacimiento virginal de Jesucristo y, sin duda, en todas las afirmaciones del credo de los apóstoles. Acepto por completo las doctrinas históricas de la Iglesia Cristiana, pero también creo que esta fe antigua se puede enseñar con métodos de pensamiento y lenguaje que sean nuevos y frescos, y que se pueden aplicar científicamente y con poder creativo en la vida de las personas; también creo que el evangelio es lo suficientemente apto para resolver los problemas más complejos de la naturaleza y de la sociedad humanas.

Esto lo he enseñado en mis sermones y libros, no sin tener una considerable oposición de parte de algunos ministros. Incluso algunos han predicado sermones contra mí refiriéndose a mis enseñanzas como "Pealismo". Los liberales me condenan por una razón y los fundamentalistas por otra. Pero he redescubierto el viejo dicho y de verdad funciona: "Cada golpe es un impulso".

Una entretenida ilustración de esto fue cuando, durante una reunión, un grupo de miembros de mi iglesia estaba hablando sobre lo que había traído a cada uno a la congregación. Una mujer dijo: "El diablo me trajo a la Iglesia Marble Collegiate". Sonrió mientras lo dijo, lo cual alivió a los perplejos oyentes. Luego, ella explicó su afirmación diciendo: "Era miembro de la iglesia del pastor _____ y él siempre predicaba contra el pastor Peale, refiriéndose a él como 'el diablo'. Él hablaba tanto sobre ese terrible pastor Peale, que despertó mi curiosidad y fui a la iglesia del pastor Peale. Encontré que las personas hacían fila para asistir a los servicios. Escuché el sermón y pareció ser un buen evangelio bíblico, así que asistí por varios domingos. Luego, volví a mi iglesia y el pastor seguía predicando contra el pastor Peale. Así que, después del sermón, me acerqué a él y le pregunté, '¿Acaso hay dos pastores Peale?'. 'No', respondió él, 'solo hay uno, Norman Vincent Peale'. 'Bueno', le dije, 'es muy extraño. He estado escuchando sus sermones y él no es nada de lo que usted dice que es'. Él se puso rojo", dijo ella y añadió: "Decidí unirme a la iglesia del pastor Peale".

Al parecer, a esos buenos hombres no les gustaba que otra persona hablara del cristianismo en otra terminología o forma de pensamiento diferente a la forma tradicional que ellos habían implementado. Aunque no dudo de su sinceridad en las ideas, al parecer, era reprensible que cualquier persona usara un método diferente; por lo visto, todos debemos estar en el mismo molde. Quizá lo que les inquietaba era el hecho de que este tipo de enseñanzas espirituales estuviera alcanzando a grandes cantidades de personas.

Nunca he evitado el desacuerdo y hasta ahora no he hecho referencia a comentarios desagradables y sarcásticos tales como, por ejemplo, la menos que graciosa (por así llamarla) afirmación del Reverendo Robert F. Fitch, Decano de la Escuela de Religión del Pacífico, quien, siendo un erudito tan distinguido, se refirió a mí como el "dispensador de tonterías", y también declaró: "Lo que enseña Peale es pura magia, es lo más lejos que se puede llegar a estar de la genuina fe cristiana".

Debo admitir que, en este sentido, recibí consuelo por medio de la amable y tosca observación de un viejo ingeniero de minas que me envió algunas de esas observaciones reportadas por el diario *Denver Post*. Este ingeniero debe ser un personaje entretenido y un verdadero pensador. Comentó: "El Dr. Bob Fitch debería hacerle algunas preguntas al Todopoderoso. Tras haber trabajado toda mi vida con profesores de geología, he encontrado que el grado de doctor en realidad no significa una maldita cosa". (Un poco tosco, pero tiene razón. Al fin de cuentas, me animó ante las desavenencias).

Habiendo tenido siempre respeto por los líderes de nuestra iglesia, así como por los directores y maestros de las escuelas de teología, sus violentos ataques contra mí me habían lastimado. Lo extraño es que esos ataques no eran solo contra mis ideas, sino también contra mí como persona. A menudo, me he preguntado por qué algunos ministros pueden amargarse tanto. Lamento decirlo, pero algunas de las cosas más desagradables que he escuchado en mi vida, y las observaciones más crudas y desagradables, no han provenido de laicos o personas sin cultura, sino de educados ministros del evangelio. Me pregunto si alguien sin saberlo alberga cierto odio embotellado y de antagonismo que sabe verter sobre los demás con erudita jerga ministerial, rara vez expresado en frases vulgares como la observación de Fitch, pero aun así lleno de púas. Esta extraña hostilidad parece especialmente virulenta cuando surge de un hermano ministro. Esta referencia es solo en cuanto a unos pocos y a cierto tipo de ellos. Los ministros, por lo general, son caballeros amables y serios, y los honro con sinceridad.

Pero en cuanto a mis detractores, decidí orar por ellos y tratar de comportarme como un cristiano. A pesar de una actitud hostil en mi contra, seguí respetando a aquellos hombres por su liderazgo efectivo y nunca tuve mala voluntad hacia ninguno de ellos en lo personal. Sin duda, traté de practicar mis propias enseñanzas, una de las cuales es nunca tolerar en mi mente alguna actitud de odio hacia otra persona.

Pero aun así, todavía un poco asombrado por la influencia y autoridad eclesiales, sus ataques me cerraron el paso con rapidez; tanto, que en una ocasión, decidí renunciar al ministerio y seguir con mi trabajo de ayudar a las personas fuera de la iglesia organizada. Incluso alcancé a escribir mi renuncia. Ahora, me asombra que llegué a dejar que esos hombres me afectaran; hoy, sin duda, ya no me afectan. Pero muchas cosas me impidieron dejar la iglesia. Una fue el amigable entendimiento de mi denominación, la Iglesia Reformada de los Estados Unidos, la cual me perdonarás por caracterizarla como uno de los organismos cristianos más equilibrados y verdaderamente libres de nuestro país. Otra fue la amistad de los líderes y miembros, así como la tremenda multitud de visitantes que llenaba la Iglesia Marble Collegiate para escuchar proclamado el sencillo poder transformador de Dios. Eran incontables las vidas que estaban siendo transformadas; Dios estaba bendiciendo este ministerio y yo sabía que solo debía seguir predicando este mensaje desde el púlpito de la iglesia más antigua de los Estados Unidos, a fin de mantener la fe en el Señor y en las personas necesitadas.

Otra razón fue que, sencillamente, sentía que tenía la razón. Todo el tiempo estaba buscando la dirección de Dios y cuando sientes que tienes la razón, entonces recibes ánimo y apoyo. Siempre en mis oraciones el Señor parecía decirme que continuara ayudando a su pueblo con su evangelio en un idioma que ellos pudieran entender y con métodos prácticos a los que se pudieran aferrar y usar; y que ignorara los ataques de los hombres.

Una razón final por la cual no renuncié para trabajar fuera de la iglesia fue mi padre; en ese tiempo, ya era anciano, pero estaba tan lúcido mental y espiritualmente como siempre. Él me dijo: "Norman, he leído y estudiado todos tus libros y sermones y es muy evidente que poco a poco has evolucionado hacia un nuevo sistema cristiano de pensamiento y enseñanza. Y está bien, muy bien, porque su centro, circunferencia y esencia es Jesucristo. No hay duda en cuanto a esta sólida orientación bíblica. Sí, has evolucionado hacia un nuevo énfasis cristiano a partir de un compuesto de la ciencia de la mente, la metafísica, la ciencia cristiana, práctica médica, sicológica, evangelismo bautista, testificación metodista y un sólido calvinismo reformado holandés".

Menosprecié su afirmación en cuanto a que yo hubiese producido algo nuevo. ¿Quién soy yo para desarrollar un nuevo tipo de cristianismo? No soy teólogo, apenas un predicador y pastor. "Lo único que enseño es el evangelio, papá", le dije, "con vocabulario y formas de pensamiento actuales".

"Eso es verdad", declaró él. "Pero nunca antes se ha hecho de esta forma y con este alcance. Tu trabajo es una síntesis de lo viejo y lo nuevo, y siempre, en todo momento, has sido fiel a Jesucristo y a la Biblia. Tú enseñas todo el evangelio de pecado, convicción, redención, gracia expiatoria y salvación, pero los has simplificado y haz hecho de ellos una forma de vida práctica y llena de gozo. Es completamente cristocéntrico y las personas son su objetivo".

"Pero, papá", dije, "algunos de estos importantes eclesiásticos y algunos que no son muy importantes, pero que sin falta siguen el ejemplo de los líderes, están tras mi pellejo. De hecho, he querido renunciar y organizar mi ministerio fuera de la Iglesia".

Él me miró por largo rato. "Eso me rompería el corazón. Eres un verdadero predicador de Jesucristo y fiel a la Iglesia. Recibe eso proviniendo de un viejo predicador". Además añadió, "los Peale nunca renuncian". Eso fue todo. Seguí en la Iglesia. Y en la gran Iglesia de Dios hay espacio para diferentes tipos de hombres y múltiples metodologías si la enseñanza es fiel a Jesucristo.

Podría imprimir cientos de cartas provenientes de pastores de todas partes, de creyentes genuinos, esforzados, comunes y corrientes, que han afirmado la efectividad de nuestro patrón de pensamiento y su práctica, porque sí ha funcionado en sus vidas y en sus iglesias. El propósito de este capítulo no es defenderme a mí mismo, ni a mi mensaje, sino destacar cómo algunos de nosotros hemos encontrado el secreto de nunca temerle a algo o a alguien.

La siguiente carta servirá de ejemplo:

"Había muchas cosas aterradoras en mí. Tenía úlcera y mis manos y piernas se paralizaban en funciones públicas. Después de dos años de terapia, renuncié, todavía tenía una úlcera activa y músculos que se rehusaban a coordinarse entre sí.

Desde la universidad, decidí que la fe era solo para debiluchos; ahora, estaba comprobando que yo era una entre ellos. Había estado buscando a tientas. Al terminar la guerra, pasé de una iglesia protestante a otra hasta que encontré una con una puerta abierta donde pude sentarme y decir gracias en silencio. Leí *Las variedades de experiencias religiosas* de William James, el único argumento que encontré que explicaba la validez intelectual de la religión. Luego, en una biblioteca, encontré un par de sus libros. Con la mayor dificultad y renuencia y temor, le dije a Dios que me entregaba por completo a Él".

Han pasado varios años, pero desde el momento en que leí sus libros, las circunstancias de nuestra vida cambiaron. Nuestra silenciosa desesperación se convirtió en una sutil esperanza.

Encontré un médico que me ayudó con la úlcera, otro que diagnosticó mi constricción rígida. El problema de la empresa de mi esposo se resolvió y las dificultades de comportamiento de nuestros hijos mejoraron. Mi esposo es consejero de empleados para una industria que está por todo el país. Él es diácono de una iglesia y superintendente de escuela dominical. Yo soy directora de una biblioteca, nuestro hijo hace parte de una asociación para trabajo de verano en su escuela de medicina y nuestra hija fue aceptada en una buena universidad.

Sé que usted debe ser indiferente a las críticas de algunos cleros que parecen inferir que su religión no tiene la profundidad suficiente porque es solo por su simpleza y practicidad que se hace disponible para las almas aturdidas, perdidas y enfermas".

Encontré que un factor básico para vivir sin temor es aferrarse y practicar la simple creencia de que Dios cuidará de uno. Para mí, esta convicción fue una piedra fundamental para desarrollar valentía.

Un amigo, Albert E. Cliffe, prominente químico canadiense, llegó a su lecho de muerte perdiendo la esperanza de vivir. En ese momento de terrible necesidad, él se rindió a Dios diciendo: "Me entrego a ti, oh, Señor. Haz conmigo lo que quieras". Logró esa asombrosa separación de sí mismo, la cual es tan vital para el cambio espiritual. Sintió una nueva paz y fortaleza. Se recuperó y por muchos años vivió una vida extraordinaria y fructífera.

Fue maestro de una de las clases más grandes de Biblia en su ciudad. Escribió un libro con el provocador título *Deja que Dios sea Dios,* un volumen con el que tengo una gran deuda personal. El título en sí es una fórmula de vida creativa. Como químico, él siempre trató con fórmulas y esta fórmula espiritual, en su opinión, era tan exacta como cualquiera de las de su trabajo científico. Esta fórmula se diseñó y se usó para romper la cadena de problemas o temores con solo entregarle a Dios un problema, dificultad o temor, visualizándolo mentalmente en manos de Dios.

Me impresionó la fórmula A1 de Cliffe, más por el asombroso efecto que tuvo sobre su vida y sobre la mía propia, así como en las de muchos otros. Así que, cuando un temor comenzaba a apoderarse de mis pensamientos, solo decía: "Deja que Dios sea

Dios". Desarrollé la actitud mental de que ahora nada estaba en mis manos y me dispuse a aceptar cualquiera que fuera la voluntad del Señor. Encontré que este procedimiento no se daba con facilidad, pero se daba, siempre que trabajaras con diligencia en ello. Al hacerlo, poco a poco, adquieres la habilidad espiritual de soltar las circunstancia difíciles, todo el odio, el egoísmo y el temor.

Esta técnica de total renuncia a veces es denominada con el término "rendición", lo cual implica una entrega mental activa y deliberada a Dios del temor ante cualquier problema. Esto, desde luego, no es fácil, porque la mente tiende a aferrarse con fuerza incluso a aquellas cosas que piden ser liberadas. Charles Dickens escribió una frase que siempre me ha fascinado por su sutil comprensión de este hecho sicológico: "Usamos las cadenas que forjamos en la vida". Sin duda, formamos eslabón tras eslabón de una cadena de temores hasta que nos vemos aprisionados por ella; y lo extraño es que amamos nuestras cadenas tanto como las odiamos. Esta curiosa equivocación mental explica, por lo menos en parte, por qué es tan difícil deshacernos de nuestros temores por nuestra propia cuenta.

Sin embargo, una y otra vez se ha demostrado que cuando una persona toma la decisión de querer darles fin a sus temores, es honesta en admitir que no puede hacer nada al respecto por sí sola y se rinde por completo a Dios, la liberación llega de una forma asombrosa.

Y créeme, lo sé y por eso lo digo. En lo personal, descubrí esta salida del temor y fue de la forma difícil. Había progresado un poco en la vida espiritual científica durante mis días en Syracuse. Pero cuando me mudé a la ciudad de Nueva York, en 1932, los viejos temores que tanto me habían abrumado en la niñez volvieron a atacarme. Ahora, yo era el pastor de una famosa iglesia de la Quinta Avenida y algunas personas decían que yo era demasiado joven e inexperto para un cargo de tanta responsabilidad; afirmaban que, sencillamente, yo no tenía lo que se necesitaba. Aunque en mi corazón yo no negaba esas evaluaciones que me despreciaban, comentarios como esos me impulsaban a "demostrar" que era capaz de desempeñarme en mi cargo sin importar lo que otros dijeran. Sabía que esa no era la mejor motivación, pero nunca fui de los que afrontó un desafío sin darlo todo en un buen intento.

Pero los problemas se acumularon. Era la época de la Gran Depresión. La gente deambulaba por las calles en busca de empleos que no existían. Fue el periodo más bajo a nivel económico y sicológico que haya visto en los Estados Unidos en toda mi vida. Nada que haya experimentado antes o después de aquella época se ha acercado al profundo desánimo que había entre los estadounidenses, en especial, en un centro financiero como Nueva York.

Además de esas tristes condiciones sociales y de negocios, la congregación de la iglesia a la que había llegado se redujo a un número muy pequeño; y en el santuario grande parecía que yo le hablaba solo a un puñado de personas desanimadas. Al recoger la ofrenda, todo lo que juntábamos eran $15.000 dólares en aportes anuales de la congregación en esta notoria iglesia de la Quinta Avenida, la congregación protestante más antigua de los Estados Unidos.

La iglesia en realidad tenía poco ánimo, y yo también. Los viejos temores se apoderaron de mi mente con sus helados dedos. ¿Qué podía hacer? El fracaso, ¡el severo fracaso me miraba a los ojos! Mi mente vagaba en círculos, dejándome más tenso y desanimado; como consecuencia, era menos efectivo.

En este punto, llegaron las vacaciones de verano y la Sra. Peale y yo salimos a un viaje a Europa que habíamos planeado hacía mucho tiempo. Pero, en lugar de estar emocionados por el viaje, vertí en sus oídos un flujo constante de conversaciones negativas y llenas de temor. Ella, siendo una esposa amante y paciente, solo me escuchó. ¡Sin duda eso era todo lo que podía hacer! Mi incesante conversación limitaba sus oportunidades para hablar, por decir lo menos.

Por último, tras llegar a Inglaterra en medio de algunos días más bien infelices andando por todas partes, llegamos al pueblo de Keswick en el corazón de Lake District de Inglaterra. El Hotel Station de Keswick era un hostal típico rural inglés. Sus pasillos y escaleras estaban forrados con impresiones y grandes pinturas sombrías de escenas del Distrito de Lake y con las colecciones más grandes de estaño que había visto en mi vida.

El hotel tenía un glorioso jardín formal inglés y desde sus senderos se apreciaban magníficas vistas de las vastas colinas rodeadas de vapor y niebla. Durante los "intervalos brillantes", que mencionaban a diario en los pronósticos del clima, una luz gloriosa brillaba entre las nubes y, por un rato, iluminaba las flores, los setos y los prados bien arreglados, como los que solo se pueden apreciar en Inglaterra.

En el extremo más lejano del jardín había una banca. Todavía está ahí hoy. De vez en cuando, volvemos a ese sitio y nos sentamos allá y le damos gracias a Dios. Porque en ese día de verano en 1933 encontré el secreto básico de no tenerle miedo a nada, ni a nadie; y desde entonces, he tenido el privilegio de enseñarles esa fórmula a miles de personas, muchas de las cuales también han sido liberadas del dominio del miedo.

Al estar juntos en esa banca aquella tarde, de nuevo comencé con mi recital interminable de temores. Le dije a Ruth por milésima vez lo desanimante que era todo, lo difícil que iba a ser volver a casa. Enumeré mis problemas, los cuales todos parecían formidables. Expresé mi completa certeza de fracasar.

Luego, sucedió. Una de las mejores experiencias en mi vida, el comienzo de una emocionante e inesperada aventura de cambio personal, pero de notoria victoria sobre el temor. Mi esposa Ruth es un alma gentil y amable, pero cuando se emociona y toma una posición firme, ¡caramba! de verdad que es firme. Me miró y dijo: "Por favor, deja de hablar con tanta negatividad. Ya escuché suficiente. ¿Qué eres, un farsante? ¿Enseñas fe y no tienes algo de fe tú mismo? ¿O tan solo eres un bulto de palabras sin significado? ¿Acaso Dios no significan nada para ti?.

"Él te ha dado una gran habilidad potencial y te ha llamado a una oportunidad única para el servicio. Estarás a la altura solo si te olvidas de ti mismo. Solo piensas en ti, estás envuelto, atado dominado por ti mismo. Y así caminas hacia la oscuridad y el miedo hasta que la vida apenas valga la pena. Lo siento mucho por ti".

Luego, tomó mi mano con su mano, que era más pequeña. Siempre había pensado que era muy suave cuando caminábamos bajo la luz de la luna, pero ya no era suave. Me estaba tomando con fuerza y dijo con firmeza: "Vas a quedarte aquí sentado conmigo en este banco hasta que te rindas tú mismo y todos tus temores a Jesucristo".

Luego, yo, que era su pastor, que había sido educado en teología, le pregunté con mansedumbre; "¿Pero cómo puedo rendirme? ¿Qué hago, qué digo? ¿Cómo puedo soltar?".

Todavía puedo escucharla hablando con la sabiduría nativa del corazón más fiel que jamás haya conocido. Ella, simplemente, dijo: "Di, 'querido Señor, ahora me entrego, te entrego mi vida, mi mente, mi cuerpo, mi alma. Te doy todos mis temores. Si quieres que fracase, estoy dispuesto a aceptar el fracaso. Sea lo que hagas conmigo, está bien para mí. Toma todo lo que soy. Lo rindo todo a ti".

Con vacilación, repetí las palabras después de Ruth y en ese momento hablaba en serio lo que decía, lo hice con sinceridad. Esa oración fue a lo profundo de mi mente y salió con la verdad, toda la verdad. De repente, toda la tensión e infelicidad salieron de mí. Literalmente, pude sentir que se iban como una banda de caucho estirada que vuelve a su posición normal. Por todo mi ser surgió una sensación de felicidad (gozo es una mejor palabra) como la que nunca antes había sentido en mi vida. Nunca antes había sentido algo como eso en toda mi experiencia de vida.

El alivio que sentí fue tan intenso, tan abrumador que, de hecho, fue doloroso, como una profunda herida que se liberaba de la infección; pero esa sensación pronto dio paso a un alivio indescriptible. Si nunca vuelvo a tener esa experiencia, ya la tuve aunque sea una sola vez: una sensación de la presencia sanadora de Dios tan poderosa e inconfundible, tan real, que sabía con certeza que era Él y que es 'Él quien toca nuestra vida humana con su maravillosa gracia y poder.

Si no hubiera tenido esa extraordinaria experiencia, tengo la certeza de que mi vida habría quedado arruinada por el temor, sentimientos de inferioridad y una paralizante obsesión por el fracaso. Entendí que no solo yo, sino miles de personas acosadas por los mismos temores, encontraríamos libertad frente al miedo, ese terrible destructor, por medio de la simple fórmula de rendirse. También supe que esa era mi misión en la vida, explicar e inculcar en mis semejantes un método de fe y práctica lleno de poder, el poder de vivir por encima de las frustraciones y las derrotas del yo y también del mundo.

Desde luego, hay otros elementos importantes para saber cómo nunca tener miedo de nada o de nadie, pero el paso básico primordial y esencial es el de rendirnos, soltarlo todo y dejar que Dios se haga cargo. En esencia, eso no es algo que puedes hacer por ti mismo, solo Dios puede hacerlo por ti. Y Dios puede y lo hará cuando de verdad le permitas controlar toda la acción de tu mente y tu capacidad de creer.

Experiencias espirituales tan intensas como las que he descrito son muy raras. ¿Por qué se dan? ¿Quiénes las viven y cuándo? Solo Dios lo sabe y cada una es una bendición que vacilaría en tratar de analizar. El método usual para obtener libertad del temor es por medio de una aplicación larga y persistente de las leyes de la vida espiritual como se plantean en la práctica religiosa científica.

Una de estas leyes es lo que ha sido denominado la práctica de la Presencia de Dios. El hecho más importante de todos en este mundo es que nosotros, tú y yo, no estamos solos. Toda la vida en la Tierra sería fútil si no hubiera un Dios que le diera significado y propósito. Seríamos como niños perdidos y asustados en un oscuro y temeroso bosque. Algunos podrían mostrar algo de valentía, pero todos estarían muy asustados y con razón.

Pero no es suficiente creer en teoría que hay un Dios. Esta confianza en sí misma nunca te liberará del temor hasta que, mediante énfasis y práctica espiritual, logres una convicción profunda e inconfundible de que hay una presencia que te guía y te apoya, y que puedes vivir confiado en ella.

¿Y cómo se logra esto? Bueno, permíteme hablarte de un hombre a quien conocí una noche cuando di una charla en una ciudad del Sur, ante unos 2.000 vendedores. Estaba hablando sobre autoconfianza y la personalidad integrada, y como es natural, hice énfasis en la importancia de dominar el temor.

Después de terminar mi charla, un hombre vino tras bambalinas y se presentó como el propietario de una próspera pequeña empresa en la comunidad. Pude ver de inmediato que era una persona dinámica y segura.

"Usted tiene mucha razón en cuanto a la fe y al pensamiento positivo", dijo. Luego, prosiguió a hablarme de él mismo. "Hace unos años", continuó, "estaba en una situación muy difícil. Los negocios no iban bien y mi estado mental era peor. Era víctima del temor, la inseguridad y la indecisión. Por medio de sus libros comencé a leer la Biblia y, por primera vez en la vida, aprendí a orar. Un día hice un trato con el Señor".

"¿Hice un trato con el Señor?". Cuando dijo eso, me encogí un poco porque siempre me generan sospechas ese tipo de afirmaciones. La frase no es una frase alegre, ni tampoco lo es la idea. Pero la oración que este hombre oró, que me describió, era correcta, pensé. De hecho, la elogié. La sustancia de su oración fue algo como esto:

> "Señor, lo primero que te voy a pedir es buena salud: dame un cuerpo fuerte. Luego, dame la habilidad para pensar con claridad. Dame gran valentía, de modo que tenga lo que se necesite para seguir adelante cuando el camino sea difícil. Y dame verdadera confianza. Por último, hazme saber que estás conmigo, que no voy a ir solo. Señor, dame estas cinco cosas y yo haré el resto".

"¿Y el Señor te dio las cinco cosas que le pediste?".

"Sí lo hizo, pero no solo me las dio porque las pedí", dijo aquel hombre con su estilo picante, que no tardé en ver que era característico en él. Aun así, era evidente que él no tomaba con ligereza su fe en Dios. "El Señor me puso en un exprimidor varias veces y más de una vez lloré diciendo '¡ayayay!'. Pero me permitió sentir que estaba conmigo, y eso facilitó mucho mi avance. Él cumplió con toda su parte del trato. Puedes contar con Dios, él no te dejará, si tú lo exaltas".

Se podía decir que aquel hombre tenía los elementos de un verdadero filósofo espiritual. Pero, por sobre todo, era un hombre práctico.

"A medida que practiqué lo que usted llama las leyes espirituales, vi que funcionaban, así como usted dijo; y no soy la clase de persona que va tras cualquier cosa que no funcione. Por naturaleza, es necesario tener los conocimientos y no dejar de trabajar".

"¿Así que de verdad crees que la presencia de Dios es una realidad?", volví a preguntarle.

"Seguro que sí. La sentí. Todavía la siento. No me pregunte cómo la siento. Sé que él está justo a mi lado. Usted no lo duda ¿cierto?", me preguntó mirándome con sospecha.

En eso estábamos de acuerdo. Era evidente que él tenía la consciencia de la presencia de Dios. Y el sentido de la presencia que había practicado hasta el punto de ser un experto lo había liberado del temor, y no solo eso, sino también de otras deficiencias personales. Esto había hecho de él un optimista empedernido.

La práctica de una actitud equilibrada y realista hacia las personas es otro elemento que te ayudará a perder el temor a cualquier persona. Es un hecho patético el que más personas de las que puedes suponer tengan miedo de otras. Todos los que sufren de timidez e inferioridad tienen miedo de los demás.

Si me perdonas por hacer otra referencia personal, tengo que admitir una larga y dolorosa lucha contra el temor a otros. Durante mi niñez, en pequeños pueblos de Ohio, el banquero local siempre era el ciudadano principal, el verdadero "pez gordo", por así decirlo. Recuerdo que él vivía en la casa más grande de la calle principal. Su residencia se asentaba entre amplios jardines y venerables árboles. Su entrada al garaje pasaba por grandes e impresionantes puertas hasta un majestuoso pórtico. En mi niñez temprana, cada mañana, el pomposo banquero montaba majestuosamente detrás de un gran par de caballos iguales hacia el centro del pueblo, volvía a casa para almorzar (comida, lo llamaban en aquellos días); luego, volvía de nuevo al centro del pueblo y regresaba para la cena. Y, desde luego, fue el primero del pueblo en hacer sonar un automóvil por la calle principal. Todo era impresionante, incluso su gran escritorio, que se podía ver por las ventanas del banco, ante el cual había muchas reverencias y zalamerías de parte de todos y que él también disfrutaba. Esto lo hacía todo el mundo en el pueblo.

Las mañanas de los lunes solía acompañar a mi padre predicador al banco, donde el banquero, como tesorero de nuestra iglesia, le pagaba su salario semanal. Atemorizado, seguía a mi padre hasta la oficina de aquel gran hombre, mi corazón se aceleraba y las manos me sudaban. En mi joven naturaleza súpersensible naturaleza, penetraban los comentarios que el banquero hacía con agudo ingenio: "Bien, hermano Peale, ¿cree usted que su sermón de ayer justifica su pago?". Esto siempre me irritó. Pero mi padre, maduro y bien educado, tenía la gracia para hacerle frente con jovialidad cada semana. Él sabía que el banquero no tenía una mala intención. Pero en cuanto a mí, por años les tuve miedo a los banqueros.

También tenía miedo del ruidoso estudiante exitoso, del tipo locuaz que siempre causaba una gran impresión en clase. Aunque conocía los temas, cuando el maestro me llamaba, me tensionaba, se me trababa la lengua y mi corazón se aceleraba. Y mi elección de palabras siempre parecía extraña. Me avergonzaba tanto que, incluso si sabía la respuesta, la decía tan mal que el efecto era todo menos sobresaliente. Así mismo, por años me sentí atemorizado en la presencia de alguien que hablara como un erudito. (Es más bien algo triste no haber sabido prácticamente nada de esos "brillantes" estudiantes después de dejar la escuela).

Pero esta no era toda mi patética historia. Fui criado para pensar que los políticos eran de una raza superior, una clase de personalidad inmortal, una como la de Washington y Lincoln. Cuando los congresistas venían a la ciudad, ese era todo un suceso; y si el gobernador o el senador venían, era un evento histórico. Yo miraba con asombro petrificado a estas figuras "heroicas". En cuanto a un presidente o el candidato a la presidencia, me desmayaba cuando pasaba por nuestra ciudad saludando con grandeza desde el último vagón de un tren, como un emperador conquistador que saluda a sus plebeyos.

Durante mi niñez Grover B _____ fue nominado para el congreso. Antes de esto, nadie habría pensado dos veces en el viejo Grover B _____. Pero, como muchas personas insignificantes, engañó a la nominación de la mayoría del partido en nuestra área y logró ser elegido. La primera vez que lo conocí después de su elección me asombró tanto, que solo pude expresarle algunas palabras torpes a esta nueva gran figura de la Historia, porque, como sabes, ahora era un verdadero congresista. Hoy, puedo decir que toda esa adulación ha pasado. Cito esta historia personal para ilustrar cómo podemos vivir en miseria en un odioso y sobrecogedor temor hacia otras personas.

En esencia, mi liberación del temor vino al aprender a usar el poder del pensamiento creativo. Ella Wheeler Wilcox describe muy bien lo que el pensamiento correcto significa para nosotros, los seres humanos:

Somos lo que pensamos. No lo que decimos, leemos o escuchamos. Mediante el pensamiento persistente deshacemos cualquier condición existente. Nos liberamos de cualquier cadena, ya sea pobreza, pecado, mala salud, infelicidad o temor.

Solo hay un patrón de pensamiento más fuerte que el temor, solo uno que, sin duda, es más fuerte, y es la fe. Y esto no se refiere a la fe en general, sino a una fe en particular que es la fe en Dios, la fe real y humilde en Él, tu Padre Celestial.

Permíteme terminar este capítulo con una escena que ilustra el tipo de fe que sana una condición de temor. En una ocasión, sostuve en mis manos una Biblia que, decían, fue usada por Abraham Lincoln durante la Guerra Civil. Era una Biblia grande y de aspecto tosco que, en gran medida, coincidía con su carácter. Al abrirla, cayó en el Salmo 34, un verso que parecía haber sido leído muchas veces por Lincoln, porque en su margen había un pequeño corte y una mancha indicando, se presume, que el dedo del libertador a menudo descansó ahí, frente al versículo 4: "Busqué a Jehová, y él me oyó, y me libró de todos mis temores". (Salmo 34: 4).

Y sin duda el Señor hará justo eso, así que nunca tengas miedo de nadie o de nada en esta vida.

TRES

Cómo manejar las situaciones y manejarte a ti mismo cuando te enojas

Nadie debe esperar pasar por la vida sin encontrar dificultades. Nadie puede vivir a plenitud y no enfadarse en algún momento. Pero hay formas de enfrentar las dificultades y hay técnicas que se pueden emplear, y deberían usarse, cuando estás enojado. No hace mucho, aprendí esto por mi cuenta y de la forma más difícil. Fue una experiencia dolorosa, pero aprendí. Eso es lo importante.

Permíteme comenzar, no por el comienzo, sino por el final. Porque el resultado final es el que importa. La situación difícil que enfrenté en el otoño de 1960 me obligó a acudir a una profunda oración y búsqueda del alma, más que nunca antes en mi vida. Quiero compartir con todos los que puedan estar angustiados o enojados los beneficios que obtuve y las lecciones que aprendí de esa experiencia.

De una cosa estoy seguro: cualquier experiencia desgarradora del alma trae consigo una oportunidad para crecer. Una persona espiritualmente madura siempre tratará de encontrar valores creativos en medio de las pruebas más difíciles. Así que, cuando esta crisis llegó a mi vida, comencé a preguntarme cómo podía usarla para profundizar mi consciencia espiritual y quizá ser de más ayuda para otros que enfrenten situaciones o problemas molestos.

Al pensar y orar en este sentido, llegué a comprender que tal vez necesitaba un buen golpe y que el Señor quería humillarme. Para mí, todo había salido muy bien: bastante éxito, muchas personas hablando bien de mí. Quizá lo que necesitaba era una fuerte adversidad en la vida para probar mi confianza en ciertos principios, para poner a prueba mi fe. De todas formas, eso fue justo lo que obtuve. Fue una de las experiencias más difíciles en mi vida.

He escrito libros sobre pensamiento positivo y control emocional y mental. Desde luego, los principios y enseñanzas de estos libros han sido mis normas personales de vida. Las he practicado con sinceridad en pensamiento y acción durante muchos años. Como resultado, encontré para mí aquellos valores que les he asegurado a mis lectores que encontraría cualquier persona que pensara y viviera en la base de esas actitudes positivas.

Perdóname si presento circunstancias especiales, pero esta filosofía que he enseñado complicaba todas las cosas para mí cuando me encontraba enojado. De hecho, me enojaba por enojarme, porque había llegado a creer que tenía conquistada cualquier tendencia a caer en una condición mental alterada. Era muy perturbador ver con claridad que podía enfadarme, además del estrés mental que la situación misma me generaba.

Hay muchas cosas que hacen que una persona se enoje. Cometer un error tonto suele ser molesto. El que cuestionen tus motivos o te malinterpreten también te hace enojar. El hecho de recibir críticas de parte de tus colegas hace que te enfades. Enfrentar un ataque de hostilidad te molesta. El que te sacudan suele ser molesto. Te hará enojar el ver que cuestionen tu inteligencia. Pues bien, todas estas cosas me sucedieron y todas al mismo tiempo.

Durante la primera parte de la campaña nacional de elección en 1960, me encontraba viajando por Europa y Tierra Santa. En

Londres, ya hacia el final de mi viaje, encontré en mi correo una invitación a una reunión de ministros y laicos que se realizaría en Washington, D.C. el 7 de septiembre, que era el día siguiente a la fecha que tenía programada para mi regreso a los Estados Unidos. La reunión se estaba convocando para considerar el tema de la separación entre la Iglesia y el Estado.

Este, desde luego, era un asunto de importancia histórica y yo lo consideraba trascendental en ese entonces, y aún hoy. Este es un principio por el que los hombres han luchado y en ocasiones han pagado un gran precio; a veces, hasta con su vida. Al actuar separadamente, la Iglesia y el Estado se pueden complementar entre sí, pero cuando son uno y el mismo, las verdaderas funciones de cada uno se ven distorsionadas. Por años, he hecho énfasis en la relación de la religión con la libertad del hombre, basándome en la enseñanza de Jesús: "Y conoceréis la verdad, y la verdad os hará libres". (Juan 8: 32).

La misma noche de mi regreso de Europa volé de Nueva York a Washington y, a la mañana siguiente, estuve presente en esta reunión a la que asistieron unos 150 invitados. Algunos eran viejos amigos que me dieron la bienvenida y, sin pensarlo y de manera desprevenida, permití que me presionaran para servir como presidente de la sesión aquella mañana, aunque en ese momento tenía poco conocimiento de la agenda y apenas había organizado mis ideas después de mi viaje. Después de presidir por un corto tiempo, salí de la reunión por un periodo un poco extenso para hacer llamadas telefónicas relacionadas con asuntos personales. Recuerdo que, después de terminar las llamadas, salí a la calle y caminé de un lado a otro. Era un día muy caliente y, de todas formas, no me gustaban mucho las reuniones. Después de una hora en cualquier reunión, me pongo inquieto y quiero irme. Recuerdo que vacilé en volver a la sesión y consideré hacerla a un lado, pero terminé por volver aunque fuera con algo de renuencia.

Al recordar, me asombra mi propia falta de percepción con respecto a una reunión como esa, en especial en esa época. Desde luego, era consciente de que la campaña política estaba a punto de entrar a los tensos meses de cierre de elecciones. Sin embargo, no vi ninguna razón por la cual un grupo de ministros y laicos no debería reunirse para hablar sobre un tema tan importante como el de la libertad religiosa. La reunión continuó, al menos así me pareció, con orden y de forma razonable. Pero debí observar que los reporteros, siempre en busca de una gran historia, iban a atacar cualquier punto que pudiera estar relacionado con la política. Y debí ver que, dado que estaba fungiendo como presidente, así fuera por corto tiempo, la reunión podría estar identificada conmigo.

De hecho, la llegaron a llamar "El Grupo Peale". Esto me sorprendió, porque no había hecho nada para organizar aquel grupo y había presidido por muy poco tiempo, más como un favor que como cualquier otra cosa.

Quienes estaban a cargo de la reunión prepararon una declaración para divulgársela a los reporteros de periódicos, la cual contenía varios puntos principales. Yo la leí después de finalizada y no tuve parte en su redacción. Parecía una discusión moderada y razonable acerca de algunos problemas que muchos pensadores consideraban importantes. Afirmaba una confianza en el principio de la separación entre la Iglesia y el Estado. Afirmaba también la confianza en que este problema estaba siendo ignorado en la campaña política. Y hay que reconocerlo, era un problema en la mente de muchos. ¿Algún problema real debería ser ignorado en una nación libre?

Bajo nuestra libertad estadounidense, cualquier persona tiene el derecho a pensar por su cuenta y a expresar sus convicciones acerca de cualquier tema, según el alcance de sus capacidades. Sin embargo, en cuanto a este asunto, había habido una clase de conspiración pública para guardar silencio. Incluso llamarlo problema era considerado fanatismo. Un fanático es definido como alguien que obstinadamente o sin tolerancia es devoto a su propia iglesia o partido u opinión. Así que, por definición, un fanático es una persona cuya actitud es la antítesis de la libertad por medio de su intolerancia y autoritarismo. Todos los hombres con una forma de pensar correcta detestan a los fanáticos.

La declaración pasó a establecer un equilibrio al hacer énfasis en la importancia de otros asuntos en la campaña. Hasta donde podía ver, la intención de aquel grupo no era permitir que el tema religioso se saliera de las manos y este aspecto se elaboró y enfatizó con mucho cuidado. Por último, la declaración recomendaba dejar los temas religiosos a consideración de la consciencia de cada votante. No pretendía dar alguna respuesta al asunto. Solo trataba de dar fin a un silencio para nada natural.

Solo puedo decir que si hubiese visto todas las posibles implicaciones de mi presencia en aquella conferencia, nunca habría asistido. Debí ver que cualquier declaración en este sentido, así fuera neutral o bien intencionada, en medio de la campaña política, iba a ser como una chispa en un barril de pólvora. Provocaría una explosión, liberaría toda la furia suprimida y la hostilidad que había en ambos bandos. Fui ingenuo al no percibir algo como eso. Y nunca fui un pensador político.

Lo que más me hirió, creo, después de publicar la declaración, fue verme acusado de fanático. ¡Yo, acusado de fanatismo! Este es un punto en el que soy muy sensible, porque toda mi vida la he dedicado a combatir la intolerancia. He trabajado con organizaciones tratando de eliminar el fanatismo en asuntos nacionales, raciales, así como religiosos. Fundé la más grande publicación que reunía a los credos de nuestro país. He hecho un gran énfasis por tratar de desarrollar armonía entre los principales grupos religiosos de los Estados Unidos, los judíos, los católicos y los protestantes. Cuando has dedicado toda tu vida a trabajar por reducir el fanatismo, es muy indignante ser declarado culpable de aquello mismo por lo que te has esforzado en eliminar.

Vi que aquella reunión en Washington fue un hito en mi vida personal, y al pensar en retrospectiva, comprendí que también fue un hito en la historia de la libertad de pensamiento y discusión religiosos en los Estados Unidos. A raíz de mi horrorosa experiencia, se hizo evidente que en este país ya no es posible hablar sobre el gran principio de la libertad religiosa, así sea sin pasiones y de manera objetiva. En lo personal, nunca más me involucraré en cualquier consideración de libertad religiosa, porque entiendo que hacerlo es coquetear con el peligro de ser acusado de fanatismo. Aunque amo la libertad religiosa, odio más el fanatismo.

No quiero simpatía, pero te diré que al recorrer las calles de Washington después que la tormenta explotó el día siguiente a la reunión, quedé horrorizado al verme tratando de evitar las miradas de los transeúntes por temor a encontrarme a alguno de mis muchos amigos católicos romanos que por error podían pensar que me había puesto en contra de ellos. Estaba bajo mucha presión ante el increíble giro que tuvieron los eventos y me sentía enfermo del corazón, con enojo por mi propia ineptitud.

En un esfuerzo por disipar la impresión errada acerca de mí como un líder, o como el líder del grupo, les informé a los que estaban a cargo que ya no iba a estar asociado de ninguna manera con ellos. Luego, me retiré a mi granja en el campo, alejándome por completo de los periódicos y la televisión, cuyos representantes clamaban por que hiciera "declaraciones".

Pero esto también fue un error. Debí enfrentar a la prensa y relatar los hechos con la calma y la franqueza como los relato ahora. La realidad es que estaba tan enojado, que dudaba de mi capacidad para expresarme con claridad o comunicar mis verdaderos sentimientos. Le temía a cualquier mala interpretación o a una simplificación exagerada. Así que un pequeño error puede conducir a otro y a otro y a otro. Cuantos más errores cometamos, más inquietos nos volvemos y más errores cometemos. También estaba inquieto por los ataques personales directos que, a mi parecer, hacían con entusiasmo dos eminentes profesores de teología que estaban políticamente condicionados, los cuales me condenaron sin reparo como el director del "inframundo protestante", sea lo que eso sea, y me llamaron fanático. Yo no respondí nada. Sin embargo, esta estrategia de guardar silencio demostró tener falta de sabiduría, porque dio pie para que se acumulara material falso y lograra amplia circulación.

Aunque en este capítulo hay muchas páginas dedicadas a la reunión en Washington, no tiene como fin ser una explicación, ni una defensa de mi participación. Más bien, el extenso recital de este incidente tiene como objetivo principal mostrar cómo una persona, yo mismo en este caso, podría involucrarse y tener que enfrentar una experiencia bastante irritante.

En esencia, este capítulo está diseñado para ser una especie de laboratorio de métodos descubiertos y demostrados para controlarte tú mismo y a las situaciones cuando te enojes. En resumen, aquí no presentamos el problema teórico, sino que tomamos una difícil experiencia personal como campo de prueba para aplicar las técnicas que funcionan, desglosándolas para que puedas usarlas.

Te aseguro que, en la práctica, sé que los métodos descritos en este capítulo funcionan, porque funcionaron para mí en una situación tan difícil como la que cualquier persona podría vivir. Mi experiencia como experimento de laboratorio al tratar con el enojo les será útil a otros en sus propias dificultades.

El estado de enojo al que llegué lo indica el hecho de que cancelé todos mis compromisos de conferencias por miedo a que mi presencia en un programa avergonzara a mis patrocinadores. De 40 compromisos, 38 rechazaron enfáticamente mi retiro y eran reuniones seculares en las que había personas de todas las religiones.

Muy en el fondo de mi consciencia, mis reacciones de enojo me hacían considerar renunciar al pastorado de mi iglesia, donde había servido durante 28 años. Nadie había sugerido o incluso insinuado esta acción, pero a medida que el furor a mi alrededor aumentaba y las críticas llegaban de fuentes judías, católicas y protestantes, a mi mente vino la idea persistente de que le había traído mala reputación a nuestra iglesia y a las personas que amaba. Llegué a tener la sensación de ser una vergüenza para mi iglesia y para la congregación, y por tal razón, debía retirarme de mi posición como pastor.

En consecuencia, presenté mi renuncia a los ancianos y diáconos, acción que, al parecer, ellos recibieron con mucha sorpresa. De inmediato, fue rechazada de forma unánime. Desde luego, esa expresión de confianza de parte de mis hermanos me conmovió. Sus afirmaciones de hermandad al igual que sus oraciones, me fortalecieron.

Les escribí una carta a los miembros de la congregación con todos los que siempre he tenido afecto cristiano y verdadera comprensión espiritual. Cuando tienes dificultades significa mucho tener la amistad y el respaldo espiritual de las personas que mejor te conocen. Esta comprensión y amor entre amigos espirituales es sin duda una de las mayores bendiciones en la vida, en especial, en tiempos de crisis. Había sido privilegiado como pastor al ayudarlos; ahora, ellos estaban siendo muy amables al ayudarme a mí. Esto sí era sobrellevar los unos las cargas de los otros.

Para que tú, mi lector, comprendas mejor el sentimiento entre la congregación y yo, a continuación encontrarás la carta que les escribí a nuestros miembros, aunque contiene algunas referencias ya hechas en este capítulo.

Septiembre 15 de 1960

Queridos amigos:

Como miembro de la Iglesia Marble Collegiate, y como alguien que siempre le ha dado a su pastor apoyo sincero y en oración por su trabajo, siento que quiero indicar de primera mano los últimos acontecimientos.

Me refiero a una reunión muy publicada entre ministros, la cual tuvo lugar en Washington el 7 de septiembre de 1960. La prensa la denominó el "Grupo Peale", lo cual, desde luego, es completamente impreciso. Por tal razón, quiero presentarles los hechos precisos.

Estando en Europa recibí una invitación a asistir a una conferencia de estudio sobre libertad religiosa programada para el 7 de septiembre en Washington. Además de los nombres de algunas personas que estaban presentes, no tenía información sobre la reunión en sí, pero tenía respeto por quienes me mencionaron y por quienes estarían presentes.

Llegué a Nueva York procedente de Europa la tarde del 6 de septiembre, así que no tuve oportunidad para conocer más información acerca de la reunión. Si hubiese acordado asistir al retiro espiritual de otro grupo, el cual incluía a algunos miembros de nuestra propia iglesia, el 8 de septiembre en Washington, es muy probable que no hubiera asistido a la reunión sobre libertad religiosa aquel 7 de septiembre.

Estando en Washington, me pidieron que presidiera y así lo hice, pero solo durante la sesión de la mañana. Al finalizar la sesión de la tarde, salí y no he tenido algún otro contacto con ese grupo.

Para darles información completa sobre mi participación en este asunto, diré lo siguiente:

1.   Yo no convoqué la reunión, ni tengo ninguna parte en su convocación.

2.   No tuve ninguna parte en preparar la declaración emitida por el grupo.

3.   Tras mi regreso a Nueva York, le envié a la secretaria ejecutiva un telegrama afirmando que no iba a estar más asociado en ningún aspecto con su programa.

A pesar de este hecho, la prensa ha seguido denominando este grupo como el "Grupo Peale" o "el grupo liderado por el Dr. Peale". Sin embargo, debo aclarar que yo no soy el director del grupo, ni nunca lo he sido, ni es el "Grupo Peale". De hecho, ni ahora, ni nunca he tenido alguna relación con el grupo, salvo mi asistencia a esa reunión.

Tuve un sentido de preocupación sobre el asunto de la libertad religiosa y creo que en cualquier momento es conveniente que un protestante se reúna con otros protestantes para discutir asuntos en relación con nuestra fe. Los estadounidenses tienen el derecho a reunirse y considerar, y en esta instancia eso fue lo que se hizo con dignidad y tras la perspectiva de elevar la discusión religiosa a un nivel intelectual más alto y alejarla del calor y el emocionalismo.

Debí haberlo sabido y me asombra no haber comprendido que, bajo las actuales circunstancias, esto se iba a involucrar de inmediato en la campaña política. Sinceramente, no quería que así fuera, pero seré más sabio en el futuro; al menos, eso espero.

Me afligió tanto verme inmiscuido de repente en publicidad política, lo cual es contrario a mi naturaleza, que me aislé por completo de la prensa por temor de empeorar la situación con cualquier cosa que dijera. Como resultado, la prensa siguió haciendo énfasis en mí, sin referirse a las 150 personas presentes, algo que, a mi parecer, es injusto.

Como siempre he sido sensible respecto a nuestra amada iglesia, sentí que esta desagradable situación generaría mala reputación sobre la misma, así que ofrecí mi renuncia ante nuestros ancianos y diáconos. Ellos tuvieron una reunión y se rehusaron a considerar mi renuncia. Mi corazón se conmovió al comprender que mis hermanos tenían suficiente confianza en mi espíritu como para entender que esta situación no representaba mi humilde ministerio.

Por muchos años, he trabajado en el campo de las múltiples religiones y de verdad confío en que puedo seguir haciéndolo a pesar de todo lo que se ha dicho. Quizás encuentre algo de dificultad para seguir adelante y necesitaré sus oraciones, y espero ser digno de su apoyo. No siento que haya hecho algo malo al asistir a esta reunión, pero quizá no fue sabio hacerlo bajo las circunstancias en que se realizó. Hay ciertos principios espirituales por los que nos dirigimos nosotros los protestantes, pero no estamos contra ninguna otra religión y deberíamos cultivar solo el amor y la hermandad en nuestros corazones.

Para mí es difícil escribirles esta carta y confío en que orarán más fervientemente por nuestra iglesia y también por mí.

Atentamente, en hermandad cristiana,
(Firmado) Norman Vincent Peale

Tras ese adusto tiempo en Washington, y tras los dolorosos días posteriores al mismo, cuando llegó el domingo en el que debía volver a la Iglesia Marble Collegiate en Nueva York, no estaba preparado para la expresión de amor y apoyo que recibí. Cuando pasé al púlpito, toda la congregación se puso de pie en silencio, algo que nunca antes había presenciado durante toda mi vida en la iglesia. Esta acción sorpresiva de la congregación y la expresión en los rostros de los feligreses me hizo atragantar. Les hice señas para que tomaran asiento, pero en mi interior sentí una oleada de fuerza y nueva dedicación.

Ahora, al relatarlo, no tendría mucho sentido recordar toda esta experiencia si no hubiera aprendido algo de ella, algo que valiera la pena compartir con otros. Yo creo que sí aprendí algo. Aunque admito que a veces tuve graves dificultades, aun así, comencé a desarrollar una técnica (porque se compone de fórmulas que funcionan) para conducirte a ti mismo y a las situaciones difíciles cuando estás enfadado.

Con esta técnica, poco a poco me recobré, con la ayuda de Dios, hasta lograr un estado mental normal. Permíteme describir el método que encontré útil, porque estoy seguro de que también te ayudará.

Por mi propia experiencia molesta, aprendí que un primer paso es analizar con atención y honestidad toda la situación y tus propias acciones, y si sientes que actuaste neciamente, solo enfréntalo y admítelo. El resultado más importante de esto es que, a partir de ese punto, tratarás de manera realista con la situación. En lugar de autojustificarte y racionalizar las cosas, lo cual nubla tu juicio, obtienes una perspectiva real y esto, al menos, le pone fin a la cadena de errores.

Otro valor de este primer paso es que es una respuesta muy efectiva a las críticas. Si estás de acuerdo con los que dicen "¿qué otra cosa se puede hacer?", al estar de acuerdo, les quitas su poder. Con esto, mitigas el error, porque ¿quién no es necio, o incluso tonto, una que otra vez? Todos cometemos errores. El fallecido Fiorello LaGuardia, Alcalde de la ciudad de Nueva York, recibió completo perdón, y nunca lo amaron más, que cuando dijo (como he escuchado cuando lo citan): "No cometo errores muy a menudo, pero cuando los cometo, ¡eso es toda una belleza!". Nadie recuerda el error del que él estaba hablando, pero esta disculpa probablemente será inmortal.

La realidad es que, si sientes que has cometido un error y puedes reunir el valor suficiente para reconocerlo, contarás con el apoyo de los demás de una forma alentadora y asombrosa.

Un segundo paso a dar cuando estás molesto es volverte analítico y objetivo de forma intencional. Esta actitud tendrá la tendencia a extraer rápidamente de tu cabeza el calor de la reacción emocional y a medida que el calor mental se enfría, se hará posible contar con actitudes normales y pensamientos claros. Por ejemplo, al considerar todas las cosas crueles que se puedan decir sobre ti, el método científico objetivo consiste en hacer cuatro preguntas: (1) ¿Es cierto o falso? (2) ¿Quién lo dijo? (3) ¿Su opinión tiene algún valor? (4) ¿Es esa persona un crítico honesto o sesgado?

En mi caso, tomé la afirmación que hizo un profesor de teología que también es político, vicepresidente de un partido político, diciendo que soy del "mundo subterráneo protestante". En realidad, esto podía ser molesto, y lo fue. Pero me pregunté: "¿Lo que este hombre dice es cierto?". ¡Claro que no! Por tal razón, me recordé a mí mismo la expresión: "Lo dicho no es un hecho". No importaba lo que aquel hombre dijera. Mientras no fuera cierto ¿por qué debía preocuparme? Recordé un viejo proverbio que a menudo me ha consolado: "Una mentira no puede ir demasiado lejos, porque tiene piernas cortas".

En una ocasión, un hombre se acercó a mí. Estaba tan enojado por comentarios que había hecho un viejo amigo, que ahora estaba lleno de odio e ira. "¿Sabe lo que hace ese hombre?", dijo enojado. "Va por todas partes llamándome zorrillo, ¡un sucio zorrillo! ¿Qué opinas de eso, un zorrillo?".

"Bueno, ¿lo es?", pregunté secamente.

"Claro que no lo soy", rugió. "¿Le parezco un zorrillo?".

"Claro que no. Sé que usted no es un zorrillo. Usted sabe que no es un zorrillo. Así que lo que aquel hombre dice es falso. El simple hecho de que lo diga no puede hacer que una falsedad sea verdad. Así que deje que lo diga. Con el tiempo, muchos tendrán una idea muy precisa de quién es el zorrillo".

Así que por el camino difícil aprendí a preguntarme: "¿Lo que están diciendo es verdadero o falso?" Si es verdad, entonces, desde luego, debería ser honesto, admitirlo y corregirlo. Pero si no lo es, solo recuerdo esto: todo lo que se diga en el mundo no puede hacer que algo que no es verdad sea verdad. Podrá darme muchos problemas y molestias, pero no cambiará la realidad. Y es un hecho que "la verdad aplastada sobre la tierra volverá a surgir".

Una segunda consideración en este proceso científico objetivo para reducir el enojo es preguntar: "¿Quién lo dice?" ¿Es alguien cuya opinión respetas? ¿Es un crítico honesto u obtiene provecho al hacerlo? ¿Tiene algún objetivo personal que le será útil al tratar de despreciarte? Una crítica honesta se debe respetar y tener en cuenta, siempre y cuando no sea subjetiva, ni sesgada, pero si lo es, entonces ignórala. Lo que ese crítico te dice no es digno de tenerlo en cuenta.

Pero otro elemento en el proceso de desechar el contenido emocional de una situación molesta es una aplicación extendida del método científico objetivo que consiste en separar de forma objetiva las observaciones diseñadas para hacerte enojar y estudiar cuidadosamente sus implicaciones.

En mi caso, llevé a la mesa de disección ese epíteto "inframundo protestante" y lo examiné muy a fondo. "Inframundo" desde luego, connota mafiosos, ladrones, matones, secuestradores, asesinos y otros personajes desagradables. Esta descripción de algunos protestantes parecía más severa de lo que mostraban los hechos.

Aunque he conocido a algunos protestantes que difícilmente calificaría como santos, no recuerdo a alguno que clasificara para una referencia tan poco elogiosa como esa de "inframundo".

Por tal razón, concluí que el término "inframundo protestante" no era específico y había sido mal elegido; que en realidad no era procedente, porque se refería a una suposición inexistente. ¿Cómo podía yo dirigir o incluso ser miembro de algo que no existía? El resultado de un razonamiento analítico tan deliberado y objetivo era retirar el aguijón de las críticas y quitarles la capacidad de hacerme daño. Sencillamente, lo tomé como un tonto esfuerzo por acuñar una frase y ganar publicidad con ella. Pero como no tenía sustancia real, no era efectivo, salvo por su valor como calumnia.

Por tal razón, traté con mis propios sentimientos de molestia en cuanto a las observaciones de algunos teólogos políticos que deploraban la "política" de parte de un ministro que no estaba de acuerdo con ellos, pero que consideraban que esa actividad era piadosa y digna de elogios cuando ellos mismos eran los políticos.

Eso no era suficiente, desde luego, porque uno debe ser positivo y tratar de no tener malos sentimientos personales hacia los demás. Este siguiente paso lo considero vital para tener una victoria permanente sobre un estado mental de enojo. Tener buena voluntad no necesariamente significa afecto, sino una estima equilibrada por la personalidad y manera de pensar de otros, así no respetes sus juicios y acciones. Ese fue el sentimiento que logré obtener.

El método científico objetivo funciona de muchas maneras. Supón que alguien ha tomado una acción hostil en tu contra o que de alguna forma te han hecho algo para herirte. Digamos que esa persona es un viejo amigo. Es importante entender que, a menudo, los amigos nos hacen enfadar, incluso más que los enemigos, porque es una verdad sicológica que quienes más aman, más lastiman. Así que, si estás molesto por algo que te ha hecho o dicho un amigo, el método científico objetivo es analizar el asunto con frialdad y calma sobre la base de la muy entrelazada reacción entre amor y odio. Si al parecer tu amigo ahora te odia, bien podría ser que su llamado odio sea más bien el lado opuesto de un amor herido que él siente hacia ti. Así que sigue estimándolo y aleja tu mente de sus palabras y hechos actuales diciendo: "En realidad, mi amigo no quiere decir eso de la manera en que suena y parece, y no lo voy a tomar como una ofensa deliberada".

Esta actitud debe ir acompañada de un cuidadoso análisis de qué fue lo que provocó esa reacción de la otra persona hacia ti. Mira en tu interior para identificar y sopesar qué fue lo que hiciste mal y no te diste cuenta. Practica la técnica de la empatía, que es proyectar tu mente dentro de la mente de la otra persona y pensar desde su punto de vista. Mira y piensa como el otro mira y piensa. Mírate como él te ve y considera atentamente tus propias acciones desde su perspectiva. Es muy posible, desde luego, que él esté equivocado contigo, pero cuando sabes por qué está equivocado y cómo cometió ese error, es más fácil corregir lo que sea que haya en ti que le da a él esa impresión errada. Este proceso también te revelará con claridad tus puntos débiles tal como los demás los ven y te permitirá cambiar para mejorar a nivel personal y en tu desempeño en general.

El método científico objetivo tiene también otro uso que es muy efectivo para reducir sentimientos de enojo con relación a acciones hirientes contra ti. Solo pregúntate: "¿Esta persona tenía el derecho para hacer lo que hizo? ¿Estaba actuando de acuerdo con los requisitos de su trabajo, tal como los ve?". Si tenía el derecho para hacer lo que hizo, y solo estaba haciendo lo que a su parecer era necesario según la situación, en efecto, no se justifica su condenación. Quizá no te guste lo que te hizo y lo lamentes, pero al mirarlo de manera objetiva, tu desacuerdo con sus acciones no justifica ninguna hostilidad, ni heridas de tu parte. Este método racional mental tiene un claro efecto tranquilizador sobre tus propios sentimientos acalorados de enojo. Piénsalo bien. Mira el punto de vista de la otra persona y con una actitud amigable acepta todo su derecho a hacer lo que hizo contigo.

Te aseguro que este proceso es más efectivo para autocontrolarte y manejar las situaciones cuando estás enojado, porque lo comprobé con mi dolorosa experiencia. No estoy diciendo que yo sea perfecto. Sin embargo, a menudo, he usado este método en mis relaciones personales y los buenos resultados han sido una constante. Me ha ayudado a controlar mis emociones y por tal razón ha tenido un efecto benéfico sobre las relaciones personales.

Claro está, no ha hecho que todo salga bien y a favor mío. ¿Por qué todo tendría que salir como yo quiero? En el juego de la vida también necesitamos salir ponchados algunas veces. Pero quizá, solo quizá, los que son ponchados con mucha frecuencia son los que tratan de batear con más fuerza. Babe Ruth fue el mayor bateador de cuadrangulares de todos los tiempos, pero también ostentaba una de las mayores cifras de ponchados. Esto demuestra que él trataba de batear. Lanzaba su batazo tras algunos lanzamientos y fallaba; de hecho, falló muchos, pero el promedio de veces que conectó lo hicieron un campeón. Al menos, se esforzaba por batear. Trataba y no se desanimaba ante el fracaso, ni dejaba de intentarlo. Si lo hubiese hecho, no habría sido Babe Ruth.

Por tal razón, no afirmo que la filosofía y la fórmula de acción que estoy defendiendo harán que todo te salga bien. Vas a recibir algunos reveces y decepciones, incluso al aplicar este método, pero el hecho sigue siendo que no vas a estar demasiado enojado, que es el tema que estamos abordando en este capítulo.

Si no te molesta que haga otra ilustración personal de mis propias luchas con el enojo, quisiera relatarte cómo usé el proceso de las preguntas racionales: "¿Tiene esta persona el derecho para hacerme esto? y ¿Está actuando de acuerdo con los requisitos de su trabajo?". En mi caso, este tipo de preguntas sí me ayudó.

Cuando el furor estalló con respecto a mi asistencia a aquella reunión en Washington, dos de los periódicos para los que escribo una columna semanal se molestaron. Cancelaron mi columna de inmediato y anunciaron su decisión con noticias de primera plana. Esta columna aparece cada semana en cerca de 200 periódicos, algunos grandes y otros pequeños.

Los dos periódicos que cancelaron de inmediato eran de ciudades grandes de la Costa Este y eran medios que lamenté mucho perder. Debo admitir que este incidente le añadió más presión a mi mente. Recibí muchas cartas que condenaban a esos editores afirmando que ellos habían actuado de manera precipitada sin conocer todos los hechos, y que estaban negando el derecho a la libre expresión de un hombre que era tanto ciudadano como escritor. Otros compararon a esos periódicos con los otros 198 periódicos que tomaron el asunto con calma e insistieron en el derecho del ser humano a pensar y expresar sus convicciones, o que, sencillamente, tenían confianza en mí al punto de permitirme cometer errores, así este fuera uno muy terrible.

Pero aunque apreciaba los esfuerzos de mis defensores bien intencionados, decidí aplicar la fórmula: "¿Tiene el derecho?".

El editor de uno de esos periódicos había sido mi amigo por varios años. Había compartido con él y su familia en varias ocasiones y sentía un vínculo personal con él. Lo admiraba como hombre y como ciudadano constructivo. Yo consideraba que él y yo estábamos en el mismo "equipo" trabajando por el bienestar de la Humanidad.

Por tal razón, cuando él canceló mi columna en su periódico, en donde había sido publicada por varios años, no solo me sentí muy decepcionado, sino también un poco herido por esta acción de un amigo. Así que tuve que trabajar en mi espíritu con respecto a su acción. Me pregunté: "¿Tiene él el derecho para hacer esto?". Y en efecto, la respuesta era: claro que lo tiene. Estamos en un país libre y es su periódico y él tiene el derecho para decidir qué sale y qué no sale en sus propias publicaciones.

Aun así, usando el proceso mental científico, objetivo y sin pasiones, me pregunté: "¿Está él actuando de acuerdo con los requisitos de su trabajo?". Y de nuevo, tuve que admitir que él era el único juez de las políticas de su periódico y merecía el respeto por sus decisiones. Por tal razón, al seguir este proceso de pensamiento, concluí que él había llegado al punto en el que, sinceramente, consideraba que mi contribución ya no era valiosa para su periódico y, como dicen, eso era todo.

Ahora, ¿esto debía cambiar mi opinión acerca de él como persona o debía ser una razón suficiente para alterar mi actitud de amistad hacia él? ¡Por ningún motivo! Si la publicación de mi columna depende solo de un sentimiento amigable de parte de un editor, y no de sus propios méritos, ese no es un fundamento importante para su inclusión. De hecho, es posible que mi columna no le agrade a un editor, y que él no esté de acuerdo con mis palabras y acciones, y aun así podemos ser amigos en lo personal. Y lo mismo es verdad en cuanto a lo que yo sienta por un editor. Me pareció muy útil reprimir los sentimientos de enojo para hacer diferencia entre las decepciones personales, lo cual es una respuesta emocional, y el derecho reconocido de un editor para administrar su propia empresa, que es una consideración objetiva.

Por tal razón, les escribí a los editores de ambos periódicos que cancelaron mi columna, agradeciéndoles por el privilegio que me dieron de aportar mis escritos a sus periódicos por tanto tiempo. También les expliqué con la mayor claridad que pude cuál fue en realidad mi participación en la reunión de Washington. Uno de ellos me escribió la siguiente carta en términos muy amables:

Septiembre 28, 1960

Estimado Dr. Peale:

Muchas gracias por su amable y comprensiva carta. Bajo las circunstancias dadas, la cancelación de su columna parecía el paso correcto a seguir debido al gran número de cartas y llamadas telefónicas que recibimos después de su reunión en Washington, y dado que las historias publicadas implicaban matices políticos. Lo correcto o lo incorrecto en estos asuntos rara vez se logra determinar hasta cuando es demasiado tarde. Estoy seguro de que usted entiende que un editor debe ser sensible a la reacción del público o, por lo menos, a la que parece ser una protesta de los lectores.

Sin embargo, le alegrará saber que la marea ha bajado y que entre nuestro medio millón de suscriptores usted tiene muchos más admiradores que los que yo veía. Quizás actué muy de prisa, pero hice lo que en su momento me pareció correcto.

Esto usted lo entenderá con facilidad porque acaba de experimentar el desafortunado resultado de dudar de sí mismo. Sin embargo, sospecho que, como hombre de clero, su comprensión en retrospectiva no es tan dolorosa como la de un editor de periódico. Y fue bueno saber que su congregación no asumió la misma posición sombría que yo tomé ante su situación, condición por la que le doy mis más sinceras felicitaciones y mis mejores deseos.

Así que una técnica importante para tratar con tus sentimientos de enojo y con situaciones molestas, es aplicar el método científico objetivo en el que le quitas la pasión a tu actitud. Quitar la pasión significa, desde luego, no tener pasión. Implica la capacidad de emplear la razón y mantener el control emocional sin importar cuál sea la provocación.

Practica siempre la razón. Haz uso de la cualidad más conocida como sentido común. En la condición nerviosa, alterada y tenebrosa de tu mente deprimida, introduce la amplia luz del sentido común o la pura e inalterada razón. Solo pregúntate cuánto sentido tiene enfadarse. Honestamente, ¿a dónde te va a llevar? Qué bien puede hacer por ti preocuparte o enojarte por algo y permanecer agitado, alterado, deprimido o incluso airado. Aplícate el tratamiento frío y racionalista. Pregúntate: "¿Cuánto y por cuánto tiempo debo seguir lastimándome? Siendo honesto, ¿estoy tratando deliberadamente de destruirme? ¿Estoy entreteniéndome en el agridulce sentido de la autocompasión?". Deberías sopesar y tratar con estas y otras preguntas de indagación.

Sin duda, es difícil emplear la razón y el sentido común en una situación que está muy cargada de emoción, heridas, resentimiento y autocompasión. Se requiere de autodisciplina. ¿Pero qué tiene de malo la autodisciplina? El simple hecho de que una generación frágil no haya sido entrenada en este importante arte no habla de la autodisciplina, sino de nosotros, los que no la practicamos porque "es muy difícil".

Platón dijo, y su observación te revolucionará: "Hazte cargo de tu vida. Puedes hacer lo que quieras con ella". Pregúntate en términos directos: "¿A dónde me llevará el enojo más allá de enojarme más?". Si permaneces enfadado por el tiempo suficiente, fracasarás en lo que respecta a la capacidad de enfrentar la vida con efectividad. Y serás tú el que acabe contigo, nadie más. En realidad, no puedes culpar a otros, ni a las situaciones por hacerte lo que tú te haces a ti mismo, si admites y adoptas un estado permanente de enfado mental.

Reconozco, desde luego, que este consejo es más fácil darlo que practicarlo. Es más fácil decirlo que hacerlo. Para mí fue muy difícil ponerlo en práctica. Pero, aunque no es un curso fácil de seguir, tampoco es algo imposible. Personas que no entienden, o que no están familiarizadas con mis enseñanzas, me han acusado de defender una "religión fácil". Nadie logrará algo en este difícil mundo a menos que sea todo un hombre de carácter. Tal autodisciplina, tal como lo exige la fórmula establecida en este capítulo, es dura. Para lograrla, necesitas ayuda, verdadera ayuda, el tipo de ayuda que solo Dios puede dar. A lo largo de este libro sugerimos cómo tener esa ayuda.

Una cosa que tú y yo debemos aprender es que la mayoría de los problemas en la vida ocurre con nosotros mismos, pero, por fortuna, la solución también se encuentra en nosotros. Así que toma más del poder de la vida que hay dentro de ti. Esta solución, llamada El Reino de Dios, es una poderosa fuerza regeneradora que está en el fondo de tu personalidad esperando a ser utilizada. Cuando te valgas de ella y la pongas a operar en tu vida, vivirás con tanto poder, que nada logrará que vuelvas a enojarte; al menos, no al punto de derrotarte.

Resumen de

Cómo manejar las situaciones y manejarte a ti mismo cuando te enojas

1. Analiza con cuidado la situación y determina si has actuado con necedad. Admite de manera abierta y honesta todos tus errores, diciendo toda la verdad y admitiendo tu ineptitud.

2. Utiliza el método científico objetivo con todo lo desagradable y cruel que se haya dicho de ti, haciéndote estas preguntas: ¿Esto es verdad o es falso? ¿Quién lo dijo? ¿Su opinión tiene algún valor? ¿Es este un crítico honesto o sesgado?

3. Aplica el escrutinio científico en frío a cualquier afirmación usada en tu contra, desglosándola en una disección detallada para ver si sí es aplicable. Si es verdad, corrígete. Si no lo es, olvídalo.

4. Sigue estimando a las personas así actúen mal contra ti.

5. Haz otra pregunta sin apasionamientos. ¿Esta persona tenía el derecho para hacer lo que hizo? De ser así, acéptalo con buena fe.

6. Busca el consejo y la dirección de amigos considerados y practica toda la razón, la tranquilidad y el sentido común que estén a tu alcance. Aunque sea difícil, debes pensar y usar la razón, no la emoción. Cualquier confusión terminará por aclararse si lo haces. Y obtendrás verdaderas respuestas.

7. Pregúntate: "¿Estoy disfrutando mi miseria?" Elimina la autocompasión.

8. Trata de amar a todos los involucrados y ora por ellos, así te sea difícil. Amar no significa sentimentalismo, sino una estima racional hacia ellos como personas.

9. Pon el problema en las manos de Dios, suelta la situación y deja que Él se haga cargo. Él traerá mejores resultados de los que crees.

CUATRO

Siente agrado por ti mismo;
al menos, la mayor parte del tiempo

Él no tenía idea de lo que le iba a suceder cuando abriera la puerta. Y estaba todo, menos preparado. Pero aun así, supo manejar la situación de manera satisfactoria, aunque se necesitaba ayuda de emergencia. Este joven pastor y su esposa, que era aún más joven que él, se habían mudado a una casa parroquial de campo hacía solo tres días. Era un pueblo pequeño y su iglesia era una congregación también pequeña, de granjeros blancos, con una modesta casa parroquial justo al lado. La joven pareja apenas estaba tomando asiento para cenar, cuando sonó el timbre de la puerta.

El que llamaba a la puerta, un hombre de apariencia de unos 35 años de edad, daba la típica impresión de pertenecer a un club campestre de Madison Avenue. Era obvio que su sastre sabía muy bien cómo vestir de traje a un hombre, usando ropa que se ajustara tan bien como una hoja de papel sobre la pared. De hombros anchos y cintura estrecha, era lo que podrías nombrar como el perfil perfecto de hombre exitoso de una de las mejores escuelas. Sin duda, tenía un estilo sofisticado que lo haría el galán más atractivo en una fiesta de coctel. Un lujoso auto deportivo importado estaba estacionado al lado de la acera.

"Usted no me conoce", dijo, "vivo en (nombrando una ciudad no muy lejos de ahí), pero estoy en problemas, en verdaderos problemas". Su rostro angustiado recalcaba sus palabras. "He estado conduciendo en círculos por horas y estoy demasiado cansado".

El pastor lo invitó a entrar y le ofreció una silla. El visitante prosiguió: "Necesito hablar con alguien que entienda, que sea 100% confidencial. Estoy agotado, completamente devastado, no tengo esperanza, ni veo ninguna salida. De hecho, podría decir que esta es mi última parada. Si usted no me ayuda, voy a suicidarme si logro reunir el valor suficiente".

Era claro que hablaba en serio e incluso el joven pastor inexperto podía verlo. "¿Por qué vino acá?", le preguntó tratando de ganar tiempo para decidir un curso de acción.

"He estado conduciendo por todas partes, no sé por cuanto tiempo lo he estado haciendo y de repente vi la iglesia. No sé por qué me detuve, salvo, quizá... bueno, literalmente, fui criado en la escuela dominical y en la iglesia. De todas formas, tuve el deseo de detenerme".

"¿Cuál es su problema?", le preguntó el joven pastor.

"En realidad no lo sé... Estoy muy deprimido. Me odio a mí mismo. De hecho, me detesto tanto, que ya no quiero volverme a ver. ¿Qué rayos podría usted hacer por mí, reverendo?".

Bueno, una cosa era segura. El reverendo no sabía qué hacer. Mientras tanto, la cena se estaba enfriando, pero la joven mujer, entendiendo la situación, volvió a poner la cena de su esposo en el horno y se comió la suya.

"Le propongo esto, dijo el reverendo: "Tome asiento aquí y relájese por unos minutos". Luego, llamó a su esposa y le dijo: "Cariño, por favor trae una taza de café caliente para nuestro amigo".

"Tómese ese café, le hará bien. Mientras tanto, haré una breve consulta en la otra habitación. No tardaré en volver".

Estando en la otra habitación, se paró a mirar por la ventana sin prestarle atención a lo que veía. Era todo un hombre, del tipo líder popular y atleta universitario. Se había sentido atraído al ministerio porque un conferencista en la universidad logró transmitirle "un profundo interés por el mundo". Lo siguiente que hizo fue ingresar al Seminario Teológico para tratar de encontrarse a sí mismo, pero solo se confundió más. Todavía estaba en su búsqueda y ese yo que estaba buscando era elusivo.

Aunque era un ministro, no era más que alguien común y corriente: "Esto sin duda es algo difícil. Dios, ni siquiera he comenzado este trabajo y aquí llega este hombre poniendo delante de mí un problema así de grande. ¿Y qué sé yo al respecto?".

Rápidamente, trató de recordar sus cursos en el seminario, intentando encontrar con desespero alguna idea práctica que fuera útil frente a una crisis personal como esta. "Nada, solo filosofía, sociología o acción social. Todo eso está bien, pero la realidad es que no es apropiado para este momento. ¿Qué pasa con esos profesores que no me dijeron cómo entender y ayudar a un ser humano? ¡De qué sirve toda esa pesada 'preocupación social' si no logro ayudar a un pobre hombre! ¿Por qué los maestros no se salen de sus salones de clase y se hacen sabios en los aspectos reales de la vida? Vaya, soy toda una pérdida. No me ha llegado ni una idea a la mente", gimió.

Luego, pasó a esa "consulta". Oró e incluso su oración fue muy realista. "Señor, estoy atascado. Por favor dime qué debo decirle a este hombre. Amén".

Si me preguntas, ese es el tipo de oración que le gusta al Señor. Fue una declaración sucinta de verdadera necesidad, hecha con humildad y verdadera fe. Y el Señor, sin duda, le dijo qué decirle a "aquel hombre" y también cómo decírselo con eficacia. Aunque no lo conocía mucho, el pastor tenía un aprecio genuino por su prójimo y eso, desde luego, es esencial en el proceso de ayudar a otros.

Tras su consulta en oración, hecha en la otra habitación, el pastor obtuvo la clara instrucción de tomar asiento con ese hombre y hacer que hablara. También estaba por darse cuenta de que su nuevo amigo, quien no se agradaba a sí mismo, necesitaba recibir genuino interés y preocupación, e incluso más, a fin de que se sintiera estimado y lograra así restaurar la fe en su vacilante ego. Por último, debía edificar su esperanza y hacerle saber que, de hecho, Dios lo iba a ayudar. Debía procurar que aquel hombre viera a Dios como el ser real que Él es.

Con esto en mente, volvió a la sala, se sentó y asumió una postura tranquila y relajada, como si tuviese todo el tiempo del mundo. Esto pareció aliviar en algún grado la tensión de su visitante, quien comenzó a hablar y vaciló un poco al comienzo; luego, pasó a hacerlo abiertamente, habló de sus conflictos, de sus fracasos morales y de todo aquello que estaba minando su autoestima. El pastor lo escuchó con amabilidad, mientras le expresaba opiniones de aprecio, poniendo en práctica la técnica de Frank Laubach de "hacer oraciones" en silencio por su visitante. ¿Cuál era el problema de aquel hombre? Uno de los más complicados de todos, en el que su autoestima o el respeto propio habían quedado destrozados, era la constante violación de los conceptos éticos básicos, algo que había tratado de hacer a un lado, pero no podía.

Después de una hora, este ministro se estiró. "Estoy tan hambriento como un oso. Usted también se debe estar muriendo de hambre".

"Cariño", llamó a su esposa, "¿crees que podrías salvar a un par de hombres hambrientos?".

"Claro que sí", respondió ella desde la cocina, "voy enseguida".

Poco después, los dos hombres estaban devorándolo todo, en especial el visitante, quien mostró evidencia de su alivio mental al ver satisfecha su hambre física. De hecho, los dos hicieron bromas un poco y antes de terminar de cenar se estaban llamando el uno al otro por su nombre, Sam era el visitante, Chuck era el pastor.

Eran las 11:00 de la noche cuando Sam y Chuck salieron hasta donde estaba el lujoso auto deportivo importado. "Sam, antes de que te vayas, quisiera decirte una cosa más. Ahora te sientes mejor porque has encontrado un amigo con quien compartir tus problemas y sentir verdadero apoyo humano. Pero Sam, eso no es suficiente. Debemos hacer una transferencia de mí, como amigo humano, a otro Amigo que estará contigo en todo momento y te guiará en la nueva vida hacia la que te diriges".

"Te entiendo Chuck, y me gustaría hacerlo".

Así que los dos oraron ahí de pie, bajo una luna de color plateado. Solo una corta oración. Chuck oró: "Señor, hazte cargo de Sam y ve con él. Ayúdalo a de verdad dejar que Tú dirijas su vida". Luego, dijo: "Ahora, ora tú, Sam".

"¿Quieres decir, en voz alta? Nunca lo he hecho en mi vida".

"Lo sé y este es el mejor momento para comenzar. Además, ¿acaso no somos amigos?".

Después de vacilar por largo rato, Sam dijo: "Querido Señor, gracias por Chuck. Sin duda me trajiste hasta él. Te necesito. Por favor hazte cargo y dirige mi vida. Por favor, ayúdame. Amén".

Después que Sam desapareció por la autopista, haciendo rugir su auto, Chuck caminó hasta su pequeña iglesia con un júbilo que nunca antes había sentido. Sus ojos estaban llenos de lágrimas. De repente, amaba a todo el mundo y en especial a la pequeña iglesia que brillaba bajo la luz de la luna.

"Dios", dijo en voz alta, "no me habría perdido por nada el privilegio de haberme convertido en ministro. Gracias, Dios, por traer a Sam. Seguiré acompañándolo hasta que de verdad te encuentre y luego ayudaré a otros en los años que me quedan".

Con un par de saltos, llegó a su casa donde sorprendió a su esposa alzándola y bailando en la sala con ella. "Detente, detente", decía ella. "Estoy sin aliento. ¿Qué te ha sucedido?".

"Vaya, esto es maravilloso, sencillamente maravilloso; de esto se trata el ministerio. Cariño, Dios estuvo aquí esta noche".

Ella se puso de pie ante él. "Déjame mirarte, Chuck, querido. Nunca antes he visto esa mirada en tu rostro. Es maravillosa. Estás muy emocionado". Luego, con mucha ternura, dijo: "Tengo una nueva perspectiva sobre ti. Mi Chuck es en realidad un hombre de Dios". Aquella noche, Chuck se convirtió en un optimista empedernido.

Ese primer caso para Chuck, en su proceso como ayudante espiritual, tuvo que ver con un hombre que había desarrollado un gran autodesprecio desmedido, un anormal odio hacia sí mismo al pensar y vivir de manera equivocada. El proceso de cambio espiritual le trajo a Sam una nueva vida. Chuck desarrolló una fórmula, o incluso podrías decir, una prescripción, que demostró ser útil para muchos. Esta fue: (1) Aprende a conocerte bien. (2) Aprende a estimarte de verdad a ti mismo. (3) Aprende a dejar que de verdad Dios dirija tu vida.

Este capítulo acerca de agradarte a ti mismo parecerá un poco desconcertante; al menos, la mayor parte del tiempo. Quizá pienses en personas cuyos egos parezcan todo menos subdesarrollados; personas que, al parecer, gustan mucho de sí mismas. Parecería innecesario estimular en ellas un mayor agrado por sí mismas. Pero lo que fomentamos no es un amor propio desmedido, ni una admiración inflada de uno mismo, sino una autoestima sencilla y normal, considerándola como una marca de personalidad equilibrada.

Esa engreída autoafirmación, que suele ser denominada como egolatría, por lo general, es una máscara para ocultar un sentido de inferioridad y disgusto por uno mismo. Las personas que son ofensivamente ególatras suelen ser las más inseguras. La egolatría es un medio de protección a la personalidad que muchos usan para apalancar su carencia de fe en sí mismos. Es un dudoso método mediante el cual la personalidad busca cubrir un estado de infelicidad.

No tener agrado por uno mismo es un problema común entre los seres humanos y se ha convertido en la razón de muchas de las heridas que nos causamos a nosotros mismos y que les causamos a otros.

William Nichols, editor de la revista *This Week,* publicó algunas de sus "Palabras para aplicar en la vida" preferidas en un deleitoso libro que lleva el mismo título (*Words to Live By*). Una frase de John Steinbeck describe a un hombre que sufría de desagrado hacia sí mismo:

"Durante mucho tiempo, no sentía aprecio hacia mí mismo... por diversas razones, algunas válidas y otras que eran puras imaginaciones mías. Luego, poco a poco", dijo él, "descubrí con sorpresa y placer que había varias personas a quienes yo de verdad les agradaba. Y pensé, si les agrado a los demás, ¿por qué no siento agrado hacia mí mismo? Fue entonces cuando decidí comenzar a aprender a sentir algo de agrado hacia mí, y luego todo estuvo bien".

Él, literalmente, estaba diciendo que aprendió a aceptarse y a tener gusto por sí mismo, dado que comprobó que de verdad les agradaba a otros...

La mayoría de las personas no siente ningún aprecló por sí misma.

Cuando este hombre pudo apreciarse a sí mismo, se sintió liberado de la prisión secreta de la autocontención[1].

---

[1] *"Liking Yourself"*, por John Steinbeck, pp. 10-11, *Words to Live* By, editado por William Nichols, Simon and Schuster, © 1959.

El médico Maxwell Maltz, muestra cómo la imagen que tenemos de nosotros mismos determina nuestro amor propio:

La autoimagen que guardamos es la clave para el éxito o el fracaso de los planes y aspiraciones que más deseamos. Si la imagen es inadecuada, y los sicólogos dicen que, por lo general, la mayoría de la gente se subvalora, es responsabilidad de cada quien corregirla. Esto lo hacemos al imaginar de manera sistemática que ya somos el tipo de persona que deseamos ser. Si has sido demasiado tímido, imagínate moviéndote entre otras personas con facilidad y compostura. Si has sido temeroso y muy ansioso, mírate actuando con calma, confianza y valentía.

Si nos imaginamos comportándonos de cierta manera, este ejercicio imaginario inculcará en nuestro subconsciente casi lo mismo que el comportamiento que queremos tener.

Deshipnotízate a ti mismo. Lo que creemos de nosotros mismos suele imponer límites rígidos y falsos sobre lo que somos capaces de lograr. Aquel famoso psiquiatra, el Dr. Alfred Adler, cuando estaba en la escuela, tuvo un mal comienzo con las matemáticas. Su maestro llegó a convencerse de que él era un "tonto para las matemáticas". Adler aceptó con pasividad esa evaluación y sus calificaciones parecían comprobarla.

Un día, sin embargo, tuvo la repentina perspectiva de que algún día él sería capaz de resolver un problema que el maestro pusiera en el tablero y que ninguno de los otros estudiantes lo sabría resolver. Al contarlo, toda la clase se burló, tras lo cual él se sintió indignado, pero un día pasó al tablero y así fue, solo él supo cómo resolver determinado problema. Al hacerlo, vio que también él tenía la capacidad de entender las matemáticas. A partir de esa experiencia, sintió una nueva confianza en su habilidad matemática y pasó a ser buen estudiante en esa área.

El punto es este: Adler había estado hipnotizado con una falsa creencia respecto a sí mismo. No de manera figurada, sino ligera, pero de verdad estaba hipnotizado. Porque el poder de la hipnosis es el poder de creer. Si has aceptado una idea proveniente de ti mismo, tus maestros, tus padres, amigos o de cualquier otra fuente, y si estás convencido de que esa idea es verdad, esto tiene el mismo poder sobre ti que las palabras del hipnotista sobre su hipnotizado. El pensamiento negativo llega a limitarnos si se lo permitimos. Y, por el contrario, también es factible que en tu interior ahora mismo exista el poder de hacer cosas que nunca antes soñaste posibles [2].

Y desde luego, cuando conoces, aprecias y usas tus poderes, tu conocimiento de ti mismo crece convirtiéndose en autoestima y, como resultado, tu amor por ti mismo aumenta.

El desamor por uno mismo, llevado al extremo, suele resultar en un fracaso mental o nervioso y en otras formas de distanciarse de la realidad. Incluso la razón tiende a verse destronada si el desagrado por uno mismo es bastante intenso. Un médico afirmó esto: "Los asilos están llenos de pacientes que no sienten agrado por sí mismos y que incluso se odian. Muchos renunciaron a la vida para escapar de sí mismos".

De maneras menos graves, muchos desprecian su aspecto deseando ser más altos, más bajos, más pesados o más delgados. Tienen poca confianza en sí mismos, siendo tímidos, escondiéndose y dudando de sus capacidades, plagados de un conflicto interno persistente, que siempre drena sus energías y, literalmente se cansan en su interior y, por consiguiente, se cansan de sí mismos. Siendo, por lo general, ineptos y torpes, hacen cosas que también son estúpidas y se exasperan, no con otras personas, sino con su propia persona. Podría decirse que se enervan a sí mismos. No se divierten estando a solas. Hasta ellos mismos se aburren y se hastían con lo que piensan que son. El Dr. Maltz también dice:

[2] "Your Built-In Success Mechanism", resumido de PsychoCybernetics por Maxwell Maltz, M.D. (Prentice-Hall, Inc., i960), pp. 222-224, Reader's Digest, abril de 1961.

"Cada uno de nosotros tiene una imagen mental de sí mismo, una autoimagen que gobierna gran parte de nuestra conducta y perspectiva. Para considerar que la vida es satisfactoria en un grado razonable, debes tener una autoimagen con la que puedas vivir. Debes considerarte aceptable a ti mismo. Debes tener un yo que te agrade, en el que confíes y creas. Cuando te sientas orgulloso de esta autoimagen, te sentirás seguro. Funcionarás con tu mejor potencial"[3].

Siempre que considero este problema de autodesagrado en la naturaleza humana, recuerdo aquel atormentado e infeliz hombre que afirmó: "Daría la mitad del salario de un año (y esa era una muy buena cifra) si tan solo disfrutara de unas vacaciones de dos semanas sin mí". Pero, desde luego, esto no es posible. Estás atado a ti para siempre. Por algo te llamas tú. Eres tuyo para toda la vida. No hay escapatoria, no hay alternativa, no hay salida. Mientras vivas, vas a tener que vivir contigo mismo cada minuto de cada día y noche. Nunca podrás alejarte de ti, de esa entidad de tres partes integrada por cuerpo, mente y alma, llamada "tú". Quizá sea un hecho duro y desagradable, pero así son las cosas, estás amarrado a ti mismo.

Como este es un hecho del que no es posible escapar, lo correcto es determinar cómo vivir contigo mismo en algún tipo de paz y felicidad, al menos, la mayor parte del tiempo. Esa frase adjetiva "al menos, la mayor parte del tiempo" es con el fin de reconocer la realidad de que incluso en la personalidad normal y equilibrada de la naturaleza humana sigue viviendo una vaga y persistente insatisfacción. En la persona bien integrada, esto no es persistente y sin duda no es dominante, pero habrá momentos, o quizá solo fracciones de segundos, en los que la insatisfacción consigo misma se verá manifiesta. No se puede evitar. Es probable que parte de esta incomodidad siempre esté presente en cada uno de nosotros.

---

[3] Ibid., pp. 217-218.

Quizá sea un hecho que este grado de insatisfacción sea un mecanismo básico que el Creador instaló en la naturaleza humana para que funcione como seguro y que así no nos volvamos demasiado satisfechos con nosotros mismos. Y es importante tener cierta cantidad de inconformismo, aunque sea molesta, para contar con ese frecuente impulso o motivación constantes, sin los cuales no sería posible un avance hacia las metas. Así que la frase "la mayor parte del tiempo" reconoce el hecho inherente de que cierta cantidad de inconformismo contigo mismo le proporciona equilibrio a tu personalidad y a tu desarrollo, y aumenta tu seguridad de éxito en la vida. Ninguna persona con aires de suficiencia y satisfacción puede llegar demasiado lejos, y si lo logra, no permanecerá ahí.

Entonces, ¿cómo hacer para aprender a sentir agrado por ti mismo? Solo aprende a conocerte. Quizá no te agrade alguien, pero cuando llegas a conocer a esa persona, a medida que tu conocimiento crece, terminas sintiendo simpatía hacia ella. Es un hecho que gran parte del desagrado hacia otros se basa en conocimientos inadecuados, y por lo tanto, cuestionables acerca de ellos.

La misma ley de la naturaleza humana se aplica a tu relación contigo mismo. A medida que aprendas a conocer de verdad tu propio yo, descubrirás en tu interior profundas cualidades que nunca creíste tener. Verás que eres más agradable de lo que pensabas, así que tu opinión de ti mismo mejorará hasta disfrutar de verdad el hecho de vivir contigo mismo.

Es de valor práctico el que aprendas a sentir agrado hacia ti mismo. Como debes pasar gran parte del tiempo contigo, también deberías obtener alguna satisfacción en esa relación. No tiene mucho sentido llevar una vida infeliz contigo mismo o estar mal con tu propia personalidad, en especial porque no es necesario hacerlo. Por tal razón, lo único inteligente para hacer es estar en buenos términos con todo tu ser.

Para esto, haz un autoanálisis honesto y profundo, evaluándote a fondo. Mira y estudia los mejores aspectos de ti. Luego, crea una imagen mental de tu mejor y más agradable versión. Piensa en términos de ese yo, definiendo una imagen clara en tu mente. Mantén esa imagen de manera persistente, con firmeza, incrustándola en tu consciencia. Mírala o visualízala como una posición dominante que emerge y toma el control de tu personalidad. Si crees en esta fórmula y la practicas, tu mejor concepto de ti mismo se hará real en ti. Porque cuando toda tu consciencia apoya tu imagen mental, esta tiende a actualizarse.

Recuerda las valiosas palabras del sabio Marco Aurelio: "El alma está teñida del color de los pensamientos". Él te está diciendo que al interior de tu proceso de pensamiento puedes elegir el color de vida que deseas y hacerlo realidad según el tipo de pensamientos que suelas tener en tu mente. Hay un antiguo dicho oriental que dice que "aquello en lo que piensas, crece". Esto significa que llegarás a ser la persona atractiva que quieres ser al pensar que lo eres.

Pero en esto hay algo mucho más profundo que solo tratar de agradarte a ti al imaginarte siendo mejor y más agradable. Debo advertirte que tu peor versión es un muy mal cliente, así que nunca bajes la guardia para permitir que él tome el control. De hecho, tu peor tú está lleno del viejo Adán. Los muchos miles de años del llamado proceso de civilización solo lo han cubierto con una pseudoamabilidad, pero hay que reconocerlo, bajo esa delgada capa hay un ser amoral, inmoral, predador, agresivo y cualquier otro adjetivo que puedas pensar para describir la naturaleza humana tal como es.

Y no creas que en tu materia prima no tienes la naturaleza humana, así seas una persona muy agradable. Esa naturaleza puede desbocarse y destruirlo todo en tu vida. El único elemento de seguridad contra esta peor versión de ti mismo es hacer que la mejor versión de ti tenga todo el control y se mantenga ahí, porque esa versión no se deriva del viejo Adán, sino de Dios. De hecho, es Dios en ti.

Así que, para sentir agrado por ti mismo, es importante comenzar por sentir agrado por Dios, porque, por naturaleza, Dios está dentro de ti. A medida que llegues a conocer a Dios, te conocerás mejor a ti mismo y te agradarás más. Y cuando digo que amar a Dios conduce a un agrado normal hacia ti mismo, no estoy hablando en teoría, sino con hechos.

Lee la siguiente carta de Philip _____, quien vive en el Bronx, Ciudad de Nueva York. Philip es un adolescente y, a juzgar por su carta, es alguien muy inteligente. Como sabrás, los adolescentes a veces pasan ratos muy difíciles consigo mismos. Quizá se trate de dolores de crecimiento y todas esas cosas; pero a veces, pasan del júbilo a las profundidades del desespero en segundos. Y cuando se descarrían moralmente, se enlodan hasta más no poder. Entre las personas que me han dicho que no se agradan a sí mismas, y lo han dicho en serio, están los adolescentes, en comparación con cualquier otro grupo de seres humanos. Pero, por favor lee la carta de Philip:

Estimado Dr. Peale:

Acabo de leer su último libro **Los asombrosos resultados del pensamiento positivo** y encontré la respuesta a la mayoría de mis problemas, en especial en el capítulo titulado: Tú puedes ser más fuerte en tu mayor debilidad.

Como todo adolescente normal, tengo y he tenido muchas dudas acerca de mí mismo. Me sentía inadecuado, anormal, inútil, etc. Debido a esos sentimientos, caí en la peor depresión que jamás haya tenido. Era una tortura insoportable. Me sentía rechazado por todos, incluso por Dios, debido a mis fracasos.

Me sentía tan miserable, que incluso maldije a Dios.

Pero no tardé en comenzar a hacer inventario de mí mismo, me miré y resalté mis puntos buenos. Enfoqué mis pensamientos lejos de mí mismo y los puse en otras personas. Me uní a organizaciones y comencé a ayudar a otros, ¡y fue maravilloso! Comencé a concentrarme en mis estudios para fortalecer mis cualidades y me di cuenta que estaba agradándoles a otros; sobre todo, por todas las cosas que hacía; ya no me sentía rechazado; es más, me quería a mí mismo mucho más.

Encontré a Dios y fue por medio de una nueva revelación. Fue como si lo hubiese visto personalmente. Encontré un lugar en su palabra.

Todas estas cosas las encontré antes de leer su libro. Cuando lo leí, me demostró que tenía razón y que otras personas también sufren.

Que esta carta sea otra, junto con todas las demás, que confirma su filosofía sobre el pensamiento positivo.

No me sorprende lo que dijo Tolstoy: "Conocer a Dios es vivir". De algo estoy seguro, conocer a Dios es amarlo y esto conduce a conocerte a ti mismo y a amarte. Esto es normal cuando lo consideras, porque si Dios nos creó, se puso a sí mismo en nosotros, como ya lo hemos indicado. Cuando te mantienes cerca de Dios, también estás en una armonía básica contigo mismo. Pero cuando te mantienes alejado de Dios, en realidad estás alejándote de tu propio yo. Así que estás en un extraño e innatural estado de pseudo yo. Como este es un estado innatural, no te sientes cómodo. Así que después de un tiempo comienzas a sentir desagrado por ti mismo, pero en realidad lo que no te gusta es ese falso yo.

Así que, cuando vuelves a Dios, vuelves al verdadero tú. Al fin vuelves a casa y en una gozosa relación con tu yo natural que te gusta. Eso es justo lo que le pasó a Philip _____ del Bronx. Ahora, él se agrada a sí mismo y la vida es emocionante y muy feliz.

Otro elemento de conocerte a ti mismo y sentir agrado es el estimarte. La autoestima es vital para tener éxito como persona. Tennyson dice: "La autorreverencia, el conocimiento de uno mismo y el autocontrol, estos tres solos llevan la vida hacia el poder soberano".

La autoestima es un elemento sin el cual la personalidad no existe. Tiene extensas raíces en el ego mismo y, de hecho, está relacionada con la identidad elemental. Y si se tiene desprecio por la identidad básica, en especial, si es uno mismo el que siente ese desprecio, este sentir resulta siendo el peor de todos los golpes contra la personalidad. Muy en el fondo de la naturaleza humana hay un sentido básico de santidad con respecto a la persona. La mayoría de la gente no piensa en esto en términos tan dramáticos porque en la actualidad hay una alterada inclinación a pensar en lo sagrado como algo "pasado de moda". Pero aun así, en cada quien hay un punto de dignidad humana básica que nunca se debe ofender. Es esa área interior de consciencia donde Dios está en ti. Si se ve violentada, esto representa un daño serio y extraordinario. Cuando esto sucede, la persona sufre la más dolorosa forma de desagrado hacia sí misma y como consecuencia, la personalidad se deteriora.

Permíteme relatarte un drama muy humano, uno que ilustra cómo la pérdida de autoestima suele provocar un agudo autodesprecio, tan agudo, que condujo casi a la autodestrucción. Afortunadamente, el relato también contiene una cura positiva. Creo que significaría mucho más para ti si dejo que esta mujer relate la historia en sus propias palabras, así como lo escribió para nuestra revista *Guidepoints*. Desde luego, es anónimo:

"Era otoño. Las montañas alrededor de la ciudad donde vivíamos brillaban con los colores escarlata y dorado. Pero la estación no me interesaba mucho. Durante todo el largo y caluroso verano, había tenido un profundo sentido de culpabilidad y de poco valor que supuraba en mi interior. La razón era demasiado simple. En la primavera había hecho algo mal. Le había sido infiel a mi esposo.

Él no lo sabía. Nadie lo sabía, salvo el otro hombre... y ya no me estaba encontrando con él. Quizás había habido circunstancias extenuantes. Quizá no. El hecho es que había roto el séptimo mandamiento y, a partir de ese momento, había comenzado a odiarme. Iba a la iglesia. Oraba. Le había pedido perdón a Dios. Pero no podía perdonarme a mí misma.

No le había dicho nada a nadie, pues me sentía muy avergonzada. Pero no estaba segura de que el hombre involucrado en el caso estaba guardando el mismo silencio, así que comencé a imaginar que en mis amigas había surgido cierta frialdad. Creí percibir cierto distanciamiento en nuestra madre. Me convencí de que mi secreto de culpabilidad ya no lo era.

A medida que avanzó el verano, mis mórbidas imaginaciones se hicieron más agudas. Recuerdo que en mi cumpleaños alguien me envió una tarjeta de saludo con los mejores deseos para "una feliz ocasión". La palabra "una" resultó estar en mayúsculas e impresa en rojo. Para mí, esa era la palabra en color escarlata: "Una" de una adúltera. Rompí la carta mientras me temblaban las manos.

Mi crianza me había hecho tener una consciencia dura y exigente, demasiado dura, demasiado exigente. Ahora, mi razón, mi sentido de valor, todo se estaba desmoronando bajo esa incansable presión. No podía pensar, solo sentir. Perdí peso. No dormía.

Mi esposo me insistía que viera a un médico, pero me rehusé. Estaba comenzando a creer que él también conocía mi secreto y temía que si iba al doctor él también lo sabría o haría o diría algo que revelaría su sospecha de que yo no valía la pena y era impura, inadecuada para ser madre o esposa. Vivía en el infierno, un infierno que yo misma creé.

Fue algo que mi esposo dijo lo que activó mi acto final. Él estaba leyendo en el periódico sobre una mujer que había abandonado a su familia para irse con otro hombre. "Buen viaje", dijo. "¡Ellos van a estar mejor sin ella!".

En mi interior, sentí los dedos de la muerte: mi esposo me estaba diciendo que sabía mi secreto y que quería deshacerse de mí.

En una mente alterada puede haber una lógica aterradora. La mujer que había huido con su amante, concluí, era más honesta y menos hipócrita que yo. Mi esposo pensaba que ella se merecía perder a su familia. ¿Qué castigo se debía imponer sobre mí, alguien cuya vida se convirtió en una mentira? Me hice esa pregunta con una intensidad agonizante y en algún punto de mi interior una voz parecía responder como el doblar de una campana: 'No eres buena para nadie, estas trayendo desgracia a tu familia. Deberías irte. Así ellos comenzarían una nueva vida sin ti'.

Sin decirle nada a nadie, subí y empaqué una pequeña maleta. Tomé una cuerda y la bajé hasta el piso por la ventana de la habitación. Bajé las escaleras, pasé por el lado de mi esposo, fui a la cocina y salí por la puerta trasera. Fui al centro de la ciudad y me registré con un nombre inventado en el hotel más alto de la ciudad.

Mi habitación estaba en el quinto piso. Tenía miedo de que no fuera lo suficientemente alto. Me subí a la ventana y miré hacia abajo. La calle se veía oscura, pero podía ver las luces del tráfico. Tenía mucho miedo de morir, pero la voz en mi interior ahora era más fuerte, más fiera y con severidad me decía que yo no era adecuada para ser miembro de la raza humana.

Me senté ante el escritorio y le escribí una nota a mi esposo diciéndole que lo amaba a él y a los niños, pero que las cosas serían mejor de esta manera. Lloré mientras la escribía, pero la escribí. La voz seguía diciéndome que me apurara. Abrí la ventana y cerré los ojos, no me atreví a mirar hacia abajo. "¡Oh Dios!", dije en voz alta, di la vuelta, me senté en el umbral y me dejé caer hacia la vacía oscuridad.

Caí cinco pisos, esperé el impacto del pavimento, la nada, el olvido. En lugar de eso caí sobre la cubierta de un convertible estacionado. Atravesé la lona del techo y caí sobre la silla trasera. Sentí un terrible dolor en mi espalda y mis piernas. Luego me desmayé.

Recobré la consciencia en una silenciosa habitación de un hospital. Trataba de moverme y no podía. Estaba enyesada desde la cintura hacia abajo. Un hombre con bata blanca me estaba mirando. Era joven y tenía una mirada amable. 'Soy su doctor', dijo. '¿Cómo se siente?'.

Una ola de desespero pasó por todo mi cuerpo. Seguía viva, era una miserable principiante que había fracasado hasta en el intento de acabar con su vida. Ni siquiera la muerte me quería. Sentí que las lágrimas me hacían punzar los ojos. 'Oh Dios', dije. '¡Dios, perdóname!'.

El joven médico puso su mano sobre mi frente. 'Él lo hará', dijo con calma. 'No se preocupes por nada. La vamos a ayudar a que aprenda a amarse de nuevo'. Amarse de nuevo. Nunca olvidaré esas palabras, eran la llave que abría la puerta de la prisión de odio contra mí misma que había construido alrededor de mí. Contenían la verdad que terminó haciendo posible que reconstruyera mi vida"[4].

Este es el caso extremo de una persona que se odiaba tanto, que no sabía cómo tolerarse a sí misma. Afortunadamente, no muchas personas sufren tanto, pero hay una vasta cantidad de ellas que se siente afligida con problemas de personalidad similares, pero en menor grado. Muchos no se sienten bien consigo mismos y, como consecuencia, han perdido gran parte del placer que alguna vez tuvieron al vivir consigo mismos.

Pero no es necesario que nadie siga en esta infeliz condición mental. La salida comienza por querer salir y luego sigue con buscar ayuda de un buen consejero, un ministro, un amigo con sabiduría espiritual, quizás un médico, un psiquiatra, en especial si tiene algo de entendimiento espiritual. Si no lo tiene, ni si quiera lo toques con una barra de diez pies.

En tercer lugar, haz una oración elemental y real, esa clase de oración que pide la gracia salvadora de Jesucristo, tu Salvador. Solo sé honesto con el Señor diciéndole que estás hastiado de ti

---

[4] Guideposts, abril de 1960: *Amor propio* por Marguerite C_____, pp. 14-17. Carmel, N.Y.

mismo y que ya no quieres ser así. Dile que no puedes hacer de ti nada provechoso, así que acudes a Él para que haga contigo lo que Él considere que necesitas. Dios siempre va a responder una oración honesta, humilde y confiada como esa. Él pondrá en movimiento dentro de ti ese proceso creativo de tres puntos: la autoliberación, el encontrarte a ti mismo y la autoestima. Luego, comenzarás a volver a sentir agrado de ti mismo.

Así que, sea lo que sea que hagas, mantén tu autoestima a la altura.

El tercer elemento en la fórmula que recibió aquel joven pastor en la "consulta" que hizo en la otra habitación, descrito al comienzo de este capítulo es este: aprende a dejar que Dios dirija tu vida.

Entiendo que alguien que esté leyendo esto, que tenga poco o nada de trasfondo en nuestro modelo de pensamiento, se hará algunas preguntas; de hecho, incluso puede desecharlo como extraños asuntos religiosos. Bien, permíteme decir que no es algo extraño, sino que es una manera sencilla y realista de decir que, si no has hecho un buen trabajo contigo mismo o con tu vida, deja que alguien que sepa hacerlo ocupe la silla del conductor. Por así decirlo, hazte a un lado y deja que el Señor tome el volante. Él te mantendrá en el camino y te llevará a donde quieres llegar, es decir, a un estado de vida feliz, exitosa y útil.

Es claro que nadie gustará mucho de sí mismo cuando siempre está con conflictos internos, cuando la frustración le quita el gozo de la vida o la culpabilidad lo acecha. Cuando tu mente está llena de quejas, resentimientos, odios, rencores, ¿cómo esperas que te produzca gozo, paz y contentamiento?

Cualquiera que piense un poco no evitará saber que solo sacará de su mente aquello que haya entrado en ella. Si no estás feliz, o no te está yendo bien, o, para decirlo de forma directa, si estás arruinándolo todo en tu vida, es muy probable que no tengas una buena dirección. Tu mente no está aportando control, poder o conocimiento.

La técnica es tan simple como esta. Primero, humíllate. Tal vez, sea difícil, en especial si no estás acostumbrado a ser humilde. La mayoría de nosotros tenemos un falso orgullo que nos hace insistir, jactanciosamente, en que somos capaces de dirigir nuestra propia vida y que no necesitamos la ayuda de nadie. ¿Pero dirigirla hacia dónde? Por lo general, directo al suelo, por así decirlo; o en una descripción más precisa, hacia problemas, fracaso e infelicidad personal. Es muy importante ser humilde. Estoy seguro de que serás así de grande, porque solo los grandes saben ser humildes. Muchos ni siquiera conocen el significado de humildad. Esa no es una virtud de los peces pequeños, pues está reservada para los de mentes grandes. Pero tú estás en esa categoría. ¿Cómo lo sé? Porque has llegado hasta este punto del libro. Si no estuvieras buscando algo grande, no habrías leído hasta esta página en particular. Habrías dejado el libro para ver una película de vaqueros en la televisión antes de llegar a este punto.

El segundo paso es, tras haberte humillado, habla directo con Dios. No es un asunto piadoso, habla con Él como con tu amigo que te va a sacar de ti y te llevará por la autopista del éxito y la felicidad.

Un amigo mío, un hombre robusto y muy fornido, "tambaleó" (para usar su propia descripción), durante 41 años al acumular desagrado hacia sí mismo. Por último, como así lo dijo, "fui claro conmigo, me dije los factores crudos y honestos sobre lo que soy. Una noche, fui a la parte trasera del garaje y me incliné sobre la cerca mirando a las estrellas. Algo comenzó a impulsarme y, de repente, aunque no lo crea, me encontré orando en voz alta. Ni siquiera cerré los ojos, ni me arrodillé. Solo miré a Dios a los ojos y dije: "Así es, Dios, estoy acabado. No puedo hacer nada conmigo mismo; toma el control y haz lo que quieras hacer conmigo".

"Eso fue todo", añadió, "y desde ese momento, nunca volví a orar con los ojos cerrados. No quiero parecer dormido cuando estoy hablando con Dios".

Bueno, eso puede ser un capricho curioso, pero quizá no sea un método tan malo para orar, porque recuerdo que leí en la Biblia: "Y hablaba Jehová a Moisés cara a cara, como habla cualquiera a su compañero". (Éxodo 33: 11). ¡Dios nos propone una relación con Él de tamaño real y a través de Su Hijo, Jesús!

No importa cómo haya sido, funcionó. Una nueva dirección comenzó a revelarse y este hombre comenzó a avanzar en todos los aspectos: personal, familiar, de negocios. Ahora, él se ama a sí mismo mucho más, pero no ha perdido esa humildad, esa sencilla disposición a dejar que una Mano Grande se ocupe de los controles. Así que esta es la cura para el desprecio propio.

Traemos mucha infelicidad a nuestra vida al seguir de manera obstinada con nuestros conflictos internos y externos, cuando no es necesario vivir de una manera tan conflictiva. El secreto es sencillo: deja que Dios se ocupe y dirija tu vida. Esto te hará posible vivir y te gustará, porque con Dios estando a cargo, tendrás muchos menos problemas contigo mismo. Por tal razón te agradarás mucho más. Te convertirás en un optimista empedernido en cuanto a ti mismo.

Resumen de

Siente agrado por ti mismo; al menos, la mayor parte del tiempo

1. Aprende a de verdad conocerte y estimarte a ti mismo.

2. Cultiva un yo en quien puedas confiar y creer.

3. Imagínate como la persona que deseas ser y afirma que ya lo eres; luego, pon en práctica el serlo.

4. Mantén algo de insatisfacción personal como un aguijón de automotivación. Una autoestima completa carece de impulso.

5. Por algo te llamas tú. Eres tuyo para toda la vida. Estás amarrado a ti mismo.

6. Como debes vivir contigo mismo, es importante desarrollar un yo con quien sea agradable vivir.

7. Ama a Dios y desarrollarás un respeto normal y aprecio por ti mismo.

8. Aprende a dejar que Dios dirija tu vida. Te gustarán los resultados más que tu propia autogestión.

9. Sé humilde, sé de mente y alma grandes, sé amable, así te agradarás a ti mismo y a los demás

CINCO

Prospera y disfruta la vida

Tengo que admitirlo y, de hecho, no me molesta hacerlo, que mucha de la prosperidad que he tenido y gran parte del gozo en la vida han sido porque me casé bien.

Si te casas mal, seas hombre o mujer, estás preparándote para una gran cantidad de dolores de cabeza. Cásate bien y tu vida estará llena de gozo y también de prosperidad.

Dicen que muchos hombres habrían tenido un éxito sobresaliente si no hubiesen tenido una esposa quejumbrosa, criticona y no sacrificada, que no jugaba en su equipo. Lo contrario es igual de cierto, que muchas mujeres le habrían aportado bastante a la prosperidad y el gozo de una familia si no se hubiesen visto forzadas a soportar a un esposo inestable, ineficiente y desorganizado.

Cuando dos personas, esposo y esposa, combinan sus vidas con lealtad mutua y construyen esa relación con solidez sobre principios espirituales, crean una de las mejores afirmaciones de prosperidad y vida de gozo que se puedan conocer.

Desde el comienzo, mi esposa y yo decidimos ser un "equipo" en el que cada uno de nosotros daría lo mejor en la empresa conjunta de nuestra vida cooperativa, mejorando cada uno los puntos débiles mediante fortalezas compensatorias. También decidimos construir nuestro equipo de vida conjunto sobre el conocimiento del Señor, como la Biblia bien lo dice, que "si Jehová no edificare la casa, en vano trabajan los que la edifican".

Desde luego, la mayor parte del apuntalamiento de la familia Peale ha venido de mi esposa, Ruth. Ella siempre ha sido una optimista empedernida. Solo tenía 23 años cuando nos casamos, pero contaba con una idea espiritualmente madura que puso en operación desde el comienzo y era que, si confiábamos nuestras vidas en las manos de Dios y lo servíamos con sinceridad, y si amábamos y ayudábamos a otros, sin olvidar el trabajo duro, Él siempre se haría cargo de nosotros.

Créeme, esta no era una idea teórica de ella. Creía en ello con cada aliento al respirar. Y también vivíamos con esa confianza, porque no solo era un credo básico para su vida, sino que también lo ponía en práctica. ¿Qué otra cosa podíamos hacer? En lo personal, en aquellos días, yo dudaba de esas ideas y consideraba que Dios ayudaba solo a los que se ayudaban a sí mismos; de hecho, creía que la mejor manera de estar seguro de que Dios cuidaría de ti era cuidando bien de ti mismo.

Verás, había estudiado en la Escuela de Teología de la Universidad de Boston, a donde la gente no creía en cualquier tipo simple de fe. Allí, se menospreciaban los relatos de almas ingenuas que expusieran su fe confiadas en que el Señor les ayudaría en asuntos prácticos y se sostuvieran según esa creencia. Por lo general, quienes asistían a la Escuela de Teología no podían ver en absoluto el llamado elemento milagroso en la fe; lo primordial era un cristianismo con un patrón ético diseñado para facilitar el surgimiento de panaceas de izquierda, que era lo que preferían denominar como una fe "intelectualmente respetable".

Estoy hablando de hombres buenos, que enseñaban y estudiaban allá, y muchos de ellos habían crecido en hogares de gente normal, anticuada, y aunque tenían una tierna nostalgia por la fe sencilla de sus padres, habían avanzado tanto en la sofisticación religiosa y sociológica, que la idea de Dios ayudando a alguien de alguna manera rayaba en algún grado con lo sobrenatural y era considerada reaccionaria. Y, desde luego, yo me incliné hacia ese punto de vista "intelectual", tragándome el anzuelo, el sedal y hasta la plomada. En este aspecto, Ruth tenía dificultades conmigo.

Su fe era completamente pura. Era real. Quizá recuerdes que la fe es la convicción de lo que no se ve. Eso se ajustaba a la perfección a nuestra situación. Cuando nos casamos, Ruth ni siquiera tenía cómo juntar dos centavos. Por un tiempo, no había ido a la universidad y había estado trabajando para la compañía de teléfonos Michigan Bell a fin de ayudar a que su hermano mayor pudiera terminar sus estudios. Luego, él trabajó para ayudarla a cubrir sus gastos universitarios. Tras graduarse, Ruth asumió un cargo como maestra en la Escuela Secundaria Central de Syracuse, para así contribuir a que su hermano menor también se graduara.

Yo tenía un salario justo como pastor de una iglesia en Syracuse, pero estaba pagando las fuertes deudas de mis propios estudios y al mismo tiempo ayudaba a que mi hermano menor terminara sus estudios. Trabajé mientras estudiaba en el seminario dirigiendo un elevador de carga en Y.W.C.A. de Boston y mis compañeros estudiantes decían que yo era el "mesero más torpe" que hubiese tenido Y.W.C.A. Eso lo acepto, pero al menos, era mejor que sacar dinero para comer, en especial cuando yo también apenas sí lograba juntar dos centavos.

No tenía dinero ahorrado, eso era claro, así que comenzamos nuestra vida de casados con el típico presupuesto reducido, uno muy reducido. Recuerdo que una noche, durante la Gran Depresión a comienzos de la década de 1930, cuando los fondos cayeron tan bajo, salí a caminar y recorrí el parque de un lado a otro embargado por un sentimiento de desesperación. Pero Ruth nunca ni si quiera se inmutó. "El Señor proveerá", decía, "sigamos sirviéndolo a Él y confiando. Él nos dará nuevas perspectivas e ideas, las cuales debemos convertir en planes que funcionen".

Bueno, desde ese entonces, han pasado 30 años y nunca nos hizo falta una comida. (Y creo que no nos habría hecho daño si así hubiese sucedido). Hemos tenido casas hermosas con todo lo necesario y algunas comodidades adicionales. Criamos y educamos tres hijos y ninguno de ellos nos dio problemas, solo alegrías. Viajamos a muchas partes del mundo. Recibimos fabulosas oportunidades para servir y hemos sido bendecidos con la amistad de muchos y el amor de no pocas personas. Ruth tenía razón, en realidad el Señor sí ha cuidado de nosotros. Hemos tenido una generosa porción de prosperidad y hemos disfrutado la vida, aunque también hemos tenido nuestros golpes duros. Desde entonces, me he acercado a la fe de Ruth en el cuidado providencial de Dios. Tenía que hacerlo, porque lo vi actuando, no solo en nuestra propia experiencia, sino también en la vida de cientos de personas.

Es probable que Ruth no lo supiera al comienzo, pero había tropezado con una de las mejores leyes de este mundo de leyes. Se llama la Ley de la Provisión. De hecho, ni ella ni yo escuchamos esa expresión hasta muchos años después, cuando la usó el Dr. Frank Boyden, Director de la Academia Deerfield, una de nuestras escuelas más sobresalientes para chicos. El Dr. Boyden fundó esta gran institución prácticamente con nada. Hoy, su planta es una de las mejores en el campo de la educación.

"¿Cómo lo hiciste?", le pregunté admirado, mientras él me relataba las adversidades y encuentros cercanos con la quiebra que tuvo que enfrentar por muchos años.

Él sonrió y me dijo: "Estoy seguro de que el banco me rechazó cientos de veces, pero la financiación siempre llegaba. Más de una vez, nos vimos raspando el fondo, pero el dinero siempre llegaba".

"¿Cómo?", insistí.

Volteó a mirarme con una expresión llena de fe y dijo: "Por medio de la Ley de la Provisión. Yo estaba haciendo algo que Dios quería que se hiciera; formando hombres a partir de muchachos. Estaba dando lo mejor de mí; buscaba y seguía la voluntad de Dios. Ponía todo en sus manos y trabajaba de lleno. Todo esto estimulaba la Ley de la Provisión y hoy, todavía sigue fluyendo".

Al partir de Deerfield, después de esa conversación, Ruth se repetía una y otra vez para sí misma: "La Ley de la Provisión, la Ley de la Provisión, ¿por qué, si es justo lo que he estado practicando toda mi vida, nunca la había oído nombrar?, pero es justo eso, la Ley de la Provisión. Este es nuestro gran secreto para la vida, Norman", dijo con cierto temor.

"Es tu secreto, cariño", le dije con suavidad. "Espero algún día practicarlo al 100% como tú lo haces".

Tuve que luchar para creer y aceptar esta fe en la Ley de la Provisión, e incluso, al momento de escribir esto, debo confesar mi incompetencia al practicarla. Por fortuna, tengo a Ruth que la practica por mí. Pero en cuanto a la realidad y al funcionamiento de la Ley de la Provisión, ahora no tengo la menor duda, no lo dudo en absoluto.

¿Cómo funciona esta ley para producir prosperidad y estimular el bienestar, la creatividad y una vida que podamos disfrutar?

Primero, es la convicción, la inquebrantable certeza, de que la provisión siempre será suficiente, no necesariamente abundante, pero sí siempre suficiente.

Debo admitir que esta convicción no es fácil de asimilar, en especial si por mucho tiempo has tenido una perspectiva oscura de las cosas. Y tratar con ese hábito de perspectiva sombría es justo el punto de partida. Debes convertirte en un optimista empedernido. Reúne todo tu carácter, porque lo tienes ¿sabes?, y comienza a practicar la perspectiva brillante. Valdrá la pena, te lo aseguro. Cuando visito Londres, siempre voy a la Calle Fleet, y por un camino estrecho llego a un restaurante bastante viejo, el Old Cheshire Cheese. Es bien conocido para miles de viajeros estadounidenses, es famoso por la cerveza y el pastel de hígado, sus deliciosos asados de carne y cordero y el incomparable queso inglés.

Una esquina del restaurante está enmarcada como el sitio donde el Dr. Samuel Johnson almorzaba todos los días al mediodía, mientras derrochaba ingenio y sabiduría ante un grupo de amigos que se deleitaba con sus palabras. Un día, tuvo una discusión sobre el efecto constructivo de las actitudes depresivas. Golpeando la mesa con su puño declaró: "Tener una perspectiva optimista tiene el valor de $1.000 libras al año". Poniendo ese cálculo en nuestro dinero, deshacernos de una mentalidad oscura y desolada requiere casi de $3.000 dólares.

Así que, adopta la perspectiva brillante, considerando que, si tú haces tu parte, de la mejor manera que sabes, y siempre piensas y trabajas con positivismo, la provisión llegará.

Recuerda siempre que la melancolía aleja la prosperidad. La prosperidad espanta la oscuridad y a las mentes inhóspitas, alejando los tipos de mentes llenas de sombras y dudas, porque las dudas tienden a reproducirse en resultados dudosos.

Practica hasta que llegue a hacer parte de ti la convicción de que la Ley de la Provisión sí está operando en ti. Por supuesto, el simple hecho de tener la convicción no garantizará los resultados, pero pongámoslo en estos términos, sin la convicción como base, los otros elementos importantes en el desarrollo de esta ley no podrán funcionar.

Cuando ya tienes esta convicción vital bien arraigada y firmemente establecida en tu consciencia, ya no desperdiciarás valiosa energía preocupándote y con ansiedad. Puedes realizar tus trabajos cotidianos teniendo la certeza de que todas las cosas obran para bien, tu propio bien y el bien de todos los que tengan contacto contigo. Ahora, de verdad serás muy creativo. Nuevas cosas sucederán con la nueva creatividad obrando en ti. Ya no tendrás más fracasos, o al menos, no tantos. Todo será más emocionante. Es más, la Ley de la Provisión opera igual de bien ya sea que trabajes con poco o con más o incluso con mucho.

Ruth habla de la frugalidad que tuvo que practicar en sus días de universidad, aunque pertenecía a la fraternidad *Alpha Pi,* la más antigua, y a nuestro parecer, la mejor del campus. Siendo una mujer de negocios nata, fue elegida para ser la administradora de la casa; de esa forma pudo subir a bordo y tener una habitación. También estaba involucrada en muchas actividades extracurriculares. La pasaba muy bien casi con nada de dinero.

Un día, una revisión de su libreta de bolsillo le reveló que tenía solo $0,37 centavos y no era claro si recibiría algo de dinero en algún momento, ¿pero acaso estaba ella preocupada? Para nada, porque vivía en la Ley de la Provisión, la Ley de la Prosperidad. Aquella tarde, envió a casa su carta semanal, la cual rebosaba de felicidad, como todas sus cartas. Solo, de manera incidental, mencionó que era "muy rica porque tengo $0,37 centavos. Pero eso no me molesta. He tenido menos que eso".

Resulta que su hermano, quien entonces trabajaba como vendedor viajero, estaba en casa en ese momento y leyó la carta. "Extraño", comentó él, "últimamente, he estado pensando en enviarle a Ruth algo de dinero. Supongo que este es el momento para hacerlo. Así que, pocos días después, los menguantes $0,37 centavos aumentaron a $75 dólares de su hermano Chuck. Ruth los tomó como algo normal. "Vaya, vaya", dijo ella, "¿qué haré con $75 dólares?". Yo sé lo que hizo, uso una parte para abastecerse de lo que necesitaba y ahorró el resto. Ella es una fabulosa combinación de fe en Dios y libre empresa.

Hasta hace poco, Ruth comentó que la Ley de la Prosperidad y la Ley de la Provisión siguen operando, aunque las exigencias y los ingresos sean un poco más altos que en los viejos días de los $0,37 centavos. Al parecer, Ruth tenía que hacer algunos cheques por un total de varios cientos de dólares. Verás, ella se encarga de la contabilidad de la familia, administra las cuentas bancarias, paga las cuentas e incluso se ocupa de los impuestos de renta. (Ella enseñaba matemáticas en secundaria y tiene una mentalidad natural de negocios).

Así que, aquel día, tenía que pagar facturas por una cifra grande, pero no tenía tanto en nuestra cuenta corriente. Habría podido usar los ahorros, pero si lo hacía, entonces no serían ahorros. Además, habría visto necesario tomar esa decisión conmigo y quería evitar interrumpirme la que llamamos en términos optimistas, mi "actividad literaria", es decir, este libro. Con confianza, esa tarde escribió los cheques, pero no los puso en el correo. Sabía que debía hacer algo a la mañana siguiente y no le sorprendió para nada, aunque se sintió complacida, al recibir en el correo de la mañana un cheque con dinero que se nos adeudaba y que eran tan solo unos pocos dólares menos de lo que necesitábamos. Era la misma vieja ecuación de los $0,37 centavos operando una vez más. El valor era diferente y considerablemente mayor, pero el principio implicado era el mismo, sin importar el valor.

Uno de mis amigos que cree firmemente en este principio, y que me ha inspirado a lo largo de los años, es Eugene Outerbridge, un cultivador de bulbos en Bermuda. Eugene tiene una clara calidad de dinámica espiritual que, estoy seguro, se deriva de su absoluta dedicación a Dios y de su humildad como discípulo de Cristo.

Cada año, y por mucho tiempo, ha "predicado el evangelio" en la época de Pascua en nuestra iglesia en Nueva York, volando sobre 7.000 lirios en Bermuda, programados para florecer con toda su gloria en la mañana de Pascua.

Eugene es un gran creyente en la Ley de la Provisión que, sin duda, es un principio claro que trabaja en su vida personal y de negocios. Tiene la fe para creer en milagros. Dejemos que él relate su experiencia con esta valiosa y práctica ley:

"Llegué a perder mi empresa y tuve que volver a empezar. Un día, tenía que cumplir con el pago de una importación, eran solo $287,60, pero no había dinero disponible. Siendo un firme creyente en que Dios ayuda a quienes se ayudan a sí mismos, tomé mi libro mayor y busqué algunas cuentas por cobrar de un valor similar y fui a hacer el cobro, pero no logré recuperar nada. A la hora de la cena, estaba cansado y quizás un poço melancólico, cuando mi esposa dijo: "¿Por qué no buscamos a Dios?". Así que justo en ese momento, lo hicimos.

A las 8:30 de la noche recibimos una llamada telefónica de un hotel grande; alguien quería encontrarse conmigo para hablar de negocios. Media hora después, llegué al hotel y me recibió la atractiva esposa de un hombre en silla de ruedas. Me agradecieron por ir a esa hora, pero entendiendo que era florista, el hombre dijo que quería enviarles ciertas flores a diferentes amigos y deseaba saber si podía hacerme cargo de las diferentes órdenes. "Por favor, haga la suma de todas para poder darle un cheque", me dijo.

Aquella noche, conduje de regreso a casa con una fe renovada, una fe inolvidable en que Dios responde a la oración, porque tenía en mi poder un cheque por $286,00 dólares, tan solo $1,6 dólares menos del pago que debía hacer en la mañana.

En otra ocasión, necesitaba $4.000,00 dólares en mi empresa. Les escribí cartas y telegramas a las empresas y personas que me debían dinero, pero no obtuve ningún resultado. Tras dos semanas de seguir orando y trabajando, recibí un cheque por $900 libras, casi toda la cantidad que necesitaba, proveniente de Inglaterra; era la cancelación de una deuda, pero Dios lo sabía".

Entiendo que sea posible dudar de esta filosofía de vida que, incluso, suele ser atacada; y si el lector desea discrepar acerca de esto diciendo que así no es, como se suele decir, "para mí está bien". Pero esto lo he visto suceder tantas veces en las experiencias de mi esposa y en las vidas de otros, que desde hace mucho decidí no solo tener registro de ello, sino que también quise tratar de vivirlo en mi propia vida. No entiendo muchas de las leyes de la naturaleza, pero igual vivo según ellas. El entender no puede ser tan complicado como parece. Este mundo lo creó y lo sostiene un Dios generoso, quien debe querer lo mejor para todos sus hijos, porque ha puesto todo de lo mejor en el mundo.

Él lo hizo para que la abundante provisión llegue a nosotros para cubrir nuestras necesidades si nos mantenemos en armonía con Dios y sus procesos. Este no es un método para hacerse rico, porque así no es como funciona. El deseo de tener riquezas y más riquezas tiende a apagar la línea de comunicación con el bien espiritual. Es concebible que la práctica del principio del suministro y la prosperidad puedan acumular una considerable cantidad de dinero. Pero en este caso, esto sería al costo de una bendición básica en sí misma y el balance neto final sería en tu contra.

La Ley de la Prosperidad y la Ley de la Provisión nunca han tenido como objetivo producir una superficialidad de valores materiales, a menos que se les dé una dirección y un uso espiritual. Y nuestra responsabilidad con ello permanece en clara armonía con lo que conocemos como la voluntad de Dios. Puedes tomar todo el dinero que puedas con tus manos y vivir sin ningún interés espiritual, cuidando por completo de ti, y puedes salirte con la tuya por un tiempo, pero con este solemne acto puedes estar seguro de algo: Dios siempre paga. A veces no lo hace de inmediato, pero paga, y esto es para decir que si desespiritualizas la Ley de la Prosperidad y la Ley de la Provisión, es mejor que observes tu vida y le prestes atención a algo que signifique mucho para ti, y que se va a ver afectado. Si pones mala calidad, es natural que el resultado final sea algo malo.

Tener dinero no tiene nada de malo a menos que sea el dinero el que te tenga a ti. Pero si Dios te tiene, de verdad te tiene, entonces estarás interesado en circular y usar el dinero para los propósitos de Dios. Luego, junto con el dinero vendrá un asombroso excedente de toda clase de bendiciones directas para ti y por medio de ti para la economía material y espiritual, a fin de que las ruedas de la creatividad sigan rodando. Dicho en pocas palabras, creo que el dinero usado con poco o ningún interés en Dios o en la Humanidad es dinero malo y terminará pudriéndose. Pero el dinero que se usa con responsabilidad espiritual es buen dinero y seguirá fluyendo con abundancia en el patrón de la prosperidad y la provisión.

Puedo decir que he ayudado a muchas buenas personas para que tengan más dinero. Y lo he hecho en muchos casos al enseñarles a dar. Sería imposible decirte cuántas personas me han dicho con entusiasmo: "Comencé a dar con temor, pensando que no tenía mucho y que era peligroso dar al nivel que sugerías. Pero ¿sabes algo? Cuando más daba, más tenía". Una estenógrafa lo dijo de esta manera: "A medida que doy más, mi cartera se llena más. Está fuera de mis capacidades y nunca fui más feliz en la vida". Ella tiene toda la razón. Esta chica llegó a ser tan feliz, que su aspecto cambió, era una joven radiante y bella y un día llegó a su vida el hombre con el que soñaba. Cuando los casé, él me dijo: "Algo en ella me cautivó. Es asombrosa". Eso es verdad, pero recuerdo que ella antes era una persona aburrida y prosaica, hasta que se embarcó en el programa de darse ella misma y dar de su dinero. Algo extraño, cuanto más das, más vuelve a ti, pero no siempre es en forma de dólares y centavos.

A veces, retorna en valores que son el dinero suficiente para satisfacer las necesidades. Mi suegra, por ejemplo, venía de una buena familia cristiana de Canadá, justo el tipo de personas honestas que encuentras en la iglesia, no en las iglesias sofisticadas al estilo club campestre, sino del tipo de iglesias de pueblo pequeño. Ella se casó con un joven predicador y durante toda su vida él solo pastoreó iglesias pequeñas. Hacia el final de sus años, predicaba los domingos y trabajaba durante la semana en la planta de Ford en Detroit. En la actualidad, la pequeña iglesia que dicen que "él salvó de ser cerrada" es una de las iglesias grandes de la zona. Siempre fue un hombre lleno de gracia y cortesía, con la paz de Dios en su rostro, porque también estaba en su corazón.

El abuelo y la abuela Stafford siempre tuvieron que ser ahorrativos, hacer rendir el dinero y esforzarse por cumplir con sus obligaciones. La Ley de la Provisión les daba solo una pequeña cantidad de dinero, apenas suficiente; pero rara vez he conocido personas que hayan tenido tanta abundancia de bendiciones. A sus tres hijos les fue muy bien. "Chuck" tiene un cargo de responsabilidad con la Cámara de Comercio de los Estados Unidos; Bill es el director de personal en un gran consorcio de New Jersey y es tesorero de la revista *Guidepoints,* y creo que no estoy siendo deshonesto al decir que Ruth es una de las principales líderes eclesiales laicas de nuestro tiempo.

La abuela y el abuelo Stafford amaban a cientos de personas a cuyas vidas habían llegado con amor y creatividad. Nunca les faltó lo necesario, aunque por años, él condujo un viejo auto Ford, y bueno, no recuerdo nunca haber visto un mueble nuevo en su casa. Le pregunté a la abuela, que ahora tiene 85 años, si creía en la Ley de la Provisión. Eso era algo nuevo para ella, pero cuando se lo expliqué, su rostro se iluminó y dijo: "Oh, te refieres a la generosa bondad de Dios. He vivido bajo una interminable lluvia de bendiciones. Claro que creo en esa Ley de la Provisión. Qué bello nombre para eso".

También está mi viejo amigo Ralph Rockwell. Un día, hace unos 20 años atrás, Ruth y yo compramos una pequeña granja en el Condado de Duches, en Nueva York. Ralph Rockwell provenía de una buena familia de Connecticut que había trabajado duro toda la vida; eran del tipo de personas que construyeron los Estados Unidos. Él había sido carnicero, conductor de camión de leche y ahora quería ser el supervisor de nuestra granja. "Yo soy lo que están buscando", dijo, y de inmediato supe que así era.

Desde aquel día en adelante, él "usó el lugar como si fuera de su propiedad". Para mí, él siempre fue el "Sr. Rockwell". "Yo me ocuparé de la granja, usted preocúpese por predicar", decía, y aunque no conozco mucho sobre predicación, conozco mucho menos sobre granjería, así que seguí su consejo.

Pasaron 10 años y el trabajo era demasiado, así que el Sr. Rockwell se retiró y su hijo Elliott tomó su lugar, y él también es mi amigo. Cuando quiero un delicioso pastel de chocolate, paso por la casa de la Sra. Rockwell. Esta adorable y maternal mujer suele despedirnos de su casa con un beso, así como con un pastel.

Toda su vida, ellos han vivido de la provisión de Dios. Y en sus años de vejez están rodeados de bendiciones tanto como lo estuvieron a lo largo del camino.

Así que no nos equivoquemos al concluir que la prosperidad necesariamente, o incluso por lo general, sea concebida en términos monetarios. Un viejo himno puede darnos la mejor de todas las descripciones de la prosperidad. "Tendremos lluvias de bendiciones que el Padre del cielo enviará". Este es el secreto de tener prosperidad y de disfrutar la vida, la inconmovible convicción de que Dios se hará cargo de las personas que lo aman y confían en él. Y sin duda así será.

Esto tampoco implica o infiere que seamos libres de luchas y dificultades, o incluso del sufrimiento. Algo es seguro, no puedes tener el dulce sabor de la vida a menos que también tengas el sabor amargo. Y la resolución de problemas es más dulce cuando superamos la lucha. Pero la esencia del asunto es que el que cree en la filosofía de la prosperidad y la provisión, tiene éxito al superar todas las dificultades. Es muy probable que enfrente muchas adversidades, pero el resultado final es lo importante, superará las dificultades y podemos añadir que se divertirá mucho en la vida mientras avanza. Sin duda se podría decir que el optimista empedernido a menudo puede ser duro, pero también es bueno, poderosamente bueno.

Para añadir a lo primero, es decir, la convicción de que la provisión siempre será suficiente, hay un segundo paso igual de importante para estimular la prosperidad, y es nunca pensar mal o hablar mal. Emerson nos dijo que las palabras tienen vida y si cortas una, sangrará. Una palabra es solo un pensamiento perpetuado. Sin duda, Georgiana Tree West lo expresa muy bien: "Cuando pensamos en algo, formamos un patrón de esa cosa en particular; cuando hablamos de eso, estamos enviando la palabra y comienza a tomar forma. No deberíamos expresar una idea a menos que deseemos verla tomar forma en la vida. En el Antiguo Testamento", prosigue ella, "está la promesa, 'determinarás asimismo una cosa, y te será firme'. Nuestra palabra es un decreto. Cuando decimos 'soy pobre' estamos decretando pobreza. Cuanto más enfáticos seamos, más evidencias de pobreza veremos en nuestra vida. Nuestras palabras son la expresión de una imagen mental. Las leyes de Dios lo establecen, las hacen manifiestas".

Dicho de otra manera, parte de la sabiduría no es pensar o hablar mal, porque el peligro implícito es que, en efecto, aquello que digamos se haga realidad.

Charles Fillmore advierte: "No digas que el dinero es escaso, la misma afirmación hará que el dinero escasee para ti". (Observa que la única diferencia entre las palabras escaso y escases es mínima). No digas que estás pasando un tiempo difícil, las mismas palabras apretarán los hilos de tu cartera hasta que ni el mismo Omnipotente pueda introducir ni siquiera un céntimo en ella. No permitas que un pensamiento vacío exista en tu mente, sino rellena cada rincón y esquina con la palabra plenitud, plenitud, plenitud".

Estas pueden parecer ideas extrañas para la persona que no ha considerado el asombroso poder que tienen los pensamientos para crear o destruir. La razón por la cual Emerson usó la curiosa figura de una palabra "sangrando" es porque él reconocía que el pensamiento detrás de las palabras puede darles vida o muerte a nuestras esperanzas y deseos. De hecho, los pensamientos y las palabras de escases tienden a producir escases, mientras que los pensamientos y las palabras de prosperidad nos mueven en dirección de la prosperidad.

Hace poco, celebramos el decimosexto aniversario de la fundación de la revista *Guideposts,* la publicación inspiracional interreligiosa y sin fines de lucro de mayor circulación en la Historia de los Estados Unidos. Editada por una junta integrada por judíos, católicos y protestantes, ha alcanzado una circulación de más de un millón y varios millones de personas la leen cada mes.

Guideposts nunca ha tenido publicidad, solo depende de su volumen de circulación para cubrir sus costos. Su fin es publicar historias de la vida real de personas que han superado el temor, el fracaso y la derrota por medio del poder de Dios en la experiencia humana y la oportunidad inherente a la libertad en los Estados Unidos.

En el año 1945, *Guideposts* era solo una idea en la mente de unas pocas personas. La necesidad de una publicación de esta índole era evidente, pero inaugurar una revista así requería capital, personas con experiencia y un personal con los mejores escritores. No teníamos capital, ni experiencia, ni tampoco escritores. Todo lo que teníamos era una idea, unas convicciones, algo de fe y mucha obstinación. Así que le dimos inicio a la "revista" como un pequeño plegable de cuatro páginas. Pero las historias que contenía eran significativas y atractivas. La cantidad total de los fondos con los que comenzamos fue la astronómica suma de $700 dólares.

Poco a poco, la lista de suscriptores creció hasta 20.000. Usábamos como planta de producción una vivienda que era propiedad de Lowell Thomas, localizada en Quaker Hill, Pawling, Nueva York. Una noche, la casa quedó destruida por un incendio que se produjo en tan solo una hora y perdimos toda la lista de suscriptores de la que tontamente no habíamos hecho copia. Así que estábamos en una posición muy desfavorable, sin planta, sin oficinas y sin suscriptores. Pero Lowell Thomas relató su historia en su programa de radio, pidiéndoles a nuestros suscriptores que nos notificaran. Nuestro amigo DeWitt Wallace, de *Readers Digest,* publicó un artículo con la misma información. Resultado: poco después, no teníamos 20.000 sino 40.000 suscriptores. Ese incendio valió la pena.

La publicación continuó ininterrumpida, pero los crecientes costos ponían en peligro las ya difíciles condiciones de *Guideposts.* Las cuentas se fueron acumulando. Nuestro proveedor amenazó con ponerle fin a la provisión de papel. Cada vez, íbamos por un camino peor y no solo estábamos pensando con poco optimismo con respecto al proyecto, sino que nuestro pesimismo se expresaba en afirmaciones tales como "no podemos durar mucho así; sin duda debemos replegarnos", y otras evaluaciones destructivas. En ese entonces, éramos todo menos unos optimistas empedernidos.

Con desespero procuramos obtener cuantas fuentes de apoyo nos fuera posible. Un pequeño flujo de regalos mantenía la prensa en operación. Pero la continuidad estaba en un delicado equilibrio. Así que convoqué a una reunión de personal desanimado y frustrado. Quizás hayas participado en reuniones negativas similares, pero no puedo imaginar una reunión más pesimista que esta. Toda la conversación se enfocó en un triste y lúgubre énfasis en las dificultades que estaba enfrentando la revista. ¿Qué íbamos a hacer con ese montón de facturas sin pagar que teníamos sobre la mesa? En ese momento, esa revista estaba muerta. Solo un milagro podría salvarla.

Y eso es precisamente lo que sucedió. *Guideposts* se salvó de milagro. Fue un milagro de pensamientos frescos y creativos que surgieron en mentes reestimuladas y reenergizadas. Esta época en particular la marco como una de mis más grandes experiencias. Aquel día, aprendí algo que, literalmente, cambió el curso de mi vida.

A esta reunión de personal habíamos invitado a una mujer que, en una reciente situación de desespero, había aportado a *Guideposts* $2.500 dólares en efectivo. Esperábamos que el rayo cayera dos veces en el mismo sitio. Ella escuchó en silencio nuestro triste recital de lo desalentadora que era la situación de nuestra publicación. Finalmente, manifestó: "Tengo la impresión", dijo, "de que ustedes, caballeros, esperan que les haga otra contribución. Bien, yo puedo sacarlos de la miseria. Pero en realidad, no voy a dar ni cinco centavos más; de hecho, para que quede claro, no les voy a dar ni un centavo".

Esto no nos sacó de la miseria, sino que, por el contrario, nos hundió más en ella. Quizá digas que ella era nuestro último recurso. Ahora que esta oportunidad se había ido, nos quedamos sentados, envueltos en pesimismo.

Luego, a ese pesimismo lo atravesó la brillante luz del pensamiento creativo que lo cambió todo, porque nos cambió a nosotros. Aquella mujer dijo: "No les daré dinero, porque sería de poco valor en el patrón de fracasos en el que se han hundido. Pero les daré algo de mucho más valor que el dinero". Esto nos asombró, porque en ese momento, no podíamos pensar en nada que tuviera mayor valor que el dinero en efectivo.

Luego, llegó el milagro que salvó a esa empresa del fracaso y que desde entonces ha revolucionado a muchas buenas personas. Ella dijo: "Les daré una idea fresca y dinámica. Con ella, ustedes resolverán sus problemas y obtendrán todos los recursos materiales que necesitan", y tenía razón con esa promesa, créeme. La prosperidad fluyó.

"Ahora", prosiguió, "demos una mirada objetiva sobre la situación. Les hace falta de todo, ¿verdad? Carecen de dinero, de equipo, de suficiente cantidad de suscriptores, de ideas y de fe. Están en una situación de mucha carencia. ¿Saben por qué carecen de todo esto?".

Luego, ella misma respondió su propia pregunta: "Han sido persistentes en tener un pensamiento de escases y, por lo tanto, han creado una condición de escases". En un principio, esto fue un golpe como si fuera una manera extraña de abordar la situación, pero al pensar bien en ello, se hizo evidente que ella tenía razón. Sí teníamos carencias, no había duda de ello. Nos faltaba todo. Y también era cierto que nuestra manera de pensar y hablar había sido en términos de todo lo que no teníamos, además de lo que no podíamos hacer. Así que, a regañadientes, admitimos que ella tenía razón, pero aún más, era difícil aceptar la idea de que esa mentalidad de escases podía resultar en verdadera escases. Pero sobre la mesa teníamos esa cantidad de facturas sin pagar. No podíamos reírnos de ellas.

"Bien", prosiguió ella, "suficiente de eso. Ahora mismo, vamos a dejar de pensar y hablar en términos de escases. Quiero que borren esa mentalidad". "Pero ¿cómo podemos hacerlo?". Le pregunté. "No es posible abrir un hoyo en tu cabeza y drenar los pensamientos, ni puedes decirles a esos pensamientos que desaparezcan así no más".

Me miró fijamente. "Con tu mente puedes hacer cualquier cosa que desees. Platón dijo: 'Hazte cargo de tus vivencias, puedes hacer con ellas lo que quieras'. Así que háganse cargo de sus mentes y en el nombre del Señor, ordénenles a los malos espíritus de los malos pensamientos que se vayan. Comiencen ahora a quitar esa mentalidad de escases".

Un profundo silencio cayó en la sala y estuvimos ahí sentados al menos unos diez minutos "quitando nuestros pensamientos de escases". De hecho, ese es un buen plan que se puede seguir cada día. A diario, toma unos minutos para eliminar los pensamientos viejos, cansados y muertos. Desocupa tu mente de ellos. No dejes que se atasquen y se endurezcan en tu consciencia.

"Ahora", dijo con lucidez, "sus mentes están vacías", y añadió con jocosidad, "eso tampoco es natural. Toda esa masa de pensamientos de carencia ha sido eliminada. Pero debemos llenar con rapidez nuestras mentes, o esos pensamientos volverán. Debemos llenar las mentes de inmediato con pensamientos de prosperidad".

Me miró y dijo: "Norman, ¿cuántos suscriptores necesitan para que *Guideposts* continúe operando con éxito?" Pensé con rapidez y dije: "Unos 100.000 serían suficientes".

"Muy bien, entonces fijemos en nuestros pensamientos la cifra de 100.000 suscriptores. Pero primero, preguntemos si hemos orado por este proyecto, ¿lo han dedicado a Dios y al servicio humano? ¿Nuestros motivos son altruistas y genuinos?".

Buscamos en nuestras mentes y respondimos afirmativamente a esas preguntas. Debemos entender que nada que esté mal puede salir bien. Los buenos resultados nunca son inherentes a actitudes y propósitos malos. Debes estar bien para que las cosas salgan bien.

Luego, nuestra amiga prosiguió con su dramático tratamiento de nuestra condición mental sin creatividad. "Quiero que visualicen esos 100.000 suscriptores de *Guideposts*. Quiero decir, que los vean, que de verdad los vean. Miren hasta que tengan una imagen clara, no en sus ojos, sino en sus mentes". Quizá parecíamos tontos tratando de imaginarnos con 100.000 suscriptores cuando en los libros solo teníamos 40.000. Pero no era tan tonto como permanecer sentados lamentándonos y llevándonos hacia el fracaso con nuestras conversaciones, como habíamos estado haciendo.

De repente, como un rayo, lo vimos, con claridad entró en nuestra consciencia un vasto número de personas que íbamos a servir y ayudar. Fue asombroso. Veíamos a *Guideposts* avanzando hacia un gran futuro de servicio a esas personas. Casi me olvido de mí mismo (que, por cierto, era justo lo que debía hacer, olvidar ese yo derrotado) y dije con emoción: "¡Los veo! ¡Los veo!".

Ella me miró con aprobación y dijo: "Sin duda, creo que así es. Eso es genial. Ahora que los vemos, los tenemos. Oremos y agradezcámosle a Dios por darnos 100.000 suscriptores".

Apenas estaba preparado para esto, pero siempre estoy dispuesto a orar con cualquiera en cualquier momento, y me uní a esa mujer en oración. Pensé que estábamos presionando mucho al Señor. En esa oración, ella le agradeció a Dios por darnos esos 100.000 suscriptores, por el nuevo giro hacia el éxito y por la prosperidad que nos estaba trayendo. Terminó su oración citando: "Todo lo que pidiereis orando, creed que lo recibiréis, y os vendrá".

La oración terminó, miré a mi alrededor esperando que todo fuera diferente, pero ahí todavía estaba la vieja torre de facturas sobre la mesa. En parte, esperaba que hubieran desaparecido, que se hubiesen pagado milagrosamente, pero todavía estaban ahí. Todo estaba igual, salvo las personas alrededor de esa mesa. No eran las mismas. Se veían diferentes. Se veía en sus rostros, sus ademanes, pero más que todo, en los vitales nuevos pensamientos que habían comenzado a comerse todos aquellos duros problemas. Había un nuevo poder operando en nosotros. Podíamos sentirlo. Habíamos sido cambiados y todo había comenzado a cambiar para bien.

Eso fue en el año 1945. En la actualidad, *Guideposts* tiene más de un millón de suscriptores y casi 1.200 compañías la compran para sus empleados. La encontrarás en cientos de habitaciones de hoteles, puesta para la inspiración de los invitados. Un promedio de 200 personas tienen empleo en sus oficinas de negocios y editoriales. Su mensaje ha penetrado profundo en la vida de los Estados Unidos, animando siempre a las personas, persuadiéndolas y mostrándoles cómo vivir con el gran poder de Dios. En nuestro país y en el extranjero ha desarrollado miles de personas impulsadas por Dios. Ha fusionado hombres que creen en Dios, en una empresa espiritual común dedicada a los Estados Unidos libres y a la hermandad. Sin duda, es una de las empresas publicadoras inspiracionales más efectivas de todos los tiempos. La experiencia de *Guideposts* ha enseñado que un simple secreto de la vida efectiva es vaciar nuestros pensamientos de escases y remplazarlos con pensamientos de prosperidad y mantenerse firme con Dios todo el camino.

Nunca tengas pensamientos de escases, piensa siempre con prosperidad. Construye siempre tu vida y tus pensamientos en torno a Dios. Ámalo y sírvelo y a eso suma amor y servicio a los seres humanos, y conocerás lo mejor de la vida. El optimista empedernido vive con gozo en la gran Ley de la Provisión de Dios.

Resumen de

Prospera y disfruta la vida

1. Aprende a vivir en la Ley de la Provisión de Dios.

2. Cultiva un punto de vista alegre. El Dr. Johnson dijo que tiene un valor de $3.000 por año para cualquier persona.

3. Haz lo mejor de ti con honestidad, piensa lo correcto y sin duda, el Señor proveerá. Él hará la provisión por medio de ti.

4. Dios siempre se ocupará de los que lo aman y confían en Él y hacen su voluntad con sinceridad.

5. La prosperidad no siempre se debe concebir en términos de dinero, sino como un flujo constante de las bendiciones de Dios.

6. Nunca pienses o hables en términos de escases, porque al hacerlo, estás decretando justo eso. Y los pensamientos de escases crean una condición de escases.

7. Insiste en los pensamientos de plenitud, los cuales ayudan a crear plenitud.

8. Los pensamientos y las palabras forman tu imagen mental. Y como nos convertimos en la imagen mental que creamos, asegúrate de que tus pensamientos y palabras expresen prosperidad y bendición en lugar de pobreza y derrota.

9. Cada día, elimina de tu mente los pensamientos de escases y rellénala con pensamientos dinámicos de abundancia.

SEIS

Haz que la magia del entusiasmo siga trabajando a tu favor

Estando fuera de la ciudad, cumpliendo con un compromiso para dar una charla, entré por un momento al almuerzo de un Club Rotario para "justificar mi presencia", como es la norma entre los rotarios. Seleccioné una mesa al azar y me presenté a los otros hombres que estaban a la mesa y me tomó un poco por sorpresa cuando uno de ellos gruñó, aunque de manera jocosa: "¿Entonces usted es Norman Peale, no? Bueno, espero que pueda hacer algo por mí. Siéntese y comience a derramar sabiduría".

Era evidente que no estaba siendo tan rudo como sonaba, solo era lo que llamaríamos un diamante en bruto. Encontré que era un hombre muy agradable que tenía una forma de ser un poco burlona o desafiante. "Ahora, no me presente nada de esas cosas de pensamiento positivo", prosiguió, "porque estoy hundido, acabado, raspando el fondo. Entonces, ¿qué tiene para ofrecer?". Así que prosiguió con una confesión imparable, absoluta y sin reservas. Al parecer, no le importó la presencia de todos los que lo escuchaban, porque lo expresó con un tipo de voz alta que todos y cada uno no podían evitar escuchar.

Estoy completamente carente de entusiasmo y lo que usted siempre está tratando de vender es justo eso, entusiasmo. Y no creo que no he leído todos sus libros. Los he leído todos. También me gustan y son efectivos, pero no sé por qué no han hecho efecto en mí. ¿Entonces, hacia dónde puedo dirigirme a partir de este punto? ¿Cómo puedo tomar ese entusiasmo y retomar el curso?".

Dejé que fuera directo desde el comienzo. Él deseaba una respuesta y como no era reservado para hablar, yo tampoco lo fui, o tampoco me importó que otros escucharan. Así que dije: "Lo que necesita es a Dios".

Esto de verdad lo impactó y hubieras podido usar un cuchillo para cortar el silencio que se impuso alrededor de nosotros. Sin embargo, un par de amigos del otro lado de la mesa tenían una mirada en sus rostros que evidenciaba que yo no estaba solo. Esperé una respuesta blasfema que, a juzgar por su carácter, sería la más obvia; pero en realidad, nunca sabes lo que de verdad hay en el carácter, es decir no se sabe de qué está hecho en realidad cada hombre.

Cuando finalmente habló, lo hizo con mucha calma: "Quizá tenga algo de razón en esto. Pero, por favor, haga la conexión por mí entre el entusiasmo y Dios".

"Seguro que sí", le dije, y tomando el menú de la mesa escribí en su lado blanco la palabra entusiasmo en grandes letras. "¿Alguna vez estudió el origen y la derivación de las palabras?", le pregunté. "Aprenderá algo si lo hace, cosas que nunca antes había conocido. ¿De dónde supone que obtenemos esa palabra entusiasmo que todos usamos sin profundizar en su significado?".

"¿Cómo podría saberlo?", respondió mi amigo rotario. "Nunca he estudiado las palabras, pero puedo entender cuando se explica un punto, así que ¿cuál es su punto?".

"Bueno", respondí, "la palabra entusiasmo viene de dos palabras griegas: EN y THEOS. La primera significa EN, y la segunda es la palabra griega para Dios, así que, en realidad, la palabra entusiasmo significa EN DIOS, o, en otras palabras, LLENO DE DIOS. Así que, para volver a su pregunta de cómo puede obtener y mantener el entusiasmo, la respuesta es llenándose de Dios y permaneciendo así".

"¿Me va a predicar un sermonete?", gruñó nuestro amigo, pero en realidad en esta ocasión no fue tan rudo.

"¿Por qué no? Usted lo pidió. Yo no puse el tema, usted lo hizo". En este punto, los dos compañeros del otro lado de la mesa replicaron con afirmación y tuvimos una emocionante sesión durante el almuerzo sobre cómo hacer que el entusiasmo funcionara. Debajo de esa apariencia ruda, este hombre quería algo.

El entusiasmo puede funcionar para ti y el no contar con él puede funcionar igual de bien en tu contra. Esto es un hecho debido a la gran importancia que tiene el ánimo en el desempeño de la vida exitosa. Sea lo que sea que suceda, sin importar las pérdidas que sufras, si no dejas que tu espíritu se hunda o colapse, tu capacidad de recuperación seguirá funcionando; y todos tenemos ese potencial de recuperación. Pero cuando tu espíritu se tranquiliza, entonces tu personalidad puede volverse frágil y, aunque antes podías soportar los golpes más duros, ahora cualquier insignificante empujón puede debilitarte o incluso romperte.

En una fundidora de bronce vi como vertían metal derretido a 2.200 grados desde crisoles hechos de un material traslúcido que brillaba como fuego cuando estaba caliente. El superintendente de la fundición, que me estaba mostrando todo el lugar, tomó un gran mazo y sosteniéndolo con ambas manos dio fuertes golpes contra un crisol caliente que estaba vacío. Lo mejor que podía hacer eran pequeñas abolladuras casi imperceptibles en los costados. Luego, tomó un pequeño martillo y se acercó a un crisol que se había enfriado por completo. Con un corto movimiento, de solo la muñeca, golpeó suavemente el frío crisol y lo destrozó.

"Nada puede romper estos crisoles cuando están calientes", dijo, "pero cualquier cosa los puede romper cuando están fríos". Luego, añadió mostrando su mentalidad filosófica: "Es muy difícil romper a un hombre cuyo espíritu es caliente, pero hasta las cosas más pequeñas lo romperán por completo cuando su espíritu se enfría".

Esa era una buena manera de decir que la falta de entusiasmo obra en contra tuya, mientras que es como magia cuando trabaja para ti.

Ahora, no voy a prometerte que el entusiasmo, esa clase de entusiasmo que de verdad trabaja para ti, es una cualidad superficial que puedes tomar y explotar sin tener muchas dificultades para obtenerla. El hecho es que obtenerlo suele implicar un amplio proceso de reeducación. Puede, y quizá signifique una completa reparación de tus patrones de comportamiento. Sin duda, requerirá práctica, porque es una habilidad que se adquiere en un grado considerable. En esencia, como ya lo he mencionado, el entusiasmo profundo en realidad es espiritual en su tono y en su contenido. Esta es justo la razón que le sugerí a nuestro amigo de poco ánimo en el almuerzo del Club Rotario, que necesitaba a Dios. Si quieres un entusiasmo que funcione para ti, debo decirte con toda honestidad que también vas a necesitar a Dios.

Quizá podemos hacer un énfasis más claro al darte un claro resumen de qué es lo que queremos decir con necesitar y tener a Dios. Creo que la mejor forma de comunicarte este concepto es con la experiencia de un hombre, y estoy pensando en mi amigo Fred R_____.

Fred era el hijo desorganizado de un acaudalado padre que tenía una empresa pequeña con una buena operación. Él siempre tuvo una personalidad encantadora y una mente muy buena, pero bajo sus actitudes relajadas, no era muy feliz. Resulta que un amigo lo llamó y le pidió que fuera a New Haven una noche para una gran reunión en la que el misionero E. Stanley Jones iba a hablar.

"¡Yo ir a escuchar a un misionero! No me hagas reír", dijo Fred. Pero su amigo insistió y a Fred le gustaba complacer a sus amigos.

Jones impactó a Fred, en realidad llegó a su corazón, y cuando dijo que quienes quisieran profundizar en la vida espiritual podían quedarse para una reunión en privado, Fred fue el primero en aceptar. Antes de que la reunión terminara, había comprometido su vida a Dios. Parece muy rápido, es verdad, y los escépticos podrían burlarse de eso como algo superficial y opinar que no duraría mucho, al menos no con Fred; alguien como él no se mantendría.

¿Alguien como quién? Eso no se ajusta por completo al dicho de que un hombre es lo que parece.

El Dr. Jones les dijo a los nuevos convertidos que un primer paso en la nueva vida era comenzar de inmediato a trabajar en su espiritualidad. Fred siempre estaba en la jugada y temprano en la mañana del día siguiente llegó a la casa del pastor metodista.

"¿Quién está ahí?", preguntó el somnoliento pastor desde una ventana del segundo piso.

"Soy Fred R y tengo necesidad de hablar de Dios. Quiero comenzar. ¡Baje y ábrame!".

"¿Por qué no toma una clase de religión en una hora más cómoda?", le preguntó el ministro mostrando algo de mal humor.

"¿Le gustaría tomar un café?", preguntó Fred. Y poco después, tras freír unos huevos en una sartén, los dos hombres estaban sentados a la mesa de la cocina, el pastor todavía estaba en un leve estado de impresión. No podía creer lo que veía, esta extraña luz en el rostro de Fred. Desde luego, siempre había creído en la conversión. ¿Podía ser que este relajado joven de verdad había conocido a Jesucristo?

Tras esa conferencia en la cocina, comenzaron a suceder cosas en una iglesia, y en una ciudad y en una gran cantidad de personas.

El pastor apenas sabía qué hacer con el entusiasmo imparable de este zelote, que no dejaba de decirle al pastor: "Hagamos el trabajo y dejémonos de tonterías con el cristianismo". Así que el pastor designó a Fred como miembro oficial de la junta. En la primera reunión, escuchó el aburrido informe del tesorero donde decía que la iglesia tenía un déficit de gastos de unos $8.000 dólares. Él saltó de inmediato.

"Esta es una desgracia", gritó. Pero los miembros de mayor edad, conociendo a Fred, se incomodaron y trataron de mantenerlo en su lugar. Sin embargo, él los superó. "Comencemos a pagar esto ahora mismo".

"Tuvieron que aportar", explicó Fred después, "porque los avergoncé al hacerme cargo yo mismo de una buena parte". Logró disminuir ese déficit en tan solo unos días después de entrar a hacer parte de la junta. Alborotó algunos avisperos, pero en su llameante alma había algo que hacía pensar a los demás. Había pasado mucho tiempo desde cuando habían visto a un ser humano verdaderamente transformado. Algunos nunca habían visto uno en toda su experiencia asistiendo a la iglesia.

Fred organizó un grupo de discusión de hombres espirituales de negocios, con quienes se reunía para almorzar una vez por semana. Podía transmitir con eficacia su propia experiencia. La ciudad comenzó a sentir el impacto.

Luego, fue en busca de los adolescentes. Organizó una clase que se reunía los domingos en la mañana donde Fred abordaba de frente todos los problemas de los jóvenes, y me refiero a todos. A los chicos les fascinaba. Durante 25 años, ha convertido a algunos de los hombres y mujeres más sofisticados que jamás hayas visto.

Una noche, en un avión que iba rumbo a California, conocí a un apuesto joven ejecutivo. Me habló sobre su trabajo, su liderazgo en su comunidad y todo lo que su iglesia significaba para él. "¿De dónde obtuviste este entusiasmo?", le pregunté.

"Usted debería saberlo", dijo. "Lo obtuve de Fred R _____. Me siento orgulloso de ser uno de sus chicos", dijo con sus ojos llenos de lágrimas, o quizás eran los míos.

Una vez al año, él trae su clase en un bus lleno a mi iglesia en Nueva York para que escuchen mi sermón. Tiempo después, me acostumbré a eso, pero nunca olvidaré la primera vez que trajo a sus jóvenes. Apenas me conocía, pero me llamó y dijo: "Hola, Norman, mis baterías necesitan recargarse y también las de mis chicos. Los voy a llevar el domingo, así que, por amor de Dios, ten algo bueno". Él niega haberlo dicho así, pero yo tengo buena memoria.

Fred R _____ es sin duda uno de los mejores laicos que haya conocido jamás y uno de los mejores seres humanos. Tiene un entusiasmo que de verdad entusiasma y lo obtuvo directo de Dios. Y es a eso a lo que me refiero cuando equiparo el entusiasmo con Dios. Fred demostró la fórmula dinámica; entusiasmo equivale a EN THEOS (lleno de Dios).

El introducir a Dios en la fórmula del entusiasmo no viene de una razón misteriosa o complicada. Es solo que Dios es la fuerza de vida de la cual, o de quien proviene toda la vida. Y la Biblia lo pone en estos términos: "En Él estaba la vida...". (Juan 1:14). Y de nuevo: "Porque en él vivimos, y nos movemos, y somos...". (Hechos 17: 28). Dios es vida así que, si no tienes a Dios en ti, entonces tu fuerza de vida está en sus bajos mínimos. Y cuando tengas vida, entonces tendrás un continuo entusiasmo del tipo que tiene potencia real, vitalidad y poder; en resumen, la clase de entusiasmo que le da significado y felicidad a todo el proyecto de vida.

¿Cómo puede alguien sentirse menos entusiasta en este mundo emocionante y lleno de acción? Qué lástima que haya seres humanos cuyas vidas no sean interesantes para ellos. Todos tenemos a nuestra disposición reservas ilimitadas de ánimo nuevo para la vida. Y siempre estoy conociendo personas que han descubierto este hecho maravilloso.

Un día de primavera, viajé unas 200 millas en auto con uno de los hombres más entusiastas y vibrantemente vivos que haya encontrado. El clima ese día estaba muy cambiante, con brisas frías y cálidas, nubes que iban y venían, lloviznas y momentos de mucho sol, que cambiaban con rapidez. El campo estaba cubierto de la frescura de la primavera. La vía por la que íbamos ondulaba subiendo colinas y bajando a valles.

Con cada vuelta, mi compañero encontraba una razón para deleitarse. "¿Qué es más hermoso...?", preguntó señalando los campos que pasábamos. "¿Qué es más hermoso que un rebaño de ovejas en unos verdes pastos como aquellos?".

Pocos minutos después, maravillándose con los largos rayos del sol que penetraban las espesas nubes, exclamó: "Parece una luz proveniente del cielo, ¿no crees?".

Y al momento siguiente, señalando con su mano en dirección de una hermosa casa vieja de ladrillo en medio de majestuosos pinos, afirmó: "¡Ah! ¡Ahí tienes en todo su esplendor cómo fueron los Estados Unidos en sus comienzos!".

Al notar un pequeño arrollo que salpicaba descendiendo por una colina y pasaba por debajo de un pequeño puente, habló sobre la belleza del "agua clara y fresca fluyendo sobre rocas limpias".

En el horizonte surgieron grandes nubes oscuras y exhaló un profundo suspiro de emoción diciendo: "¡Solo da un vistazo a la grandeza de ese cielo!".

En el camino paramos por gasolina. Me encontré preguntándome si mi exuberante amigo encontraría algo que le activaría su admiración en una estación de servicio que más bien se veía ordinaria. Y en efecto así fue, sobre un muro del edificio había arbustos de lirios cubiertos con hermosas flores. Ahora, para mí no hay otra flor que sea más encantadora que los lirios. Cada año espero con ansias verlos florecidos en la primavera. Pero nunca había escuchado a alguien así de emocionado con un arbusto de lirios como a este hombre tan asombrosamente entusiasta.

"Rara vez conozco a hombres con tanto entusiasmo como el tuyo. ¿Cómo puedes tener tanto?", le pregunté.

"Supongo que estoy teniendo mi propia primavera, algo así como una primavera espiritual. He vuelto a nacer". Explicó que había tenido una nueva consciencia espiritual y estaba experimentando a Dios como una realidad. Citó las grandes palabras de San Pablo: "Así también nosotros andemos en vida nueva". (Romanos 6: 4).

"Eso es lo que estoy haciendo", dijo sonriendo.

"Seguro que sí", asentí.

He visto a tantas personas cobrar vida por medio del entusiasmo, que debo confesar que me entusiasma el entusiasmo.

El entusiasmo libera el impulso que te lleva a superar obstáculos que de otra forma nunca podrías sobrepasar. Tonifica tu vitalidad física y te mantiene en marcha incluso cuando el avance es difícil. Invierte los altibajos de la vida cotidiana convirtiéndolos en nuevas fuerzas y le da significado a todo lo que haces.

El entusiasmo es maravilloso. Da calidez y un buen sentimiento a todas tus relaciones personales. Tu entusiasmo se vuelve contagioso y estimula y atrae a otros. Te aman por tu entusiasmo. Hace que te apoyen y también que te acompañen.

Las personas a menudo objetan esta manera de pensar y dicen: "Pero ¿de qué sirve conocer todo esto, si no te sientes entusiasta?". No puedes tener entusiasmo con solo decir que lo tienes; no te entusiasmas con decidir serlo, ¡así nada más!

Pero es justo ahí donde muchos están equivocados, muy equivocados. Puedes volverte una persona entusiasta al afirmar que eres justo eso, al pensar con entusiasmo, al hablar de entusiasmo, al actuar de manera entusiasta. Llegarás a ser entusiasta, de verdad. Cuando te asocias con el entusiasmo durante el tiempo suficiente, este toma el control en tu interior.

Esto está basado en una sencilla ley sicológica. En la naturaleza humana hay una profunda tendencia a convertirnos justo en lo que solemos imaginar de nosotros mismos. Es el acto de imaginar, crear o pintar imágenes. Retén ciertas imágenes en tu consciencia y, como si fuera una película fotográfica sensible, toma esas fotografías. En realidad, podemos convertirnos en lo que imaginamos. De hecho, puedes estar completamente seguro de que en este mismo momento tienes lo que imaginaste o pensaste por muchos años. Si te falta entusiasmo y felicidad, solo has un repaso mental y suma todas las imágenes apagadas, desanimadas o negativas de ti mismo que por mucho tiempo has introducido en tu consciencia sensible, la cual siempre está lista para seguir tus propuestas. Solo eso puede salir de alguien que lo haya puesto primero en su interior. ¿Cuándo nos aferraremos al fabuloso hecho de que podemos edificarnos o derribarnos con lo que nos hacemos a nosotros mismos con las imágenes que guardamos?

Así que usa esta afirmación varias veces al día: "Pienso entusiasmo, imagino entusiasmo: practico entusiasmo". Hazlo por un mes y no dejes de hacerlo. Si te distraes y no lo haces, vuelve a empezar. Sigue haciéndolo y tendrás la sorpresa de tu vida. Y todos los que te rodean se asombrarán y estarán complacidos, porque serás muy diferente cuando el entusiasmo de verdad comience a funcionar a tu favor.

Tras haberles prescrito este tratamiento a tantas personas, por supuesto que no dudo de su efectividad. Aférrate al entusiasmo, hazlo de manera intencional y él se aferrará a ti, así como a todo lo que enfrentes.

En lo personal, tengo una gran deuda con la aplicación de estos principios y técnicas en mi propia experiencia. Por naturaleza, yo era una persona negativa, asustada, intimidada por mis propias y dolorosas inseguridades. Pero, afortunadamente para mí, fui criado en un hogar que estaba lleno de entusiasmo. No teníamos muchos de los bienes de este mundo. El salario más alto que mi padre alguna vez ganó mientras yo crecía, fue de unos $4.000 dólares al año, aunque era más dinero en aquellos días. Pero podrías decir que éramos las personas más ricas del mundo; lo éramos porque teníamos una madre y un padre que amaban la vida. Les fascinaba y les encantaba. Ellos veían la belleza y el romance en todas partes.

Por ejemplo, al momento de escribir esto, voy en un tren pasando por el fabuloso Condado de Frazer River, en Colorado. Es un glorioso día de febrero. Miro por la ventana los cielos azules, hay unas pocas nubes blancas flotando y veo toda la masa de las Montañas Rocosas cubiertas con nieve. Desde el lado del tren hasta el magnífico panorama a lo lejos de nobles picos, pareciera que sobre la profunda y suave nieve brillaran diamantes. Los altos y majestuosos pinos están engalanados de nieve como si una mano gigante los hubiese rociado con trozos de algodón como lo hacemos con nuestros árboles de Navidad.

Todo esto me hace recordar un valle mucho menos espectacular en el Sur de Ohio y una tarde de invierno hace mucho tiempo en que mi padre era pastor de una pequeña iglesia campesina y yo lo iba acompañando a un servicio en una noche del domingo. Íbamos en una carreta detrás de nuestro viejo "Duck", nuestro fiel caballo blanco. La nieve caía sobre los campos de trigo con rastrojo y se estaba acumulando en montones a lo largo de las cercas. El camino era casi indistinguible. "Vaya, papá, va a ser una noche terrible", dije. "No va a haber nadie en la iglesia y ¿cómo vamos a volver a casa?". Luego, mi padre comenzó a describir la "gloria y el poderío de la tormenta". Habló del poder de los elementos, la solitaria hermosura del blanco paisaje. Describió la acogedora calidez dentro de las pequeñas casas de granjas a lo largo del camino con humo azul que salía de las chimeneas de sus cocinas. Él era un gran predicador y me encantaba oírlo hablar ante una congregación. Estaba emocionado, porque él mismo siempre estaba emocionado. Pero nunca lo escuche de mejor manera que en ese atardecer de invierno mientras le daba un "sermón" sobre la majestad de la naturaleza en una tormenta de nieve a un pequeño chico en una carreta recorriendo un camino por el campo.

Después del servicio, mientras Duck se esforzaba para llevarnos a casa, la tormenta ya había cesado y una luna llena iluminaba toda la campiña bajo una luz plateada y papá me dio otra charla sobre cómo las tormentas siempre pasan y la "gloria de Dios brilla después de ellas". Papá veía a Dios en todo. Quizás esa era la fuente de su asombroso entusiasmo. Mientras avanzábamos por la vía para poner a Duck en el establo, papá me dijo algo que nunca olvidé: "Norman, siempre sé entusiasta y toda tu vida será maravillosa".

Bien, debo admitir que no siempre he seguido su consejo, pero él de todas formas plantó una sabia idea en mí, la cual se desarrolló muchos años después. Mi trabajo en la vida es predicar y dar conferencias. Paso por mucha agonía porque siempre me ha dado nervios hablar ante un grupo pequeño y mucho más ante una gran multitud. Pero la compensación para mí es la emoción del entusiasmo cuando sobrepasa el sentimiento de inferioridad y comienzo a hablar en la plataforma o en el púlpito.

No soy un gran orador, eso lo entiendo muy bien, y el éxito que he tenido en ese sentido no se debe a alguna gran sabiduría, ni a entrenamiento, ni a estudios. Se debe a una sencilla fórmula de cuatro puntos:

> **1.** Sinceridad, absoluta sinceridad. Creo 100% en todo lo que digo.

2. Entusiasmo. Me emociono con lo que digo, me cautiva, así que debo, sencillamente, debo comunicárselo a otros. Ellos deben escuchar y espero que lo acepten.

3. Lo hago con lenguaje y pensamientos sencillos.

4. El mensaje debe ser interesante. ¡¿Cómo puede aburrir el material más emocionante del mundo?!

Justo el domingo pasado estaba predicando sobre el tema "El entusiasmo empodera la vida de éxito". Les dije a los asistentes con todo lo que tenía, lo maravillosa que Jesucristo podía hacer la vida para ellos. Se me agotó el tiempo y tuve que parar. Siempre procuro parar a los 25 minutos. Luego, la gran congregación se puso de pie y cantaron ese tremendo himno "Soldados cristianos, adelante", tras lo cual nuestro organista, Charles R. Cronham, pasó a ese gran himno titulado *Doxología y Alaba a Dios de quien vienen todas las bendiciones.*

Bueno, me encontré tan lleno de entusiasmo que apenas pude refrenarme de comenzar otro sermón. No pude resistirme a decir otras palabras, así que, mientras la congregación estaba de pie, en silencio esperando la bendición de despedida, se sorprendieron al escucharme decir: "Amigos, acabamos de cantar dos de los himnos más poderosos de la fe jamás escritos. Ustedes están tan emocionados como yo. Justo en este momento, todos están elevados en mente y espíritu. El inmenso poder de la fe está vivo en el interior de todos. Salgan ahora al mundo y vivan con ese poder".

Créeme, el entusiasmo estaba trabajando para todos en esa iglesia en ese momento. Bajo la refulgente luz que pasaba por los vitrales de las ventanas y caía sobre las personas, vi reflejada en sus rostros otra luz interna. Fue un momento inolvidable. Ir a la iglesia puede ser una experiencia emocionante. Así fue aquel día.

Debo decir que, en cuanto a mí, el poder del entusiasmo siempre ha funcionado en mi vida y es por eso que he animado a otros a que dejen que también obre a su favor. Si pudiera hacer lo que ha hecho conmigo con mis escasas habilidades, no hay duda de que también puede hacer mucho por ti.

He tenido el privilegio de hablar en muchas convenciones de hombres de negocios y vendedores. Quiero hablarte de un vendedor que conocí en una convención nacional de ventas.

Él no tenía el hábito de ir a convenciones a las que, desde luego, asisten hombres que quieren perfeccionar su rendimiento, los procesos reales. Este hombre no tenía suficiente impulso para llegar por su propia cuenta a una convención de trabajo. Motivación era justo lo que no tenía. Estaba allá porque tenía un jefe que se interesaba en sus hombres y de hecho lo había presionado para ir al viaje "con la leve esperanza" como lo dijo el empleador, "de que yo pudiera activar ese carácter. Él tiene lo que se necesita, si tan solo tuviera algo que lo pusiera en movimiento. Quisiera que pudieras hablar con él después de tu discurso si te fuera posible tomar el tiempo. Si puedes, enciende una hoguera debajo de él". "Mejor crear ese fuego en él en lugar de hacerlo debajo de él, ¿no crees?", le respondí.

Mientras hablaba en el almuerzo en la sala de conferencias del Hilton Conrad de Chicago, vi a mi amigo empleador en la mesa del frente. Cuando captó mi mirada, asintió de forma caprichosa en dirección al hombre que estaba a su lado, como si dijera: "Aquí está, trabaja con él".

Era claro que este vendedor llamado Frank era alguien agradable, uno de esos hombres geniales y relajados, pero demasiado relajado y quizá también demasiado genial. Escuchó mi charla y sentí que había logrado una respuesta moderada de su parte. Tras la reunión, se acercó a la mesa principal y por su cuenta, aunque sospeché que había sido entrenado para eso, quería saber si podía conversar un poco con él. Lo invité a mi habitación en el veinteavo piso, que tenía una magnífica vista panorámica de la Avenida Michigan y el Lago Michigan. El sol brillaba en las ventanas.

"Soy un vendedor sin cuenta y estoy aquí porque mi jefe me trajo; él es un hombre muy bueno, que le está ladrando al árbol equivocado con la esperanza de hacer que yo sea un gran productor". Así fue como abrió la conversación.

"Un pensador negativo, ¿cierto?", le respondí. "Alguien que se desprecia a sí mismo haciendo gran énfasis en la disposición a fracasar". Hablaba más bien para mí como haciendo un análisis objetivo (y era justo lo que estaba haciendo).

"Por favor, repita todo eso una vez más".

Lo repetí añadiendo: "Una reacción mental letárgica, ausencia de factores de motivación. Quizá se resiente de su niñez y su esposa no lo entiende".

Desde su silla, dijo: "Pensé que no nos habíamos conocido. ¿Quién le dio un resumen de mi vida? Me conoce como a un libro".

"Nadie lo ha hecho. Su jefe me habló de usted, pero él cree en usted, el Señor sabe por qué. No veo mayor cosa en lo que se pueda creer". Y pronto añadí: "Sé que en usted hay algo que nunca se ha revelado y que podría valer la pena creer en ello".

"Vaya, usted es alguien rudo. Creí que los pastores eran personas amables", dijo.

"Depende del tratamiento requerido. Somos amables cuando es necesaria la amabilidad y rudos cuando es indicado hacer uso de la rudeza. El objetivo es ayudar al paciente, que en este caso es usted".

"Ok, seré claro. Todo lo que ha dicho es verdad, pero hay una cosa de la que no soy culpable y es de algún asunto inmoral. Le he sido 100% fiel a mi esposa. No bebo mucho. De hecho, soy alguien muy moral. Odio las cosas desagradables y el idioma racista. Soy un patán aburrido, apático y perezoso, y tiene razón respecto a mis padres y mi esposa, siempre están tratando de presionarme". Se hundió abatido en su silla.

"Bien, esta es su prescripción:", dije, escribiéndola en la hoja de una libreta de hotel. Incluso escribí R/ como escriben en prescripciones médicas. "Eso significa TOMA", dije. "Y recuerde, ninguna prescripción vale dos centavos a menos que la tomes como se instruye".

Miró el papel: "Practique el entusiasmo a diario". Me miró con asombro. "Pero no tengo nada de entusiasmo. Necesito tenerlo antes de practicarlo".

"Oh, no", dije, "las cosas son a la inversa. Comience practicándolo y lo tendrá".

"Pero ¿cómo comienza? Pensé que iba a orar conmigo".

"Espere un momento. No he terminado todavía. La oración tiene su lugar correcto en todo esto. Pero ¿cómo puede esperar estimular su motivación a menos que vaya a la misma fuente del dinamismo?".

Así que inicié su primera lección. "Póngase de pie y camine por la habitación y comience a enumerar las cosas que ve que le traen entusiasmo". Caminó alrededor y finalmente dijo: "No veo ni una sola cosa".

"Sin duda está lleno de puntos ciegos. ¿Qué son esas dos cosas sobre las que está caminando?"

"¿Cómo así?, Claro que son mis pies".

"Bien, márquelos como número uno. Considere que tiene dos pies. ¿Cómo se sentiría si tuviera solo uno, o quizá ninguno? No hay nada como dos buenos y viejos pies, en especial cuando tienes piernas que los acompañan".

"Nunca pensé en eso", dijo.

"Sí, sé que hay muchas cosas en las que nunca ha pensado, pero va a tener que cambiar su proceso mental. ¿Qué otra cosa ve?", le pregunté.

"Mis manos, mis brazos, mis ojos, la nariz, la boca, la cabeza, estoy muy por delante de usted". Sin duda, lo captó muy rápido. "Mire la luz del sol entrando a esta habitación", exclamó. Corrió las cortinas. "Y esa maravillosa calle allá afuera y el lago azul más allá. Ya capto la idea. Se trata de comenzar a pensar con entusiasmo en todo. Eso es. ¿No es cierto?".

"Sí, eso es", le dije. "Y a medida que practica hacerlo, esto a su tiempo será algo natural para usted. Es más, encontrará un aumento en la agudeza de la sensibilidad. Percibirá y sentirá con una consciencia fresca y aguda. Cuando esto suceda, sabrá que todo está bien, porque una exquisita felicidad llenará su vida. Esto significará que está vivo al fin, y su descripción de sí mismo ya no será de aburrido, apático y perezoso. El entusiasmo de verdad comenzará a trabajar para usted".

"¿Qué tal si oramos?", preguntó mientras yo me preparaba para salir hacia el aeropuerto.

"Seguro, oremos", dije. Un silenció cayó entre los dos. "Bueno, comience a orar", le animé.

"Ah, ¿usted quiere que ore? No tengo el hábito".

"No hay mejor momento que ahora para comenzar con el hábito", respondí. Sabía que él quería orar.

"Señor", dijo con renuencia, "ya no quiero ser lo que he sido, es más, no voy a serlo. Gracias por todo. Por favor dame entusiasmo por mi trabajo, por la vida, por todo. Señor, eres maravilloso. Amén".

"¿Por qué añadió esa última línea?" Pregunté con curiosidad. "No lo sé, solo se me ocurrió que Él es maravilloso". "Usted también", dije. "Y, como dicen, no ha visto nada todavía si continúa con este programa de entusiasmo, y sé que lo hará".

Mi objetivo no era hacer un buen vendedor de alguien indiferente. Lo que deseaba era ayudar a un hombre medio muerto a cobrar vida por completo. Sabía que a medida que aprendiera a participar de la vida con vitalidad, estaría mejor capacitado para comunicar y así las ventas vendrían por su cuenta. Él tenía los conocimientos necesarios, solo carecía del saber cómo hacer las cosas, que es igual de importante. Pero a medida que crecía en entusiasmo, las personas que había conocido a este hombre indolente, adormilado y medio despierto se asombraron con la metamorfosis demostrada en su nueva perspectiva y en su actitud mejorada.

Esquilo, el primero de los grandes dramaturgos griegos de la Antigüedad, declaró: "La felicidad viene de la salud del alma". La salud del alma implica buena voluntad en lugar de odio, ser extrovertido en lugar de ser egoísta, tener entusiasmo en lugar de cinismo, y fe en lugar de duda.

Practica el entusiasmo a diario y lleno de gozo. Practica apreciar el mundo de Dios hasta que lo hagas de manera natural. Agradece a diario tus bendiciones. Adquiere el hábito de tener pensamientos felices. Date a la tarea de hacer felices a otros. Esa es tu fórmula para tener verdadera felicidad y entusiasmo, y también valdrá la pena.

Así que es un hecho que tú y yo somos lo que practicamos. Practica negativismo y obtendrás resultados negativos. ¿Por qué no? ¿Te has hecho un experto en negativismo? Practica el fracaso y de seguro puedes contar con que fracasarás. Practica el entusiasmo incluso en las cosas más comunes y presenciarás que el inmenso poder del entusiasmo comenzará a obrar maravillas para ti.

Al cerrar este capítulo siento el deber de advertirte que el cambio de la desmesura al entusiasmo no necesariamente se da con facilidad o rapidez. Hay una palabra poco usada en estos días que puedes centralizar muy bien en tu vocabulario. Esa es la palabra perseverar. Puedes decir algo respecto a lo que está sucediendo en un país por el cambio en el énfasis de uso de esa palabra. En los grandes días cuando los hombres trabajadores que buscaban alcanzar metas hacían de los Estados Unidos la tremenda tierra en la que se convirtió, las palabras importantes eran honestidad, trabajo, ahorro y perseverancia.

Todas esas palabras han tenido bastantes dificultades en los últimos años y eso podría ser un síntoma de lo que anda mal con nosotros. Yo apoyo el ponerlas de vuelta en circulación. A cualquier costo, es un hecho que vas a tener que perseverar para desarrollar entusiasmo y una personalidad hospitalaria. Pero el resultado final bien valdrá la pena el esfuerzo, así sea largo y doloroso. Por ejemplo, el caso de una mujer que me escribió la siguiente fascinante carta. Esta carta, escrita en papel de cartas para mujeres, tenía rosas sobre un trasfondo de color rosado claro. Por lo general, yo no soy muy aficionado a ese tipo de papelería. Pero cuando terminé de leer esta carta, sin duda reconocí que había una buena razón para usar un toque tan alegre con las rosas. Provenía de una mujer en Indiana que había surgido de un largo periodo de infelicidad y frustración, pasando al gozo emocionante de una vida transformada. Ella escribió:

"Hace ocho años, mi vida estaba en un estado negativo, y eso es para decirlo en términos suaves. Sabiendo que debía hacer algo, decidí desempolvar la Biblia y tener una hora cada día para orar y meditar. Poco después de esto, me tropecé con su libro, *El poder del pensamiento positivo*. Probé las técnicas que usted mencionaba. Durante dos años completos estudié, medité, oré, me disciplimé, y al parecer, nada sucedía".

Observa ese "dos años completos". Ella de verdad estaba demostrando perseverancia, ¿no crees? Muchas personas se desaniman con mucha facilidad con un programa de esfuerzo diario ¡antes de incluso terminar la segunda semana! Pero esta mujer persistió a lo largo de dos largos años, aunque todavía no veía resultados. Eso dice mucho de ella, créeme.

"Luego, una noche, muy tarde, cuando todos estaban durmiendo", continúa su carta, "estando en un punto en el que sentía que había hecho todo lo posible para mejorar las situaciones...".

Este es el punto crítico, donde el problema cuelga de la balanza, donde el mayor peligro es perder la esperanza y aceptar la derrota, quizás incluso perder la fe en Dios y amargarse. Cuando estás al límite y tienes la sensación de que has hecho todo lo que está a tu alcance, ¿qué puedes hacer entonces? ¿Por qué es este el momento para perseverar y seguir haciéndolo? ¿Qué hizo esta mujer?

"Me arrodillé", escribe, "y le dije todo a Dios. Oré como nunca antes había orado. Esa maravillosa paz se introdujo en mí y el cálido brillo de algún tipo de amor me envolvió. Como después lo entendí, había llegado a un completo abandono, después de un periodo de arrepentimiento y de tristeza piadosa.

Luego, vi muchas cosas con claridad. Los pasajes de las escrituras con los que me había saturado tomaron un nuevo significado. Todo el mundo se veía diferente. Era como si estuviera viendo los árboles por primera vez, las flores y su fragancia; como si ahora tuviera un entendimiento de la vida misma.

Esta experiencia cambió toda mi vida. Era tan maravillosa que cuando la relato, a veces olvido mencionar la sanidad física que se dio en mí, para mí fue mucho más importante la sanidad del alma. Tres dolencias físicas fueron quitadas, dos condiciones orgánicas y una funcional. El problema orgánico había sido tan doloroso que casi todo el tiempo estaba bajo el efecto de barbitúricos. Pero los síntomas nunca regresaron.

"Al día siguiente, comencé a limpiar toda mi vida, haciendo retribución siempre que podía.

Ahora, de hecho, siento gozo incluso en medio de las situaciones más asombrosas, y tengo una valentía que me asombra. El temor se ha ido y estoy segura de que hay un más allá, uno muy hermoso. Dios me permitió experimentar un renacimiento o despertar del alma que no para de crecer. ¡Vaya! ¡La vida es muy emocionante!

Hago mi mejor esfuerzo por ser de ayuda a otros seres humanos, a personas infelices, y veo que sus vidas están comenzando a cambiar".

Es una carta fabulosa, ¿no crees? Esta persona encontró algo que cambió todo para ella. Cuando se trata de esta profundidad, llegas a tener armonía con la bondad de Dios, te disciplinas y sigues con ella, perseveras de verdad y te condicionas para que el poder de Dios fluya en tu vida.

Entonces el gran poder del entusiasmo comenzará a trabajar, de verdad trabajará para ti. ¡Resultado! En lugar de ir a empujones por la vida, te harás cargo de tu vida. Las cosas serán muy diferentes y muy emocionantes.

Resumen de

Haz que la magia del entusiasmo siga trabajando a tu favor

1. Entusiasmo es una palabra que significa lleno de Dios, así que para tener entusiasmo llena tu mente de Dios.

2. Los golpes de la vida no pueden romper a una persona cuyo espíritu ha sido calentado con el fuego del entusiasmo. Solo cuando el entusiasmo se enfría ella está expuesta para romperse.

3. Si no tienes entusiasmo, necesitas renacer espiritualmente. Esta experiencia te haría volver a la vida. Estudia el texto bíblico... "así también nosotros andemos en vida nueva". (Romanos 6: 4).

4. Recuérdate cada mañana tu propia habilidad, tu buena mente y afirma que puedes hacer de tu vida algo muy bueno.

5. Desocupa los viejos pensamientos y renace en tu mente y en tu espíritu. El renacimiento refresca la personalidad.

6. Ten un ojo para el carisma y el romance de la vida y practica el estar vivo.

7. Para tener entusiasmo, solo practica el ser entusiasta.

8. Puedes hacerte entusiasta al afirmar el entusiasmo y al pensar, hablar y actuar con entusiasmo.

9. Comienza y termina cada día agradeciendo a Dios por todo y hazlo también a lo largo del mismo.

10. Persevera en tu búsqueda de Dios. Cuando lo encuentres, el ánimo y el entusiasmo llenarán tu mente hasta rebozar.

SIETE

Siéntete saludable sin tener que depender de medicamentos

Por favor, no interpretes en el título de este capítulo que estoy en contra de los medicamentos y la medicina. De hecho, yo mismo los tomo de vez en cuando. Solo que me preocupa la esclavizante dependencia de las pastillas en lugar del apoyo en los recursos básicos de salud y vitalidad que se encuentran en el pensamiento adecuado y en el poder curativo de la fe. Lo que esperamos hacer en este capítulo es mostrar cómo algunas personas han encontrado plenitud en su salud y vitalidad, y han aumentado su fortaleza mediante la aplicación del pensamiento adecuado, en especial, el pensamiento espiritual.

Una de ellas, es la historia de un brillante estudiante universitario que había desarrollado una esclavizante dependencia en las pastillas. Era un perfeccionista; se había convertido en la víctima de una febril tensión, un padecimiento que parece estar aumentando entre los jóvenes. Pero este joven encontró el secreto de la salud física y emocional, como lo indica en su carta. Él relata su propia historia tan bien, que citaré sus palabras:

"Estoy en mi primer año de universidad, estudio ingeniería química en la Universidad de Illinois. Durante todos mis años de estudio fui perfeccionista; me esforzaba para mantener mis notas altas y ahorrar suficiente dinero como para poder continuar mi educación. Como resultado, me gradué ocupando el primer lugar en una clase de 300 alumnos, recibiendo el mayor premio de ciencias otorgado por mi escuela técnica; fue así como pude ahorrar lo suficiente para ir a la universidad, compré un auto, tenía bastante ropa y dinero necesario como para mis gastos; además, estaba saliendo con una chica maravillosa que pertenecía a la misma iglesia a la que yo asistía y por quién estoy loco de amor.

Bajo todos los estándares terrenales, debería considerarme muy afortunado, pero me faltaba lo que más deseaba: paz interior.

Cuando llegué aquí en septiembre, de inmediato comencé a dedicarme de lleno a la escuela. Al terminar mi primer semestre, había obtenido un promedio de 4.8 (sobre 5.0), pero cuando volvía a casa entre períodos, mis nervios estaban tan afectados, que me costaba mucho no ponerme a temblar. Mi padre insistió en que viera a un médico. Comencé a tomar montones de pastillas para los nervios, pero aun así no lograba calmarme. Estaba a punto de colapsar.

Fue justo en el momento en que mi madre me dio una serie de sus sermones y el milagro comenzó. Cuando volví este semestre, leí sus sermones con la mayor frecuencia posible y la paz interior y la confianza que recibí de ellos fueron increíbles. Mis nervios se tranquilizaron y desde entonces no he vuelto a tomar una pastilla. Guardo una caja de pastillas en mi armario como recordatorio de cómo solían ser las cosas antes de ponerme en las manos de Dios.

Este joven es muy generoso en cuanto a sus referencias a mis sermones impresos (que, a propósito, están disponibles para todos los lectores de este libro. Se publican tres cada mes y se les envían por correo a unas 350.000 personas en nuestros 50 Estados y a más de 100 países. Si deseas recibirlos con regularidad, solo escríbenos a "Foundation for Christian Living", Pawling, New York, mencionando la nota en este libro).

La experiencia creativa de este estudiante que, debo decir, no siempre ocurre con tanta rapidez, sugiere la mejora en el bienestar que obtenemos mediante un procedimiento mental espiritual que llamamos la práctica de la presencia de Jesús Cristo en la mente. Una renovación y reacondicionamiento definitivos de la mente suelen ocurrir como resultado de un uso estudiado y deliberado de esta técnica espiritual.

Déjame relatarte otro caso. Hace poco, un empresario me recordó nuestro encuentro en un tren hace un par de años, en un momento en el que él se encontraba en medio de una aguda crisis y de mucha tensión nerviosa. Él recuerda que le sugerí este procedimiento de "vivir con Jesucristo en su mente", como un correctivo para su condición.

De hecho, recuerdo muy bien el evento. Yo estaba pasando por el vagón comedor hacia uno de los asientos posteriores, cuando vi a esta persona a quien había conocido mucho tiempo atrás en una mesa bebiendo café y fumando. "Siéntate", me dijo. "¿Quieres una taza de café?".

"Claro que sí. ¿Cómo estás?".

"No muy bien", me dijo, "de hecho, estoy temblando".

Conversamos y, cuando terminé mi taza de café, me invitó a otra. "No, una es suficiente para mí", le dije.

"Bueno", refunfuñó, "yo necesito otra". En mi breve lapso con él, se tomó dos cafeteras completas, un total de cuatro tazas, y fumó sin parar. Noté que su rostro estaba agitado, sus manos temblorosas y sus dedos inquietos, así que le pregunté qué le sucedía.

"¡Suceder!" repitió, "¡Suceder! Te sucedería también a ti si tuvieras a un montón de gente apuntándote y acusándote, tratando de socavarte todo el tiempo". Comenzó a hablar de sus problemas (situaciones complicadas y confusas) o más bien, dejó ver una confusa actitud frente a los problemas. Su principal preocupación era "merecer" ser presidente de su compañía, pero habían traído a una persona externa para ello y él permanecía como vicepresidente ejecutivo. Este simple hecho estaba consumiéndolo desde su centro interno de control y, mientras más hablaba, más me convencía de que se trataba de un factor importante en su desorganización de personalidad.

Entonces, dijo: "Camarera, otra taza de café, por favor". Con nervios, encendió otro cigarrillo.

"No vas a encontrar respuestas de esa manera" le dije. "Que suerte que no estés bebiendo whiskey".

"¿Dónde obtengo mis respuestas?", exigió.

Yo sabía que, en esencia, él era un hombre creyente, así que le di una fórmula espiritual que había demostrado ser efectiva en otras circunstancias. Me pareció que una idea simple podría contrarrestar su obsesión destructiva. Le aconsejé que comenzara a pensar, consciente y consistentemente en Jesucristo. "¿A dónde te está llevando esta tensa inquietud?", le pregunté, "solo a un estado de nerviosismo agudo. Para superarlo, practica vivir con Jesús en tu mente tanto tiempo como te sea posible. Satura tu mente de su presencia". Noté su mirada sorprendida.

"Hazlo de verdad", insistí. "Esta sugerencia no es para nada compleja. Piensa en Él tantas veces al día como puedas. Llena tu mente con pensamientos sobre Él. Ora varias veces al día. Mientras caminas o conduces, o mientras trabajas, haz breves oraciones. Repite sus palabras permitiendo que se arraiguen en lo profundo de tu conciencia. A medida que hagas que el Señor sea lo primordial en tus pensamientos, su presencia se apoderará de ti. Esta renovación espiritual de tus procesos de pensamiento te ayudará mucho a sanarte de tu potencial crisis, introduciendo un nuevo control y paz en tus reacciones emocionales".

Me agradeció de manera respetuosa, pero al descender del tren en el Norte de Filadelfia, sentí una falta de convicción en su respuesta. Tiempo después, me dijo que para él, el consejo había sido otro consejo teórico de un predicador teórico. ¿Qué relación posible podría existir entre Jesucristo y los problemas laborales o en cómo se siente una persona? Nunca había oído eso en la iglesia.

De todas formas, su estado nervioso empeoró más y más, hasta que se dio cuenta de que tenía que tomar medidas, así que decidió experimentar con el método que le sugerí en el tren. Este incidente ocurrió hace algunos años. Hace poco, este hombre dijo: "Esa técnica de pensamiento cambió mi vida por completo. Fui lento para aceptarla y no fue fácil ponerla en práctica, pero puedo decir con sinceridad que me hizo mucho bien a nivel mental, físico y espiritual. Me dio control sobre mi mente y eso me llevó a una mejora en mis nervios y el bienestar físico le siguió. Me hice cargo de mí mismo. Me ayudó a repensarme". La validez de su experiencia espiritual se manifestó en la cooperación sincera y el apoyo amistoso que le brindó al presidente de la compañía.

Y esto a su vez le enseñó algunos hechos realistas, por ejemplo: "Vi que no estaba listo para ser presidente de la compañía y, de hecho, dudé de que los directivos debieran mantenerme en el segundo lugar". Más adelante, cuando el presidente se retiró, fue ascendido a esa posición; pero entonces sí estaba listo.

"Descubrí que el proceso de curación descrito en la Biblia aun es válido", me dijo, agregando su perspectiva: "Ahora, me doy cuenta de que aquel día cuando nos encontramos en el tren mis problemas no eran laborales. Yo era el problema. Pero me tomó un largo tiempo comprenderlo y aceptarlo".

Este mismo poder curativo está disponible para todos aquellos que lo deseen lo suficiente como para creer, para pedirlo y para llevar la mente a una actitud de fe, que reúna las condiciones para curarse. Recuerda que Jesucristo dijo: "Si puedes creer, al que cree todo le es posible". (Marcos 9:23). El proceso de vivir con Cristo en la mente, te permite creer con la fe extra, necesaria para ver resultados extra.

Los discípulos de Cristo de la actualidad no se dan cuenta ni aprecian el tremendo poder que les ha sido dado. Qué patético que tantos tengan que arrastrarse por la vida, medio conscientes, medio enfermos, mediocres, casi derrotados, cansados, nerviosos, desanimados. Esa miserable clase de existencia no puede ser lo que Dios concibió para ti, ni para mí. Escucha esta maravillosa promesa: "He aquí os doy... (poder) sobre toda fuerza del enemigo, y nada os dañará". (Lucas 10: 19). ¿Por qué no tomamos ese poder y vivimos con él?

Quizá nuestro fracaso se deba en parte a la noción persistente de que la curación mediante la fe no ocurre en esta era moderna como lo hacía en los tiempos del Nuevo Testamento, aunque la evidencia se esté acumulando todo el tiempo, demostrando lo contrario. Aun personas que creen firmemente que Jesucristo curó a los enfermos en el siglo I encuentran difícil creer que este mismo poder funcione hoy en día y en especial para ellos. "La era de los milagros ya ha pasado", dicen con tristeza. "En la actualidad, la sanidad se realiza mediante métodos científicos…" y suelen agregar en tono piadoso: "Aunque la fe ayuda". Para ellos, la fe solo ayuda al médico, siendo su principal función predisponer de buena manera al paciente y así estimular el proceso de curación.

Pero la curación divina es, en sí misma, "científica" ya que está condicionada por la ley espiritual, la forma más elevada de ley. Y las sanidades sí ocurren hoy en día. Considera la siguiente carta de una mujer cuyas afirmaciones han sido verificadas como auténticas:

"Durante un almuerzo, seis semanas atrás, en el edificio de las Naciones Unidas, la Sra. Peale me sugirió que le enviara la historia de la curación de mi marido.

Ray nació con dificultades de visión. No tenía control muscular sobre su ojo izquierdo. Este ojo, prácticamente, no tenía visión y la del derecho era muy mala. Usaba lentes muy gruesos para leer y otro par para uso cotidiano, sin el cual no se sentía seguro, aún dentro de la casa. Además de esto, sufría de unos espasmos en sus ojos que comenzaron a ocurrirle durante su adolescencia y que se volvieron más frecuentes con los años; eran muy dolorosos. Justo antes de su sanidad, llegaron a sucederle hasta dos veces al día. Por un año entero, estuvimos orando a Dios por sanidad.

Era el último domingo de junio de 1954 y habíamos estado escuchando una transmisión de radio de Oral Roberts. Al finalizar la oración, el Dr. Peale dijo en la radio: 'El hombre que acaba de ser sanado, quítese sus anteojos'. De inmediato, mi esposo se los quitó. Desde entonces, no ha vuelto a necesitarlos. Puede ver mejor que nunca sin ellos. Los espasmos dejaron de sucederle. El proceso de curación continuó por unos cinco días. Hubo una sensación de expectativa durante cada uno de esos días, mientras los diversos pasos de la curación se daban. Primero, la nubosidad del ojo izquierdo; luego de una hora y media de parpadeos en su ojo izquierdo, descubrió que tenía control muscular sobre ese ojo; las líneas rectas que siempre había percibido como zigzagueantes ahora las veía como eran; la visión de larga distancia continuó mejorando.

¿Qué me hizo decirle que se quitara sus anteojos porque había sido curado? En ese momento, estaba confundida y no lo entendía. Ahora sé que fue el impulso del Espíritu Santo.

Si este testimonio puede servir para algún propósito útil y ayudar a otros a creer en Dios, úselo de la manera que usted crea conveniente. Tenemos tantas promesas benditas: 'Todo lo que pidiereis orando, creed que lo recibiréis, y os vendrá'. (Marcos 11:24). 'Confesaos vuestras ofensas unos a otros, y orad unos por otros, para que seáis sanados. La oración eficaz del justo puede mucho'. (Santiago. 5:16). 'Si nuestro corazón no nos reprende, confianza tenemos en Dios. Y cualquiera cosa que pidiéremos la recibiremos de Él...'. (1 Juan 3:21-22).

Estoy segura de que el Señor está más deseoso de sanarnos, que nosotros de ser sanados. Él quiere limpiarnos de adentro hacia afuera. La sanidad para el cuerpo y el alma se incluyeron en la acción redentora de nuestro Señor Jesucristo. ¡Qué maravilloso Salvador el que tenemos!".

Por supuesto, puedes citar casos de personas que oraron pidiendo sanidad y no la recibieron. Yo también. De hecho, yo mismo he pedido sanidad y no ha sucedido. Pero eso no significa que a otros no les haya sido concedida esta gran bendición. Si oro y no recibo, eso solo significa que no estoy orando como es debido, o que en mi interior hay barreras que bloquean el poder, o, por supuesto, podría significar que estoy recibiendo un "no" por respuesta. Si esto último es el caso, entonces debo cambiar en obediencia mi oración y ajustarla para poder recibir el poder para vivir con mi problema y usarlo de manera creativa.

Tal vez a algunos de los que han recibido sanidad se les ha concedido esta gran experiencia de poder profundizar en su percepción espiritual y hacer que la dimensión de su alma crezca. Por ejemplo, consideremos el caso de mi viejo amigo H.S.

Hace tres años, estando en Suiza, recibí una carta de la hermana de un hombre que había sido mi compañero de clase en la escuela secundaria. Ella me decía que H.S., su hermano, había ido al médico y le habían diagnosticado una enfermedad incurable, con el pronóstico de no muchos meses de vida. Ella me pidió que orara por la recuperación de su hermano, lo que, por supuesto, hice con genuina sinceridad. Pasaron varias semanas y luego meses sin recibir más noticias.

Más de dos años después, tenía un compromiso para dar una conferencia en Indiana. Frente al salón de convenciones, un hombre se me acercó y me dijo: "Hola, Norman".

Di por sentado que era un viejo amigo, pero no lograba recordarlo. "¿Dónde te vi por última vez?", le pregunté.

"Me viste por última vez", respondió, "cuando nos graduamos de la secundaria". Sí, era H.S., quien había leído en el periódico que ese día yo iba a dar una conferencia y había conducido desde su casa, que quedaba a 80 millas de distancia, solo para saludarme. "Solo tengo tiempo para una breve charla", dijo. "Debo regresar. Estoy muy ocupado". "Déjame mirarte, H.S., hace dos años, en Suiza...", pero me interrumpió para decirme que él sabía de la carta de su hermana. Así que me relató lo sucedido.

Poco después del diagnóstico de la enfermedad incurable, él volvió a la clínica para otras pruebas y tuvieron que ayudarle a salir del auto. Los médicos no le ocultaron la posibilidad de que quizá no podría regresar a casa. Así que decidió no luchar más y dejarlo todo en manos de Dios: su miedo, su vida, todo. "Dios ha sido bueno conmigo", dijo. "Y lo que sea que quisiera, estaba bien conmigo. Solo le dije a Dios que lo amaba", concluyó con sencillez, pero muy emocionado.

Así que, una tarde, estando a solas en la habitación, sintió de repente mucha paz, como si estuviera rodeado por completo del amor de Dios. Tuvo la extraña sensación de que Dios le había dado una nueva oportunidad en la vida. Antes de cenar, decidió que a la mañana siguiente iba a salir de la clínica y a volver a casa. Los médicos tenían muchas dudas, pero ante su insistencia le dieron de alta. Él condujo solo hasta su casa, que quedaba a 700 millas. El esfuerzo no le afectó. "Desde entonces me he sentido bien", afirmó. "Y han pasado dos años".

De inmediato, en mi mente surgió la pregunta de si solo se trataba de una suspensión temporal de su enfermedad. Al parecer H.S. leyó mis pensamientos, ya qué agregó: "Sí, quizá sea solo temporal. ¿Pero qué cosa en la vida no es temporal? Ya no me importa tanto cuánto tiempo voy a vivir. He tenido la experiencia gloriosa de la presencia sanadora de Dios y ahora sé que estoy seguro en la vida o en la muerte. Eso es lo que importa ahora".

Es verdad que no hay mayor fortuna en la vida humana que el estado mental al que había llegado mi amigo, una seguridad tan profunda de que nada de lo que pudiera surgir lo perturbaría. De hecho, en este mundo solo existe una seguridad verdadera, solamente una; la identificación del alma con una realidad definitiva: Dios, nuestro refugio y nuestra fuerza. Esa es la única seguridad completa. Y H.S. la había encontrado.

La fe obra de manera diferente para dar salud sin la esclavitud que depende de las pastillas. La fe estimula una poderosa determinación, una enorme voluntad para estar sano. Esto puede dar una calidad de bienestar mayor de lo que parece posible bajo ciertas circunstancias.

Muchos tienen un concepto errado de la fuerza sanadora y fortalecedora que se puede convocar desde el interior mediante una voluntad motivada y poderosa. De hecho, en la actualidad, cualquier énfasis que se haga sobre el poder de la voluntad parece extraño. En cambio, en la Antigüedad se hablaba mucho sobre este aspecto. A los jóvenes se les enseñaba a desarrollarlo y nadie era considerado fuerte si no demostraba evidencia de su fuerza de voluntad, pues esta era considerada una muestra de hombría. Pero, para la mayoría de nosotros, la fuerza de voluntad se ha convertido en un músculo en desuso. No obstante, las disciplinas de la fe pueden devolverle tonicidad y resiliencia a tu voluntad, y cuando esta funciona con eficiencia, tienes un valioso aliado para conservar una buena salud.

Una noche fui a Kingston, Nueva York, para dar una charla. Un viejo amigo, Bob C. me recogió en la estación de ferrocarril de Poughkeepsie. Conocía a Bob C. desde cuando estuve en Syracusa, cuando rondaba los 20 años. Él había prestado servicio en la Policía Estatal, donde había realizado una buena carrera, la cual terminó cuando, durante la persecución de un criminal, su motocicleta volcó a gran velocidad y sufrió heridas graves.

Se recuperó, pero todavía tenía mucha rigidez. Entonces, empezó a trabajar administrando un teatro. Todo iba bien hasta que una mañana apenas pudo salir de la cama. Durante un tiempo, estuvo tan entumecido, que cada amanecer necesitaba ayuda para levantarse. Una vez levantado, podía afrontar el resto del día gracias a su enorme fuerza de voluntad, pero padecía fuertes dolores.

Un día, su médico le dijo: "Bob, seamos honestos. Tengo la terrible sensación de que va a quedar incapacitado por completo. Soy lo más optimista que puedo, pero usted debe aceptar la realidad y no puedo mentirle".

"De acuerdo, doctor", dijo Bob. "Sé que usted está haciendo todo lo posible con su medicina. Sé que haría todo lo posible y me es de mucha ayuda, pero llevaré mi caso ante otro médico, el mejor que hay, y que sea claro esto, doctor, no voy a convertirme en un inválido, no yo".

Él me relató esta historia mientras volvíamos a Poughkeepsie, después de mi conferencia. Aún puedo verlo de pie bajo las luces de la plataforma de la estación, con la nieve cayendo bajo un suave resplandor. Apenas podía concebir que aquel hombre fuerte hubiese pasado por una experiencia como esa. "Camina de un lado a otro para que pueda verte, Bob", le pedí. Con apenas una leve muestra de dificultad en algunos músculos y articulaciones, caminó como le dije. "¿Cómo explicas esta maravilla?", le pregunté sorprendido.

"Tenía un buen médico, uno de los mejores; y tenía al Doctor más grande de todos y con su ayuda utilicé algo más, algo que Él construyó en mí".

"¿De qué se trata?", le pregunté.

"De fuerza de voluntad", contestó. "Simplemente, me negué a ser un inválido. No iba a considerarlo siquiera. El Señor me ayudó a soportar el dolor y a mantener en funcionamiento los viejos músculos y las articulaciones".

"¿Ahora, sientes dolor?".

"Sí, un poco, pero eso hace parte del trato y puedo soportarlo. Tampoco me detiene. Cuando las articulaciones me duelen mucho, les digo que lo olviden y que sigan moviéndose como deben hacerlo".

El tren en dirección a Nueva York, cubierto por una gruesa capa de nieve, entró en la estación y me despedí de Bob mientras partía. Ahí estaba él de pie, alto y firme; todo un hombre, pensé; una fabulosa mezcla de fe y fuerza de voluntad. Algo es seguro: no dependía de los esclavizantes medicamentos. Los tomaba, por supuesto, pero confiaba más en el poder que había "en su interior, el poder de la voluntad". Y, por supuesto, tenía un gran poder de fe que lo acompañaba.

Muchos confían más en los medicamentos que en los pensamientos vitales para mejorar su salud. Pero es una realidad que los pensamientos hacen mucho más para enfermarte o sanarte, o para que enfermes o sanes a medias. Los pensamientos correctos estimulan la salud; los pensamientos incorrectos impulsan y, a veces, realmente, causan enfermedades. En una ocasión, un médico me dijo: "Algunas personas introducen en su cuerpo los pensamientos de enfermedad que hay en su mente". Cuando le pedí que fuera más específico sobre los pensamientos de enfermedad, me dijo: "Oh, los más habituales. El miedo sin duda es uno; y también la culpabilidad. Otros son el pesimismo o la desesperanza. Y, por supuesto, uno de los peores es el resentimiento. Todo eso hace que la gente se enferme. De hecho, si de la mente de las personas se eliminaran el miedo y el resentimiento, creo que la asistencia a los hospitales se reduciría, quizá hasta en un 50%. En cualquier caso, sería una gran reducción".

Los efectos perversos del resentimiento llegan a ser comprensibles cuando se piensa en el significado elemental de la palabra resentimiento. Se deriva de una palabra en latín que significa volver a sentir. Por ejemplo, supón que alguien te causa daño. Tus sentimientos están heridos. Te vas a casa y le dices a tu esposa: "¿Sabes qué me hizo esta persona?". Y mientras se lo explicas, vuelves a sentir esa misma herida. Durante la noche, te despiertas y vuelves a recordar lo que te hicieron y revives esa misma horrible sensación. Entonces, cada vez que vuelves a recordar, el dolor regresa.

Cuando lo hayas repetido varias veces, el agravio se alojará en tu subconsciente como una "llaga" que no cura. ¿Cómo se puede curar cuando al resentirse o al volver a sentir se mantiene el dolor inflamado? Permanece ahí como una llaga en el pensamiento que afecta con sutileza tus sentimientos. Quizá por eso decimos: "Eso que dijiste me hirió".

Con el tiempo, los efectos de pensar en la herida también pueden extenderse al cuerpo. Como resultado, desarrollarás una de las numerosas dolencias físicas que ahora los médicos reconocen como psicosomáticas, originándose en la mente o los sentimientos. Así de grande es el precio del rencor o de ese pensamiento hiriente llamado resentimiento o volver a sentir. La curación llega cuando se le pone fin al pensamiento que hiere.

Lo mejor es no tardarse en descartar el resentimiento, antes de que llegue a causar daños reales. Cuando alguien te hiera, pon de inmediato "yodo espiritual" sobre la herida mental y emocional. Aplícale a la herida la actitud generosa del entendimiento y el perdón. Di algo similar a esto: "Estoy seguro de que no es lo que pretendía". O: "No está comportándose como es normalmente". O: "Lo pasaré por alto". De esta manera, aunque te hayan herido, solo será una vez. Evitarás ampliar la herida antes de que se convierta en una llaga y se inflame para finalmente convertirse en algo crónico.

Y cuando alguien te lastime, te irrite o te haga enojar, es útil comenzar a orar por esa persona que te ha ofendido. No es fácil, por supuesto; de hecho, suele requerir una buena dosis de auto-disciplina, pero esas plegarias sacan el aguijón y calman la herida en tu mente.

El nombre rencor es acertado, ya que, literalmente, significa un resentimiento arraigado y tenaz. Las personas con una mente saludable tienen una buena voluntad porque han aprendido a no revivir el dolor mediante el resentimiento o volver a sentir.

Una vez, di una charla en una reunión que se celebró en el campo de béisbol de la ciudad de Pennsylvania. Meses más tarde, me hablaron de una mujer que se recuperó de una crisis nerviosa esa noche en la reunión. Sus palabras exactas fueron: "Cuando el Dr. Peale puso sus manos en su cabeza y dijo: 'Expulsa todos los pensamientos insanos que haya en tu mente', algo poderoso le ocurrió a mi manera de pensar. De repente, me sentí libre de mis pensamientos poco saludables".

Ella se refería a un gesto que a veces uso para imaginar la mano sanadora de Dios reposando sobre la cabeza y expulsando pensamientos negativos y debilitantes. De hecho, parece extraño que en un instante la acumulación de pensamientos de años podría colapsar y vaciarse, pero el resultado demostró que había ocurrido un cambio milagroso. Pero quizá lo llamamos milagroso solo porque todavía no comprendemos las leyes que afectan tales cambios en nuestro estados físico y mental.

Como Dios creó la mente, sin duda, si así lo desea, Él puede corregir una condición mental en un acto dramático. El hecho de que ese tipo de curación no se dé con frecuencia de esta manera repentina no significa para nada que no pueda suceder. En este caso, y en otros de los que tengo evidencia sustancial, el poder espiritual intensificado modificó al instante patrones mentales poco saludables y produjo condiciones de bienestar.

Por lo general, el proceso de renovación de un patrón de pensamiento para lograr una mejor salud es mucho más lento, pero sus resultados no son menos dramáticos que el de la mujer en mi conferencia en el estadio de béisbol. En la mayoría de los casos, el cambio de pensamiento requiere un buen número de altibajos para alentar el progreso y desalentar el retroceso; pero si se mantiene el deseo y el esfuerzo, se puede anticipar una mejoría en los pensamientos poco saludables pasando a los saludables. De hecho, el cambio en la manera de sentir será notable, como fue el caso de un hombre a quien conocí en una cena.

Fui a esta cena con una docena de hombres miembros de un comité. Era evidente que uno de ellos era uno de los mejores narradores de historias que jamás había escuchado. Nos tenía a todos riendo sin parar. Su personalidad era alegre y efervescente. Yo relaté alguna de mis supuestamente infalibles historias y obtuve una reacción más bien apagada, pero nada como la risa profunda que sus chistes producían. Al estudiar a aquel notable narrador, observé que él se lanzaba con todo lo que tenía en cada narración. Una de sus historias, yo mismo la había contado años atrás y no habría pensado en usarla porque era demasiado vieja y gastada, pero él despertó una gran risotada con ella. La manera en la que él se introducía en la historia era lo que lo hacía tan encantador.

Mientras lo escuchaba fascinado con su atractiva personalidad, noté que un ministro religioso al otro extremo de la mesa me sonreía y agitaba su cabeza queriendo decir: "¡Vaya tipo!" Luego, él me preguntó, "Bien, ¿qué opinas de nuestro jovial amigo?".

"Es todo un personaje", contesté. "Un hombre muy notable. Él parece vivo en todo el sentido de la palabra".

"Sin duda que así es", declaró, "él es una de nuestras mejores exhibiciones".

"¿Qué quieres decir con eso de 'exhibiciones'?", le pregunté.

El pastor comenzó a explicar:

"Deberías haber visto a este hombre hace unos años. Para entonces, nunca salía de él una sonrisa. Parecía que cargaba el peso del mundo sobre sus hombros. Era una persona desabrida, como jamás hubo alguna; realmente, la gente odiaba tenerlo cerca y tener que escuchar su pesimismo.

Ganaba dinero, bastante dinero. De hecho, creó una gran empresa y tenía varios cientos de empleados. Siempre fue un verdadero hombre de negocios, pero no encontraba placer en lo que hacía porque se estaba convirtiendo en un anciano malhumorado, malvado e irritable antes de tiempo, si es que se supone que alguna vez eso debe sucedernos".

No lograba imaginarme que el hombre que acababa de ser el alma de la fiesta hubiera sido la persona negativa e infeliz que el pastor describía.

"También llegó a sentirse enfermo, y era de esperarse, a causa de todas esas actitudes enfermizas que tenía", continuó el pastor. "Comenzó a sentir algo de dolor en su pecho y en sus brazos, y a veces, se quedaba sin aliento. El médico le advirtió que se calmara; su presión sanguínea no era normal. Había desarrollado una sicología enferma y comenzó a frecuentar distintos consultorios médicos. Además, sufría de otros dolores y malestares. Entonces, los síntomas psicosomáticos comunes aparecieron".

El pastor soltó una risa y continuó con su interesante relato: "Por fin, un médico lo envió a un especialista en Chicago y allí fue donde él entendió lo que le sucedía. Aquel especialista lo revisó por completo, le hizo todos los exámenes y luego, le dijo: 'Tus dolores no son reales, sino falsos, y no provienen de una acción defectuosa del corazón, sino de una acción defectuosa del pensamiento. En otras palabras, en lo físico, no hay nada tan malo que no pudiera estar bien si tan solo corriges tus pensamientos. Por alguna razón, y por descabellado que parezca, has estado quitándole vida a tu vida, es mejor que la reconstruyas o hagas algo a este respecto'.

'Bueno, ¿cómo puedo hacerlo?', preguntó nuestro amigo.

El médico lo miro durante un largo minuto y le dijo: '¡Mejor ve a casa, ve a la iglesia y ten una relación honesta con Dios!' Sí, señor, créalo o no, eso es exactamente lo que dijo. Luego agregó: 'Esa es mi prescripción; Son $1.500 dólares, por favor'.

'¿1.500 dólares por eso?', gritó él.

'Por saber qué decirte', respondió tranquilamente el médico. 'Usted cobra bastante por sus servicios, ¿verdad?'.

"Bien, ese hombre volvió a casa y de inmediato vino a verme", continuó el pastor. "Y estaba enfadado; dijo que ese especialista era un ladrón. Me dijo que pagarle $1.500 dólares habría valido la pena si eso que tenía lo hubiera estado matando. ¡Y qué demonios quería decir ese médico al enviarlo con un pastor para adquirir una relación con Dios! Desde luego, le expliqué el poderoso efecto que tienen los malos pensamientos sobre el cuerpo físico y le di unos consejos y tratamiento espiritual, la clase de consejos que tú describes en tus libros. Fue un proceso bastante largo, pero él continuó viniendo y siguiendo las instrucciones. Verás, él había pagado mucho más por consejería y lo que más lo motivaba en principio era solo obtener la compensación por su dinero. Pero poco después, dejó de odiar al especialista, a quien ahora considera un gran hombre. El médico lo evaluó bien: sabía que, si le cobraba una suma grande de honorarios, él consideraría que el consejo era importante y lo tomaría en serio. De todas formas, encontró a Dios y Dios lo encontró a él y ahora, mira quién es y lo agradable que se ha vuelto".

Así que, sí logras sentirte saludable y sin la dependencia esclavizante de los medicamentos al hacer que tu pensamiento sea curado por Dios. Según un médico en Viena, este proceso se denomina "logoterapia", que significa curación por Dios. Él dice que en Europa muchos están enfermos solo porque han perdido el significado de la vida. Y esto, por supuesto, no es menos verdadero en Estados Unidos. Las pastillas tienen su lugar, incluso un lugar muy importante; pero hay algunas enfermedades que no se pueden curar (para usar un juego de palabras); y hay otras que solo Dios puede curar. De hecho, Dios sana incluso cuando usamos pastillas, porque Él creó el material del que se extraen sus propiedades curativas. La curación por medios científicos naturalistas no está apartada de lo espiritual.

La importancia de curar la mente y las actitudes se ilustra repetidas veces en las experiencias de las personas modernas. Amos Parrish, el prominente experto en mercadeo, se encontraba en un taxi de la Ciudad de Nueva York cuando el conductor le mencionó mi libro *El poder del pensamiento positivo*.

";¿Cómo sabe usted de ese libro?", le preguntó Parrish.

"Porque salvó mi vida", le respondió el conductor.

";¿Cómo salvó su vida?".

"Recuperando la mente de mi esposa, y eso, en efecto, salvó mi vida, porque sin ella estaría acabado. Mi esposa estaba muy confundida. El psiquiatra en Bellevue me dijo que no podían hacer nada más por ella, pero me recomendó que le consiguiera el libro titulado *El poder del pensamiento positivo.*

Esa tarde fui a Macy's y lo compré. Le leí parte del libro y al parecer la impactó. Así que le leí más. Pocas semanas después, ella pudo leerlo un poco por su cuenta. Eso fue hace tres años. Ya lo ha leído muchas, muchas veces, tal vez 20 o 30. Ya casi se lo sabe de memoria.

Ella entendió las grandes ideas de ese libro y eso salvó su mente. Así que salvó mi vida y creo que la de ella también".

Esa tarde, el Sr. Parrish me contó: "Le dije al conductor que venía a encontrarme contigo. Con su voz quebrada, el conductor me dijo: 'Oh, ¡que maravilloso! Por favor dígale cuán agradecidos estamos con él por salvar nuestras vidas'".

Desde luego, por mucho que aprecié la alta estima del conductor, no fui yo quien "salvó" la vida de su esposa. Yo, personalmente, nunca he salvado la vida de nadie. Sin embargo, con humildad agradezco que pude ser utilizado como instrumento para ayudar a esta mujer. Que el poder sanador de Dios haya llegado a ella de una manera tan efectiva es evidencia de que lo espiritual puede transformar la mente y afectar vitalmente el estado físico. Hay una forma de pensamiento que, cuando penetra y se aloja en la consciencia, es la fuerza espiritual y mental más poderosa que opera en el mundo. Y eso es el pensamiento positivo sobre Dios; que Dios no es solo tu Creador sino también tu re-Creador. Él te hizo. Y cuando has empleado o dirigido mal lo que Él ha hecho, es decir, a ti mismo, o has sufrido en la vida, la gran realidad es que Él puede hacerte de nuevo.

El Sr. Parrish, con quien compartí la plataforma en una reunión para vendedores en Memphis, Tennessee, me escribió luego para contarme una experiencia que le sucedió mientras estaba en esa ciudad. Dijo: "En Memphis tuviste una reunión de *Guideposts* al mediodía. Un ejército entero de hombres estaba allí. Muchos se acercaron para hablar contigo. Escuchamos que uno de ellos dijo: '¡Gracias por salvar mi vida!'. Tú hablaste con él por un momento; luego, cuando se despidió de ti, fuimos tras él.

'Escuchamos que le dijiste al Dr. Peale que había salvado tu vida. ¿Qué quieres decir con que salvó tu vida?'.

'Precisamente eso', dijo él. 'Hace varios años, fui solista de la Orquesta Glen Gray, cuando era una de las mejores del país. Mi voz declinó y finalmente, la perdí. Obtuve un empleo como vendedor. Fue muy difícil para mí porque significó una terrible disminución en mis ingresos. Me desmoroné tanto, que lloraba como un bebé. De hecho, lloraba tanto, que muchas veces tuve que estacionar mi auto junto a la acera para llorar. No podía enfrentar a mis clientes potenciales. Así que decidí suicidarme.

Pero justo ese día un amigo me habló del libro *El poder del pensamiento positivo.* Lo leí varias veces y entendí la gran idea de no tener límites. Descubrí que podía vender tan bien como solía cantar. Esta es mi tarjeta. Ahora soy el gerente de ventas de mi compañía. Por eso digo que el Dr. Peale salvó mi vida. Y estoy muy agradecido'".

De nuevo, no fui yo, ni tampoco mi libro lo que salvó una vida. De hecho, fue el Creador en el acto de re-crear. Fue la reactivación de la vida a través del poder de la fe en Dios lo que sucedió en esas dos personas, la esposa del taxista y el cantante. Ellos alcanzaron el bienestar mediante una nueva perspectiva espiritual. Recibieron una sanidad aún más profunda, por la dinámica de la fe curativa y revitalizante que Dios ofrece sin restricción a cualquiera que la desee lo suficiente como para alcanzarla.

Solo procura alcanzarla, pero de verdad debes hacerlo. Las personas que procuran obtenerla lo logran si lo hacen con sinceridad.

Debe haber un deseo real, una fe real y una sincera intención de alcanzar ese poder sanador con toda la mente y el corazón. Esta clara inclinación de la personalidad hacia la fuente del poder, esa completa ruptura del yo que se ha retraído tras las barreras, establece el contacto vital sobre el cual fluye la fuerza renovadora de la nueva salud.

El proceso está claramente descrito en la Biblia. "Inclinad vuestro oído, y venid a mí; oíd, y vivirá vuestra alma". (Isaías 55:3). Es decir, deja que todo tu ser se incline hacia Dios. Vuélvete, realmente vuélvete hacia Él. Y otro ejemplo es el momento en que Jesús sanó a un hombre con una mano seca. Qué descripción tan gráfica de una persona que había perdido su poder y vitalidad, "una mano seca", donde la mano es símbolo de fuerza. Jesús le dijo: "Extiende tu mano. Y él lo hizo así, y su mano fue restaurada". (Lucas 6:10). Ese es el secreto: extiende tu mano, es decir, ¡alcanza tu milagro! De verdad extiéndete para alcanzarlo con todo lo que tengas. E incluso aunque tu personalidad pueda estar "marchitada", se restaurará y recibirás nuevo poder para vivir.

Esa técnica expresada por Isaías también es significativa: "Inclinad vuestro oído, oíd, y vivirá vuestra alma". Inclinarse y oír, esta fórmula gemela apunta con fuerza tu personalidad hacia Dios, porque significa escuchar a fondo su evangelio, no dejarlo rebotar de forma superficial en tu oído. Significa concentrarse con tal atención que el poder re-creativo de Dios pueda penetrar más allá del oído externo y la atención superficial, yendo muy a fondo en tu percepción interior. Entonces, podrás aprovechar el flujo más profundo de salud y energía que surge en abundancia de Dios hacia las personas comprometidas de verdad. Pero eso requiere la clara inclinación de tu personalidad elemental para obtener este resultado. Y una dependencia esclavizante en los medicamentos no será muy necesaria cuando este poderoso proceso sanador y renovador esté obrando en ti.

Hace poco, conocí a un hombre que, por muchos años, había estado practicando esto de "alcanzar e inclinarse", y había obtenido buenos resultados. Fue en Irlanda del Norte, una hermosa tierra donde la neblina, las nubes y la dorada luz del sol se alternan para crear suaves y verdes campos y valles. Su encantadora y romántica costa está amurallada por escabrosos acantilados, no grandes, pero pequeños acantilados muy escarpados. Los nombres de los pueblos son muy musicales. Y lo más agradable es la gente, entre quienes se encuentra Charlie White.

Lo que más me impresionó fue la vitalidad y el entusiasmo de este bien conocido comerciante de porcelana inglesa. Al principio, tomé a Charlie White como un hombre mucho más joven de lo que es en realidad. Cuando supe cuál era su edad exacta: 81 años, dije con sorpresa genuina: "Charlie, ¡tú no tienes 81 años! No puedo creerlo".

"¿Y qué?". Sonrió él en respuesta. "No me siento viejo, me siento joven".

"De verdad que lo pareces. ¿Cuál es tu secreto? Compártelo conmigo".

"No reparo en pensamientos viejos, eso es todo".

Esa es una gran observación cuando la consideras bien. Pero eso, todavía no satisfizo mi curiosidad.

"Debes tener un buen médico para mantener a un hombre en tan buen estado físico", insistí.

"Yo no voy al médico... Al menos no al tipo de médico que dices", respondió él. "Pero en realidad tengo tres y ellos evitan que me vuelva viejo o me enferme, manteniendo mis pensamientos saludables. ¿Sabes quiénes son? El Dr. Dieta, el Dr. Silencio y el Dr. Hombre-Alegre". Bueno, estos tres "doctores" son magníficos. Cualquiera se beneficiará con sus medicaciones. También son de gran ayuda para los doctores en Medicina, gracias a su trabajo sanador.

El Dr. Dieta apenas necesita algo de elaboración porque es clara la conexión entre la vitalidad y una dieta equilibrada. Hablando de eso, me gustaría recomendarte un libro sobre cómo comer sensatamente, escrito por mi hermano que es médico, el Dr. Robert C. Peale. Se titula *Vive más y mejor*. Contiene un sistema simple que funciona; me ha ayudado a mí y a muchos otros, así que te sugiero que lo leas.

El Dr. Silencio requiere de mucho más énfasis, tanto como el Dr. Hombre-Alegre. Los médicos nos dicen que una actitud feliz y animada es un factor muy importante para la buena salud. La Biblia dice: "El corazón alegre constituye buen remedio; mas el espíritu triste seca los huesos". (Pr. 17: 22).

Pero vayamos más a fondo en todo este asunto de la sanidad divina. Un viejo y querido amigo mío se vio de repente enfrentando el problema del cáncer. Con admiración y mucha oración, presencié cómo él le hizo frente a su problema de forma tan admirable y también efectiva, como se pudo comprobar. Estoy seguro de que relatarte la experiencia de mi amigo y resumir su método de ataque al problema te ayudará tanto como me ayudó a mí.

Fue hace más de un año que conocí la noticia acerca de este hombre, de su enfermedad y su diagnóstico desalentador. Él recibió este golpe con el control disciplinado que un hombre entrenado a nivel espiritual demuestra cuando se presenta la crisis. "Soy consciente", dijo, "de un nuevo obstáculo que debo afrontar, así como de la presencia de Dios como nunca antes. Sigue siendo difícil y estoy al filo de esa gran verdad; de hecho, hasta ahora estoy empezando a sentir su presencia".

Sin ninguna reserva, él le comentó a su esposa toda la situación. Juntos acordaron el camino que él debería tomar.

Así que comenzó a trabajar activa y sistemáticamente para hacer de su problema algo constructivo. No se dejó caer en la autocompasión, ni en la depresión. Tampoco se rindió, ni aceptó la situación como si fuera el final. Lo que hizo fue un contraataque fuerte y bien planeado en contra de la enfermedad, apoyándose también en una excelente supervisión médica y en los poderosos principios espirituales en los cuales estaba muy bien preparado gracias a la constante práctica de estos.

Primero, organizó un grupo de personas en quienes sabía que podía confiar para mantener su confianza; una especie de equipo espiritual para trabajar con él y en el cual pudiera apoyarse en oración, amor, fe y consejo. Este equipo consistía en unos pocos amigos espirituales cercanos de toda la vida, gente de fe que compartía las mismas ideas. Una de las primeras decisiones hechas por el equipo fue no comunicarle a su familia su condición hasta que el resultado de la batalla estuviera definido.

Segundo, él determinó usar su enfermedad de forma creativa; volverla una demostración espiritual de la gracia y el poder de Dios en una situación específica y difícil. Esto está descrito en un mensaje que me envió cuando el proceso sanador mostró un progreso considerable: "Algo verdaderamente maravilloso ha empezado a sucederme; más maravilloso incluso que la desintegración y destrucción de las células malignas por las cuales estaba afligido. Digo 'estaba' porque ya no estoy afligido. El comienzo de un creciente sentido de conocimiento hace que las células salvajes prácticamente no tengan ninguna consecuencia. El poder de Dios cuidará y dispondrá de esas células cuando Él desee completar el proceso. Mientras tanto, he empezado a tener la paz y la certeza que nunca antes había conocido". El efecto de la demostración de este hombre sobre los que estábamos "por fuera" añadió en gran medida a nuestro crecimiento espiritual y a nuestro propio "conocimiento".

Tercero, él "tomó autoridad espiritual" sobre las células salvajes. Procedió a "ordenarles" a las células del tejido que se desintegraran y permitieran que su órgano se encogiera y volviera a su tamaño y suavidad normales. El inusual procedimiento estaba basado en la teoría de que la mente controla la materia, incluso dentro del cuerpo, y que, si tienes un firme control sobre tu mente y entiendes el funcionamiento de tu cuerpo, lograrás controlar condiciones dentro de los límites de ese funcionamiento. Así que, "yo les daba órdenes a esos tejidos, a través de la canalización de mi mente sobre mi sistema nervioso desde el cerebro; les ordenaba que se rindieran ante el poder de Dios que fluía dentro y a través de mí".

Las bases para tomar tal autoridad sobre las células salvajes, para desintegrarlas y permitir que el órgano enfermo se normalizara, están reveladas en Lucas 9:1, donde Jesús les dio a sus discípulos "poder y autoridad sobre todos los demonios, y para sanar enfermedades". Sin duda, el cáncer califica como un "demonio". ¡Y podemos creer que un discípulo que tiene el poder de controlar demonios en otras áreas de la vida también tiene autoridad sobre algo demoníaco que esté funcionando en su interior! No nos damos cuenta del inmenso poder conferido por Cristo sobre el verdadero creyente; sobre la persona que se ha rendido por completo a Él. Por lo tanto, también parece estar en lógica armonía con las leyes de Dios y con su voluntad que un discípulo de hoy en día tome y use la autoridad dada por Cristo a sus discípulos en los tiempos de la Biblia. El Señor no puso limitación de tiempo sobre la autoridad dada; ni tampoco hay ningún registro de que Él la haya retirado. Por lo tanto, este otorgamiento de poder todavía se mantiene en pie en el presente siglo.

Nuestro amigo enfatizó que oraba en el nombre y en el verdadero espíritu de Cristo. Siempre siendo muy honesto, tuvo un poco de dificultad al preguntarse si estaba haciendo conjeturas que no tenía derecho a hacer; ¿estaba yendo demasiado lejos con su fe y estaba aconsejándole a Dios cuáles deberían ser sus decisiones? Sin embargo, sintió que había alcanzado una reconciliación sensata y correcta entre las dos ideas; es decir, que la práctica de autoridad espiritual era conferida sobre él por consentimiento de la voluntad de Dios. Me aseguró lo siguiente: "Acepto su voluntad, orando incluso como el señor oró, 'No se haga mi voluntad, sino la tuya'".

Cuarto, él vació su mente, corazón y alma de cualquier actitud dañina o pensamiento incorrecto o acción errónea que pudiese alterar su armonía o correcta relación con el hombre o con Dios.

Quinto, utilizó los mejores diagnósticos y tratamientos médicos disponibles.

Sexto, creyó y con fe se entregó a un tratamiento constante por parte del más grande de todos los médicos, ese que trabaja en el Nuevo Testamento. Meticulosamente, aplicó esa terapia basada en la fe y guiada por la lectura en oración de la Palabra de Dios.

Aquí he presentado una descripción bastante detallada de cómo este hombre enfrentó su problema, por supuesto, con su permiso, ya que él y yo creímos que sería de gran ayuda para otros que se encuentren en medio de crisis similares.

En gran medida, somos muy incompetentes en nuestro conocimiento de las leyes sanadoras de Dios y su aplicación sobre las enfermedades. La experiencia que hemos relacionado es la de un solo hombre y no habla de otras personas igual de espirituales que no lograron sanarse, pero traza pasos definidos que llevan a un resultado positivo en un caso. Así que esto sugiere procedimientos que podrían probarse válidos en la experiencia de otros. Esta experiencia se puede tomar como una demostración de laboratorio espiritual y podría sumar a nuestro lento, pero creciente conocimiento sobre los usos de la fe en enfermedades graves.

Como miembro activo del "equipo espiritual" de mi amigo, he seguido de cerca el curso de su batalla contra su enfermedad y me he maravillado no solo por su aproximación científica y espiritual al problema, sino tal vez aún más por el impresionante control mental y espiritual que demostró. Logró una victoria más completa sobre el miedo y la depresión, que la que nunca he visto en casos similares.

Me deleitó leer su última carta sobre el examen físico exhaustivo que se le hizo hace poco y ver que los resultados fueron negativos. La validez del método de mi amigo pareció confirmada por el comentario del doctor luego del examen: "Estoy muy feliz por ti. Alguien debe estar orando por ti". Y de parte de otro doctor: "Me pregunto si nuestro diagnóstico era incorrecto, porque no hay nada aquí". Y por la significativa declaración del paciente: "La mejor parte de toda la experiencia fue nuestra relación más cercana con Dios".

Así que en todas las crisis de la vida hay siempre una respuesta y debemos encontrarla en la aplicación de los procedimientos espirituales descritos para nuestra guía y ayuda.

Resumen de

Siéntete saludable sin tener que depender de medicamentos

1. La medicación es, por supuesto, importante, pero no define que una píldora disolviéndose en tu estómago es en definitiva más poderosa que un pensamiento sanador disolviéndose en tu mente.

2. A menudo, la paz de Dios insertada en lo profundo de tu mente tiene un efecto más tranquilizador y sanador sobre los nervios y la tensión, que la medicina misma. La paz de Dios, en sí misma, es medicinal.

3. Practica vivir con Cristo en tu mente. Satura a diario tu consciencia con pensamientos de Él. Repite sus palabras aprendiéndotelas de memoria. Piensa en Él como tu verdadero y constante compañero.

4. Deja que la fe cierta crezca en ti, entendiendo que Jesucristo está aquí presente, hoy, no menos que en los tiempos de la Biblia.

5. Recuérdate a ti mismo que la sanación del miedo a la enfermedad y a la muerte es incluso más importante que la restauración física; el control de esos miedos es vital para la sanción del cuerpo.

6. Cultiva el poder de la voluntad, esa fuerza de creación masiva que el Dios Creador construyó dentro de ti. No dejes que pierda firmeza, sino fortalécela usándola y ejercitándola.

7. Recuerda que puedes enfermarte o estar bien gracias a los pensamientos habituales que haya en tu cabeza. No metas de nuevo en tu cuerpo los pensamientos enfermos de tu mente.

8. Intenta alcanzar de verdad, procura extenderte y tomar la bendición de la salud que Dios te ofrece.

9. Enfatiza el maravilloso poder sin límites de Dios dentro de tu propia vida.

10. Nunca permitas que actitudes dañinas envenenen tu pensamiento, ni dejes que la voluntad enferma te vuelva enfermo. Recuerda que una mala voluntad es una voluntad dañina. Evita "irritar con úlceras" tu mente mediante ese doloroso daño llamado resentimiento.

OCHO

Enfrenta los problemas con esperanza y manéjalos con creatividad

Una rugiente ventisca caía sobre San Luis aquella mañana de marzo. El invierno que supuestamente estaba terminando arremetió con toda su furia en una de esas tormentas de comienzo de primavera que amontonan nieve hasta la altura de la cintura y hacen descender el termómetro hasta sus grados más bajos.

Había intentado volar a Kansas City y Wichita, pero todos los aviones estaban en tierra, así que fui a Union Station para tomar un tren de Missouri Pacific. El taxi se deslizó sobre las calles cubiertas de hielo y la pesada nieve, amontonándose sobre el parabrisas, bloqueaba la visión del conductor. "Una mala mañana", gruñó.

En la estación, el maletero que llevaba mis maletas gruñó: "Seguro que es una mala mañana". Bajo los cobertizos del tren, el viento se agitaba y silbaba como un alma en pena. El hielo hacía traicioneras las plataformas donde se caminaba. El viento, que movía grandes montones de nieve de encima de las cubiertas, hacía que esta golpeara nuestras caras y cayera por nuestros cuellos. Todos los que se cruzaban por el camino se decían unos a otros que era "una mala mañana". El consenso era: ¡una mala mañana!

Cuando estaba por ingresar a mi vagón, escuché que alguien decía mi nombre y di la vuelta para ver a un hombre que se me acercaba. Me hizo señas para que aguardara. Era un hombre pesado que no llevaba puesto abrigo, ni sombrero. Su chaqueta, que la llevaba abierta, mostraba un físico de amplias proporciones. Su rostro estaba rojizo por el frío y su escaso cabello lucía revuelto por la brisa invernal. Tenía una gran sonrisa en su rostro al decir con una voz tan fuerte que debió ser entrenada para llamar cerdos en las praderas: "Hola, doctor, ¿cómo le parece esto? ¿No es una gloriosa mala mañana?".

Dándome una fuerte palmada en la espalda, siguió derecho hasta el siguiente vagón, dejando a su paso las primeras sonrisas que había visto aquel día. Ya estando en mi silla, me encontré repitiendo esa curiosa frase, "una gloriosa mala mañana". Vi que el hombre que lo había dicho tenía algo, una cualidad de mucho ánimo. Emanaba vitalidad, vida, optimismo. Decidí averiguar qué lo hacía así, de modo que fui a buscarlo. Lo encontré divirtiendo a varias personas con relatos que los hacían reír a todos. Este hombre estaba restaurando el ambiente de quienes lo rodeaban.

Finalmente, logré apartarlo de su audiencia y comenzamos a hablar, lo cual, sin duda, no fue difícil. Le gustaba hablar y yo tampoco soy malo para hacerlo. "Dígame algo", le pregunté. "Esa frase, gloriosa mala mañana, ¿de dónde salió?".

"¿De dónde cree?" fue su rápida respuesta. "Usted debería saberlo. La obtuve de Dios".

"Prosiga...", insistí, "¿cómo, por qué, cuándo y dónde?".

"Yo digo que he sido el peor pensador negativo de este lado de las Montañas Rocosas. Fui el pesimista número uno de la región. Podría decirle con detalles qué estaba mal con el país y el mundo y con todos sus habitantes. Estaba cargado de problemas. Me estaban agobiando. Era un completo miserable".

"¿Entonces qué sucedió?", le pregunté. Vi que tenía ante mí un hombre inteligente y con buena actitud, y que no era ningún tonto. Tenía algo llamado fuerza de personalidad. Era todo un personaje. Y era un optimista empedernido.

"Es muy simple, no tiene ningún misterio. Comencé una relación con Dios. Mi vida fue transformada. Verá, mi hijo que me amaba a pesar de ser una vieja manzana amarga, comenzó a hablarme de un nuevo predicador en la iglesia. Ningún predicador nunca me había impactado desde que era un niño. Habíamos tenido algunos que tenían algo interesante, pero desde hacía mucho tiempo había dejado de asistir a la iglesia. Esto hizo que me enfriara. Quizás era mi culpa. Creo que yo era inalcanzable. No lo sé.

Pero pude ver que mi hijo, Fred, estaba convencido de este joven predicador. Y al parecer, algo había sucedido en él; era más feliz y estaba más activo que nunca, así que un día, llegué a la iglesia casi obligado. Y él tenía razón, ese predicador tenía algo. Pasó al frente y habló sin nada de ese estilo de predicador. Habló usando inglés estadounidense común. Yo también sabía de qué estaba hablando. Pero además de todo, mostraba alegría y paz mental.

También era un verdadero vendedor, porque al día siguiente me llamó a su oficina. Solo puso sus pies en alto y habló. Y me agradó. De hecho, un par de días después, lo llamé y lo invité a almorzar. Él nunca dijo nada de Dios, ni de ningún tema relacionado. Ahora, veo que solo estaba exponiendo su mercancía espiritual. Sabía cómo hacerle una venta a un cliente difícil. Bien, para no alargar la historia, él me llevó a Cristo y antes de que me diera cuenta, estaba sumergido del todo en el Reino".

Luego, se detuvo y me miró con una mirada en su rostro que casi me hace llorar. Sin duda, estaba en el Reino. Y me sentí más cerca del mismo con solo verme expuesto a lo que era aquel hombre.

"Bien", prosiguió, "toda esa vieja melancolía pasó, así como la nieve se derrite cuando sale el sol de primavera sobre ella. Antes de que todo esto sucediera, los problemas me estaban consumiendo. Pero ahora, me gustan, de verdad me gustan, aunque usted no lo crea. Oh, no crea que no hay situaciones difíciles, pero, de alguna manera, las superamos mejor que antes".

Al volver a mi asiento, miré por la ventana un paisaje completamente blanco. El sol apenas lograba traspasar las nubes que justo en ese momento se despejaron. Había montones de nieve cubriendo las cercas y cada poste tenía una gruesa capa. La enceguecedora luz del sol reflejaba millares de diamantes. Incluso el tren rodaba muy silencioso a través de la gruesa blancura de las praderas cubiertas de la deslumbrante nieve iluminada por el sol. De hecho, era "una gloriosa mala mañana".

Durante los días siguientes, me encontré pensando más y más en el poderoso efecto que tiene el optimismo sobre los seres humanos. De hecho, hice un estudio intensivo para determinar qué aporta y los métodos por los cuales se puede cultivar. Es más, lo practiqué yo mismo de forma intencional y descubrí de nuevo que una frecuente práctica sistemática del optimismo es importante para fijarlo con firmeza en la consciencia. Mi amigo del tren obtuvo su actitud optimista hacia los problemas debido a un cambio dramático en su manera de pensar, pero aun así, la práctica diaria de su nueva actitud le había aportado a su experticia en esa vitalizada manera de pensar y de actuar.

El optimismo es pensamiento positivo iluminado. Algunos críticos crónicos de todo lo que huela a esperanza han dicho que el pensamiento positivo es una perspectiva demasiado optimista de la vida y una especie de despreocupación respecto al dolor y los problemas de este mundo. He sentido que algunas personas han distorsionado mi énfasis, a menudo, de forma deliberada. Otros lo han malinterpretado.

El pensador positivo es una persona obstinada, pero realista. Ve todas las dificultades, y quiero decir todas; es más, las ve con claridad... que es más de lo que se puede decir del pensador negativo. Este último, inevitablemente, lo ve todo con una sombría decoloración. Pero el pensador positivo, a diferencia del negativista, no permite que las dificultades y los problemas lo depriman, y sin duda no se deja vencer. Él mira con expectativa más allá de todas las dificultades reconocidas, en busca de soluciones creativas. En otras palabras, ve más que las dificultades y trata de ver las soluciones de esas dificultades.

El pensador positivo tiene una perspectiva más amplia y más profunda. Es muy objetivo. Tiene metas definidas. Nunca acepta un no por respuesta. En resumen, es indomable, no es de las personas que acepta un rechazo. Sigue luchando, pensando, orando, trabajando y creyendo, y te sorprenderá ver cuántas veces el pensador positivo surge de las situaciones más difíciles y aparentemente irremediables, obteniendo resultados positivos. Y así no obtenga esos resultados, tiene la satisfacción de saber que hizo un gran esfuerzo, que es algo muy satisfactorio. Y quizá, solo quizás, el pensador positivo que no alcanzó su objetivo sí obtuvo algo mucho más valioso: su propia hombría, su propia alma.

Así que decidí escribir este capítulo sobre optimismo. De hecho, este capítulo es lo que prescribió el médico. Un médico muy reflexivo en una ocasión me dijo: "Si quiere contribuir a la salud pública, le sugiero que hable y escriba con frecuencia sobre la necesidad de tener optimismo, esperanza y expectativas. Ponga un verdadero buen ánimo en la mente de las personas". Me explicó lo importante que es tener un espíritu feliz y optimista para la sanidad, e incluso dijo que el pesimismo en los pacientes reduce en un 10% el proceso natural de sanidad. Le pregunté cómo podía precisar una cifra porcentual y me pareció que su respuesta fue vaga. En todo caso, la idea es que cuando tu mente está llena de optimismo, este estimula tus fuerzas re-creadoras naturales.

Otro médico, al revisar su trabajo de unos 40 años, dijo que muchos pacientes no se habrían enfermado, ni se habrían visto forzados a consultarlo, si tan solo hubiesen practicado el optimismo, la fe y el gozo. Dijo: "Muy aparte de la medicina, si logro levantar su ánimo a nivel mental por 10 minutos cada día, conduciéndolos a una condición de puro gozo, es decir, a un optimismo pleno, podré hacer que se mejoren y permanezcan así. Por consiguiente, al parecer, a nivel médico, el optimismo también es importante".

Una y otra vez, la Biblia hace referencias al gozo, la fe y el optimismo. "Estas cosas os he hablado, para que mi gozo esté en vosotros, y vuestro gozo sea cumplido". (Juan 15: 11). Así que toma el optimismo como una medicina para el cuerpo, la mente y el alma. El optimismo se basa en la fe, la esperanza y la expectativa; y el simple acto de tener esperanza tiene un valor terapéutico. La Biblia también reconoce esto en un conmovedor pasaje: "¿Por qué te abates, oh alma mía, y por qué te turbas dentro de mí? Espera en Dios; porque aún he de alabarle, Salvación mía y Dios mío". (Salmos 42: 11). Esto es para decir que, si tienes esperanza y expectativa en Dios, estas reflejarán salud y vitalidad en tu rostro.

Así el optimista empedernido tiene la habilidad de ver posibilidades en todo, aunque sea en medio de un panorama muy oscuro. La realidad es que la mayoría de nosotros no busca las posibilidades. Por algún desafortunado capricho de la naturaleza humana, nos inclinamos a buscar las dificultades en lugar de las posibilidades. Y quizás es por esto que las dificultades cobran prioridad sobre las posibilidades en nuestra vida.

En una ocasión, conocí a un hombre que se llamaba a sí mismo un "posibilitador", queriendo decir, alguien que ve las posibilidades en lugar de las imposibilidades. "Bien... bien... solo miremos qué posibilidades tiene esta situación", decía como arrastrando las palabras mientras otros permanecían sentados haciendo miradas de desaprobación. Era asombrosa la frecuencia con la que él encontraba posibilidades y luego los artistas del pesimismo se preguntaban por qué no las habían visto. La respuesta era que el posibilitador siempre estaba buscando las posibilidades y los otros no. Por lo general, encuentras lo que buscas.

Este posibilitador era un hombre intrépido, fuerte, sabio y cortés. No podrías agobiarlo con problemas, sin importar cuántos acumularas sobre él. Daba la impresión de que él en realidad disfrutaba de los problemas de todo tipo, que la vida para él sería superficial sin ellos. Nunca parecía estar más complacido que cuando entraba en acción contra un problema difícil. En realidad, lo disfrutaba. Era todo un hombre, por decir lo menos. Conocerlo fue una de mis mejores experiencias en la vida.

También era sabio, y yo sabía de dónde había obtenido gran parte de su sabiduría. Provenía directo de la Santa Biblia. La conocía de principio a fin. Vivía con sus personajes. Sin duda, ellos eran como personas vivas para él. Escribía los comentarios más inusuales e impactantes en las márgenes de cada página de su Biblia. Al lado de la historia de un hombre que había cometido grandes pecados, y quien había pasado un muy mal tiempo por causa de sus pecados, escribió: "¡Ja ja, sin duda, recibió lo que merecía!". Pero nunca he conocido a un hombre más amable y más servicial.

Recuerdo la ocasión en la que estaba en medio de un problema que de verdad me tenía detenido. No podía ver un rayo de luz y créeme, estaba desanimado. De modo que fui a hablar con el posibilitador.

Él dijo: "Bien, hijo, pongamos tus problemas sobre la mesa. Solo repasémoslos mentalmente y en oración, y veamos qué podemos hacer". Luego, caminó alrededor de la mesa tocándola con su dedo como estimulando el problema por todos los lados. Él tenía artritis en sus dedos y era notorio que la articulación de su dedo índice derecho había crecido. El dedo era curvo, pero podía señalar más recto con ese dedo desfigurado que la mayoría de las personas con uno saludable. "Nunca vi un problema que no tuviese un punto débil en alguna parte, si tan solo no dejas de tocarlo", musitó.

En ese momento, encontró el punto "débil" y comenzó a masticarlo como un perro con un hueso. Por último, comenzó a reír diciendo: "Aquí está hijo. Creo que hemos encontrado el punto álgido de tu problema. Desglosémoslo y veamos qué podemos hacer". ¡E hizo mucho!

Incluso para él las respuestas nunca eran fáciles, pero lo importante es que llegaban. Créeme, aprendí mucho de mi anciano amigo, el posibilitador, y lo más importante que aprendí es que siempre hay posibilidades donde no parece haber ninguna. Eso es lo que es ser un optimista empedernido. Sigue tocando.

A veces, me siento mal por los jóvenes en estos días y por esta época de poco brillo. Crecí cuando en los Estados Unidos era una tradición creer en el progreso sin límites. Había una esperanza dinámica en los días por venir. Creíamos que el futuro estaba todo ante nosotros. Los jóvenes de ahora parecen haber sido entrenados con la idea de que el mundo está en una condición terrible y tenemos suerte si logramos sobrevivir. Esta es una sofisticada actitud deprimente de muchos mal llamados eruditos. Esta noción la obtengo al menos de algunos tristes intelectuales. Al parecer, para ser un estudioso es apropiado tener un aspecto agrio en tu rostro y tener una actitud de desprecio en tu mente.

Un día, en San Francisco, caminando por la Calle California, en Nob Hill, conocí a un intelectual. ¿Cómo supe que era un intelectual? Porque me dijo que lo era. Si no me lo hubiese dicho, no lo habría sospechado. Pero estaba vestido como se supone que debe vestirse un intelectual. Tenía un suéter negro y su camisa tenía los tres botones superiores sueltos, dejando ver lo que debería ser un pecho varonil, pero en realidad me pareció un poco deslucido. Sus pantalones no habían sido planchados por mucho tiempo y sus zapatos, antes blancos, se veían deliberadamente gastados, por lo que concluí que era un bohemio y era muy probable que viviera en un garaje. Tenía ese aspecto triste y aburrido, y me dijo en un tono que indicaba todo lo contrario: "Me alegra conocerlo".

Le pedí al Señor que me perdonara y le respondí que también me daba gusto conocerlo. "Usted es ese amigo súperfeliz que va por todo el país hablando sobre ese brillante y fortuito pensamiento positivo, ¿verdad?", preguntó con rudeza.

"Bueno", dije, "tiene razón en algunas de sus suposiciones y en otras está equivocado. Sí voy por todo el país y sí hablo de pensamiento positivo, que es brillante, eso es verdad, pero no es fortuito. Es más, es para hombres, y...", añadí con más malicia de la que debía tener, "es por eso que algunas personas no lo comprenden".

La mirada interesada de aquel llamado intelectual se profundizó y dijo: "¿Pero usted no sabe que el mundo está lleno de dificultades y problemas?".

"Sé que está lleno de dificultades y problemas, estoy muy enterado de los problemas. ¿Cree que nací ayer? Puedo decirle algo de los problemas que usted en su dolorosa abstracción del mundo nunca ha escuchado. Reconozco los problemas. Pero gracias a Dios, el mundo también está lleno de superación sobre las dificultades y de soluciones a los problemas".

Él no tuvo réplica para eso y siguió por la calle, meneando su cabeza y casi podía escuchar el traqueteo de su cuello mientras se alejaba.

Aquel hombre había adoptado la manera enfadada y aburrida de ver la vida, que al parecer, es el estilo entre los confundidos. Sin duda, sería una persona lo suficientemente agradable si se quitara de encima esa actitud dispéptica y colérica ante el mundo. Es claro que la vida está llena de dificultades, y sin duda, está llena de problemas;

pero marca este hecho: también está llena de superación sobre las dificultades y también está llena de las soluciones a los problemas. Y si no superamos y resolvemos nada ¿en qué quedamos?

En esta vida no hay nada tan satisfactorio como superar las dificultades, ni nada tan emocionante como desglosar un problema difícil y darle solución. Y esto se puede hacer, incluso de manera placentera, cuando tu mente está condicionada con un optimismo y una fe en marcha, y a eso le sumas expectativa.

Puedes condicionar tu mente para que tenga un optimismo empedernido, si empleas las técnicas creativas, científicas y espirituales descritas en este libro.

Para hacer que el optimismo sea efectivo, un elemento importante es alcanzar un estado de armonía. La persona que está en armonía consigo misma y con los demás es efectiva. Cuando no tienes esa armonía, no eres efectivo en ese sentido. Cuando las preocupaciones se reduzcan, o mejor, se eliminen, la eficiencia armoniosa comenzará a evidenciarse en tu manera de pensar y de actuar.

Una vez, hablé en una convención de fabricantes de maquinaria, uno de los cuales me dijo que un factor básico para hacer que una máquina sea efectiva es el grado de reducción de estrés, lo cual permite que las partes de sus componentes operen de manera armoniosa. "Cuando la máquina trabaja en armonía en todas sus partes", dijo, "de hecho, parece que cantara de gozo. Así, su coeficiente de eficiencia es alto".

Si eso es verdad con una máquina, sin duda, no puede ser menos cierto con un ser humano. Cuando los conflictos, el estrés y la confusión te agitan, tu personalidad, que ha sido diseñada como una unidad operativa constituida por cuerpo, mente y espíritu, no funciona con eficacia. Se requiere el correctivo de la armonía.

Un entrenador de clubes de grandes ligas de béisbol e instructor de tenis me dijo cómo siempre hacía énfasis en la importancia del gozo y la armonía en los campeonatos deportivos. Él tenía una alumna que a nivel técnico era una de las mejores tenistas que había entrenado, pero solo desde el punto de vista de la técnica. No había un flujo armonioso más profundo en el juego de aquella chica y, a pesar de la perfección en su técnica, su trabajo no alcanzaba el potencial más alto. Un día, él se detuvo ante la red y le hizo una pregunta sorpresiva: "¿Conoces el vals Danubio Azul? ¿Lo suficiente como para tararearlo conmigo?". A ella le sorprendió, pero dijo que sí podía hacerlo. "Bien", dijo él, "mientras jugamos tenis, quiero que coordines tus golpes con la armonía del vals Danubio Azul".

Ella pensó que era un procedimiento más bien extraño, pero hizo lo que él le dijo, y a medida que ella se concentraba en la música, le asombró cómo sus golpes comenzaron a mejorar en gracia, simetría y armonía. Después de la lección, ella se acercó con un brillo en su rostro y dijo: "Nunca antes sentí el gozo y el poder de este juego. En realidad, por primera vez en mi vida lo he sentido". Después de eso, ella se convirtió en una deportista estrella y desarrolló el verdadero flujo de la armonía.

De hecho, el juego de la vida no es muy diferente. Cuando enfrentas el juego, el trabajo o la vida, estás bajo presión y, por lo tanto, desarrollas resistencia solo porque no estás en armonía. Así que, por naturaleza, el optimismo decrece. Pero cuando tu mente está llena de gozo, cuando amas lo que estás haciendo, ya sea vendiendo alimentos, escribiendo libros, criando hijos, practicando leyes o medicina, o estudiando, cuando lo amas y te alegra mucho eso que haces, entonces mejoras tu armonía y hay un flujo hacia tu manera de pensar, vivir y trabajar, lo cual hace de tu vida una experiencia muy agradable. ¿Cuál es el resultado? Te haces más efectivo. Así que comienza por desarrollar la armonía interior y exterior, porque si no tienes un buen equilibro contigo mismo o con los demás, entonces, como dicen, "estás fuera".

Soy consciente de que para algunas personas es difícil aceptar mi énfasis en el optimismo, sin importar lo empedernido que sea. En realidad, incluso parece que mi propuesta les fastidia a algunos de los más críticos, ya que, en esencia, ellos odian ver que algo salga bien; les molesta. Hasta se podría pensar que les alegra que las cosas salgan mal. Pero no, en realidad, al parecer, ellos toman a mal cualquier señal de esperanza. Si las cosas no estuvieran mal, ellos no tendrían nada de qué entristecerse y agarrarse.

Es probable que la razón que algunos tienen para una reacción tan hostil ante el éxito sea un reconocimiento inconsciente de que ellos mismos no están haciendo un buen trabajo; así que, siguiendo una lógica deformada, ellos no quieren que a otra persona, o incluso a la sociedad, le vaya bien. Desde luego, ellos niegan esto y nublan su voluntad neurótica para que fracase bajo un bombardeo de grandes palabras humanitarias y de preocupación social, acompañadas de lo que consideran un estilo académico. De hecho, cuanto más erudita e intelectualoide sea la expresión de negativismo melancólico, más seguro puedes estar de que ese pesimismo proviene de una muy arraigada frustración y sentido de fracaso. No es necesario ser sicólogo para percibir esa clara realidad respecto a algunos de nuestros pesimistas muy aferrados a lo académico.

El malsano desorden de una mentalidad amargada se manifiesta en el actual estilo de lo que el Dr. Henry M. Wriston, ex presidente de la Universidad Brown, llama "autoflagelación". "En la actualidad, estamos con un estado de ánimo autoflagelante", escribió en un artículo en la revista *Think*. Nos gusta lastimarnos. Estoy cansado de eso. Al parecer, nuestro lema es: todo lo que puedes hacer, puedes hacerlo peor. Esta es la primera democracia continental en todo el mundo y ante la gran cantidad de críticas que hay en la actualidad pensarías que fue un fracaso. Claro que no lo es.

El Dr. Wriston tiene toda la razón. Claro está que no todo es dulzura y brillo, ni tampoco es un camino de rosas. ¿Quién dijo que lo fuera? Pero eso tampoco quiere decir que todo está perdido. Nos encontramos en algún punto entre los dos extremos, pero es mejor que creamos en el progreso y oremos por que así sea y trabajemos para alcanzarlo o de verdad nos hundiremos tan profundo como esperan las lúgubres cornejas. No importa cuán bajo nos hundamos, ellos quedarán satisfechos. Su naturaleza sádica espera ver la camisa rota bajo la autoflagelación. Los autoflageladores llenos de conocimientos son los verdaderos santos de pilares de nuestros tiempos, aunque les aburre que los comparen con algo perteneciente a la religión, de la cual afirman estar completamente emancipados. Pero en realidad, nunca han sido emancipados de nada, en especial de ellos mismos; siempre están siendo empujados por la irritante persistencia de nunca encontrarse a sí mismos.

Es una generación curiosa que siempre hace preguntas y nunca obtiene respuestas. Está llena de personas entristecidas, siempre en la búsqueda de sí mismas, pero que nunca tienen éxito en su búsqueda. Así que, al no organizarse, se valen del desorden. Dejan crecer sus bigotes y también el pesimismo, y se sientan con miradas tristes en mugrientas tabernas a tomar cerveza de una manera aburrida. Muchos muestran tanta rudeza, que sabes que en realidad ellos no son nada rudos. Detrás de la mayoría de bigotudos que veo en nuestros jóvenes aburridos, tristes y enojados, hay un aspecto de bebé mal disfrazado alrededor de la boca. Y así van año tras año, siempre tratando dolorosamente de encontrarse a sí mismos, preguntando, siempre haciendo preguntas, buscando respuestas que no encuentran.

¿Alguna vez percibiste la actitud arrogante y egoísta que asumen esas personas? Cualquiera que alguna vez haya sufrido de un complejo de inferioridad, y yo lo he tenido, en realidad está hecho, a pesar de sí mismo, para sentirse medio incómodo, y como un anticuado sin esperanza, porque no está cubierto de bigotes como los demás. Esta podría ser la razón por la cual algunos lo usan tratando de disimular.

Pero enfrentémoslo, no es posible esconder un complejo de inferioridad detrás de un arbusto de cabello en tu rostro. Ahora, por favor, no asumas la idea de que este libro es una gran cruzada contra los que llevan bigote. En algunos hombres, ya maduros, mantener una barba es incluso impresionante. Pero el punto es que debes ser un hombre para usar un buen bigote. Solo un hombre que al menos se haya encontrado a sí mismo tiene lo que se necesita para salirse con la suya con el bigote.

Desde luego, no todos los que dudan del optimismo son del tipo bohemio. No son pocos quienes viven como gente trabajadora normal, pensadora y estudiosa, que tiene una preocupación seria respecto a muchos problemas y para la cual el optimismo parece irrealista o incluso superficial. Yo respeto a este tipo de personas y a sus preocupaciones. Pero el optimista empedernido tiene la actitud más sólida, ve todos los males y los ve tal como son, pero aun así cree en mejores resultados que los que parecen mostrar las probabilidades del momento.

Hace poco, conocí en un vuelo a un hombre que, en vocabulario actual, me expresó la que podría interpretarse como una sombría perspectiva de vida. De hecho, mientras me inundaba con sus ideas, me vi recordando a Schopenhauer: "El optimismo corta una figura de lamento en este teatro de pecado, sufrimiento y muerte".

Se diría que el método de este compañero de vuelo era algo así como ejercer una leve carencia de la que solía llamarse elegancia. Lucía erizado, con cierta agresividad que rayaba en hostilidad hacia todo el mundo; hacía uso de palabras teológicas que apenas sí tenían sentido; quería saber de "dónde rayos" había obtenido yo este asunto del pensamiento positivo. ¿Acaso no sabía yo que el mundo estaba en un terrible caos? ¡Entonces, a qué me refería con eso de pensamiento positivo! Etcétera elevado a infinito.

Cuando se le acabaron las palabras, porque en efecto así fue, y se hizo evidente cuando recurrió a su superficial uso de vulgaridades pesadas ante la escasez de vocabulario objetivo, le afirmé que no había tomado mi filosofía en el infierno, como al parecer él creía, y que en cualquier momento y en cualquier lugar, tenía los argumentos necesarios para sustentarla con solidez, incluso por encima de su "tonto" pesimismo; y ¿qué pensó él al respecto?

Los dos nos miramos sin reparos y sonreímos de manera amistosa. Le dije que, como pensador positivo, tenía más agallas que él como pensador negativo, porque los pensadores positivos les dan una mirada directa y fría a los aspectos sórdidos, pero no se dejan afectar por ellos. No gimen, ni se dan por vencidos, sino que se ponen manos a la obra, con la ayuda de Dios para hacer algo frente a los problemas del mundo. Le pregunté por qué no se unía también a esa manera de pensar en lugar de ser tan solo un hablador ruidoso y de mentalidad frágil.

Le sugerí que juntos les diéramos una mirada a los problemas difíciles y le leí el editorial de *The Church Herald*, que era de mi propia denominación, la Iglesia Reformada de los Estados Unidos. A mi parecer, aquel artículo era una verdadera afirmación cristiana que enfrentaba los hechos y no se avergonzaba, ni se asustaba ante ellos. La verdadera mente cristiana es, sin duda, la mente más resistente del mundo. Ve las cosas tal como son, pero no se detiene ahí. También ve las cosas como pueden llegar a ser por la gracia de Dios y por nuestra inteligencia.

Permíteme citar la afirmación que le leí a este viajero inundado de problemas:

Muchas señales evidencian que estamos presenciando la menguante influencia del cristianismo en nuestro continente. La filosofía predominante en la educación superior es el naturalismo, que es tan ateo como el comunismo ateo. Poco a poco, la Biblia está siendo forzada a ser retirada de las escuelas públicas. Nuestra tasa de crímenes está en su punto máximo a lo largo de todos los tiempos. La moral que dice llamarse cristiana nos grita casi desde todos los quioscos de revistas. La mayoría de los libros y revistas "mejor vendidos" es no cristiana, si es que no es anticristiana en moralidad y mensaje. Con los programas de televisión, o con el estilo de vida que estos describen, nunca adivinarías que más del 50% de las personas en los Estados Unidos está afiliado a una iglesia cristiana. El materialismo, la adoración de las cosas incluso mientras profesamos con los labios que creemos en Dios, parece estar creciendo por todas partes. Los estándares morales están volviendo a lo que eran antes de que Jesucristo viniera a este mundo. Gran parte de nuestra vida sigue como si Él nunca hubiese vivido, muerto o resucitado.

Nosotros, los ciudadanos de los Estados Unidos, gastamos más dinero en licor, que en educación. Más de nuestros hijos están convirtiéndose en cantineros, que en ministros del evangelio. Grandes masas de los mal llamados cristianos, rara vez, si es que alguna vez lo hacen, van a los servicios de la iglesia y prácticamente viven sin Dios. Muchos de ellos parecen estar más interesados en la atracción sexual que en la pureza. A la fornicación se la llama diversión y a la lujuria se la llama amor. No es de extrañar que tengamos hogares destruidos y delincuencia juvenil. En las palabras de Jeremías, "hemos cometido dos males: me dejaron a mí, fuente de agua viva, y cavaron para sí cisternas, cisternas rotas que no retienen agua". Estamos en una época, como Jesús lo predijo cuando afirmó: "Por haberse multiplicado la maldad, el amor de muchos se enfriará".

Confesamos que Jesucristo es el Señor, pero su voluntad está lejos de dominar este mundo que está rebelado contra Dios. Su evangelio, difamado y desaprobado desde el comienzo, quizás hoy más que nunca en su Historia, enfrenta una mayor variedad de oposición demoniaca sutil y atrincherada. La más siniestra y diabólica de todas es el comunismo ateo, con la tiránica sujeción que ejerce sobre un tercio de la población mundial, resultado que alcanzó en esta generación.

Esta imagen parece una descripción de pesimismo puro, pero todos son factores imposibles de ignorar. Es mejor que veamos las cosas como en verdad son, en una perspectiva real, porque no hay nada más peligroso que la ilusión. Pero si solo quedáramos 300 cristianos verdaderos, es mejor que lo sepamos. Saberlo nos ayudaría a renunciar a nuestra confianza en trucos y a poner nuestra confianza solo en Dios, para depender no en hombres, ni en sus métodos, sino en el Señor y su evangelio. En nuestra situación, Jesús también habría dicho: "Lo que es imposible para los hombres es posible para Dios".

Si, en cierto sentido, nuestra época es de decadencia y derrota; y aun así, es al mismo tiempo una época de oportunidades. Aunque el comunismo y ciertas religiones paganas parezcan poderosos hoy, Dios sigue siendo más fuerte que Satanás. "He aquí que no se ha acortado la mano de Jehová para salvar, ni se ha agravado su oído para oír". Quizás hoy no veamos la victoria, pero podemos trabajar, luchar, orar y esperar, porque creemos en Jesucristo.

A medida que avanzábamos por el cielo a unas 500 millas por hora, considerando lo anterior, mi compañero de silla comentó: "Bueno, si la Iglesia tiene incluso unos pocos hombres de fe como indica ese editorial, entonces podría ser que yo estoy hundido por completo. Está bien. Trataré de seguir la idea de que hay una respuesta optimista a la situación en el que estamos". (Pero no se salió por completo de su pesimismo). "Tratemos de hacer algo útil de este horrible mundo". Ahora, hablaba en un tono animado y, si de verdad trabajaba con una mentalidad positiva, se daría cuenta de que la optimista e invencible fe en Dios produce resultados creativos sin importar lo difíciles que sean las cosas.

El hecho indiscutible de que la vida es dura y atiborrada de problemas no le resta valor a la perspectiva optimista, ni al enfoque creativo. Si todo fuese brillante y fortuito, el conmovedor gozo de mejorar antes la adversidad sería menor, porque, desde luego, sería algo común. Esto crea un claro contraste entre el gozo y el dolor, indicando que las satisfacciones más profundas de la vida están por ser descubiertas. Por tal razón, al incitar la actitud de que podemos enfrentar los problemas, no cerramos los ojos ante el dolor y las dificultades, sino, por el contrario, defendemos la búsqueda de creatividad dentro de la dificultad. Y, sin duda, cualquier otro curso de acción apenas sería posible, puesto que es ahí donde se debe hallar.

En la actualidad, parece haber una extraña percepción que asume que los problemas reales hacen perder la esperanza; que, por el simple hecho de tener problemas, la actitud correcta es ser pesimistas.

De hecho, esta noción se expresa en unos cientos de cartas que me llegan de mis lectores. Ahora, desde luego, entiendo muy bien que los problemas pueden ser y son a menudo desagradables y molestos en extremo. Y hacen que la vida sea más difícil. De eso no hay duda. Pero que su existencia y presencia demandante reste optimismo no es consecuente. Sin duda, la falta de dificultades haría innecesario el pesimismo, pero significaría, literalmente, ausencia de vida. Y los logros creativos solo son positivos si hay vida.

Permíteme ilustrar este punto. Hace poco, estaba caminando por la Quinta Avenida cuando me encontré con un amigo que se llama George. Era muy claro que no estaba lo que describirías como muy feliz. En realidad, llevaba una expresión desconsolada y muy triste, lo cual estimuló mi empatía natural, así que le pregunté: "¿Cómo estás George?".

Ahora, si la miras tal como es, esta era una simple pregunta de rutina, pero George la tomó en serio y procedió con detalles meticulosos a informarme sobre el tema que lo hacía sentirse tan mal. Después de 15 minutos, seguía tratando el tema, aunque ya hacía mucho me había convencido de que se encontraba dentro de un marco mental abatido, acompañado de malos sentimientos.

"Bien, George", dije en tono comprensivo, "lamento que veas la situación con un panorama tan oscuro y te sientas tan mal". (Por cierto, esa perspectiva negativa y su resultado sobre los sentimientos van juntas como gemelos siameses). "Me gustaría ayudarte. De hecho, estoy de tu parte y haré lo que pueda por ti".

"Si tan solo pudieras liberarme un poco de este caos de problemas que está haciendo que mi vida sea miserable. Problemas, problemas y más problemas, eso es todo lo que tengo y estoy cansado de eso. Estoy harto de los problemas". Luego, dejó caer sus manos con un gesto de incapacidad y desespero.

"Te diré algo, Norman", gruñó. "Si me ayudas a liberarme de estos problemas, te daré $1.000 dólares en efectivo por tu trabajo". Bueno, no soy de los que rechazan una oferta como esa y traté de cooperar con George.

"Bien, George", dije. "Creo que puedo ayudarte, al menos con un pensamiento. El otro día estuve en un sitio no muy lejos de aquí, donde hay 100.000 personas y ninguna de ellas tiene un problema".

"Vaya, eso es para mí", respondió George mostrando el primer brillo de optimismo que logré detectar en su rostro. "Sin duda, eso es para mí. ¿Dónde está ese lugar? ¡Llévame allá!".

"Bueno, si de verdad quieres saber", le dije, "es el Cementerio Woodlawn, en el Bronx. Allá no hay problemas en lo absoluto. Pero el problema es que en Woodlawn todo el mundo está muerto. Así que, George", continué, "no lamentes tanto esos problemas, porque en realidad, son una señal de vida; te demuestran que no estás muerto".

Y, desde luego, justo de eso es de lo que se tratan los problemas: son la muestra de participación de nuestra parte, que en sí misma indica vitalidad y existencia. De hecho, la persona que tiene 50 problemas está el doble de viva que la que tiene 25. Y si por alguna extraña probabilidad no tienes ningún problema, es mejor que te pongas de rodillas y ores al Señor pidiendo: "Señor, ¿qué sucede? ¿Ya no confías en mí? Por favor, mándame algunos problemas".

Así que alégrate. Sí, en realidad, gózate de tener problemas. Sé agradecido por ellos, pues quieren decir que Dios confía en tu capacidad para enfrentarlos con lo que Él te ha confiado. Adopta esta actitud frente a los problemas y esta tenderá a quitar de ti la depresión que hayas desarrollado al tener una reacción negativa hacia ellos. Y a medida que desarrollas el hábito de pensar en términos optimistas respecto a tus problemas, verás que te irá mucho mejor con ellos.

Además, esta nueva perspectiva mejorará tu forma de disfrutar la vida, porque una de las pocas grandes satisfacciones de estar vivos es enfrentar los problemas con eficacia. Es más, mediante la ayuda y la dirección de Dios, esta capacidad de manejar con éxito las dificultades nos ayuda a edificar la confianza en que tenemos lo que se necesita para enfrentar todo lo que surja en el camino.

Es extraño y triste ese concepto que ha ganado vigencia en los últimos años, que indica que el progreso de las personas se logra al aliviarlas de sus problemas y no al hacer que ellas tengan la confianza propia en que son capaces de manejar sus problemas. Tal consideración suena bien cuando se dice desde el púlpito o la expresa un político en campaña para ganar adeptos, pero la realidad es que las personas nunca han ayudado o amado de verdad si no han sido encaminadas a encontrar la fuerza y los conocimientos necesarios para vencer ante la adversidad haciendo uso de sus capacidades. Cuando es evidente la incapacidad de la gente, entonces es natural que otros se ocupen de los problemas, pero solo bajo esas condiciones.

Sin embargo, la idea persiste entre los súperconsiderados, incluso los que se les rompe el corazón pensando que los problemas son muy terribles y el mundo debería deshacerse de ellos. El método para hacerlo, desde luego, es por medio de leyes emocionales en Washington. Me pregunto si los políticos, que casi siempre tienen una consciencia menos emocional y más cínica con respecto a lo que profesan, no han encontrado en este mecanismo un elemento glorioso para recaudar votos; y, desde luego, acorralar votos es su principal objetivo.

Los hombres fuertes, creativos, que hacen cosas, no odian los problemas para nada; de hecho, les gustan, saben que estos son los que ejercitan los músculos de la mente, los endurecen y los fortalecen. Los problemas nos capacitan para enfrentar mejor la vida.

Uno de los hombres que más he admirado fue al famoso y ya fallecido Charles F. "Boss" Kettering, un científico genio de General Motors. Él creó el encendido automático, el proceso Duco de pintura para los automóviles y muchos otros dispositivos modernos. Él fue uno de los pensadores más estimulantes que jamás haya conocido.

En una cena en Cleveland, para celebrar el Aniversario #150 de la admisión de Ohio a la Unión como Estado, varios nativos del lugar fueron invitados para hablar. En el programa estábamos Branch Rickey, el Dr. Milliken, Bob Hope, otras personas y yo.

El maestro de ceremonias dio inicio al programa y llamó a "Boss" Kettering, quien se encontraba entre la audiencia. Ketterin pasó al frente e hizo un discurso de dos frases que siempre permanecerá en mi memoria como una obra maestra. Refiriéndose al énfasis en la razón por la cual se estaba realizando esa cena, dijo: "No estoy interesado en el pasado. Solo me interesa el futuro, porque allá es donde espero pasar el resto de mi vida". Y con eso, tomó asiento en medio de un ensordecedor aplauso.

En General Motors, Kettering a menudo les decía a sus ayudantes: "Los problemas son el precio del progreso. Solo tráiganme problemas. Las buenas noticias me debilitan". ¡Vaya filosofía! Tráiganme problemas, ellos me fortalecen. Los problemas vistos como oportunidades me hacen fuerte.

La gran pregunta no es si tenemos problemas y si algunos de ellos son demasiado difíciles o si todos ellos suman complicaciones a nuestra vida. La gran cuestión es tu actitud ante los problemas. Tu manera de pensar respecto a tus problemas es más importante que tus problemas en sí. Menninger afirmó: "Las actitudes son más importantes que los hechos". Es verdad, un hecho es un hecho. Algunas personas lo dicen como una frase concluyente: "Esa es la fría realidad. ¿Qué puedes hacer al respecto?". Así que se dan por vencidas.

Pero el optimista empedernido asume una actitud positiva hacia los hechos. Los ve con una perspectiva realista, tal como es, pero ve algo más. Los ve como un desafío a su inteligencia, a su ingenio y a su fe. Ora y pide perspectiva y dirección para tratar con la fría realidad. No deja de pensar, no deja de orar, ni de creer. Sabe que hay una respuesta y termina por encontrarla. Quizá cambia los hechos o los pasa por alto; o quizás aprenda a vivir con ellos. Pero cualquiera que sea el caso, su actitud hacia la realidad demuestra ser más importante que los hechos mismos.

Practica el optimismo hasta que lo domines. Luego, sigue practicándolo, así siempre estarás trabajando. Nunca necesitas una derrota final, nunca. Con la ayuda de Dios sabrás cómo manejar cualquier problema.

NUEVE

Ora a medida que avanzas en la dificultad

¡Ella estaba enojada! Nunca vi a una mujer más enojada en mi vida. Estaba muy airada, y quiero decir, demasiado; no dejaba de hablar y su enojo solo podría superarlo la violencia emocional. Había venido a hablar conmigo, o para ser más preciso, a hablarme a mí. Apenas podía decir una palabra cuando ella ya me estaba interrumpiendo.

Acababa de descubrir que su esposo estaba teniendo un amorío con otra mujer. Ella y su esposo, repetía una y otra vez, habían estado casados por 20 años. Él no podía hacerle eso a ella. Había confiado en él; desde luego, pensaba que todo estaba bien entre ellos; ¡y ahora sucedía esto! No lograba encontrar palabras con la fuerza suficiente para expresar lo que pensaba de él. Al parecer, él era un canalla hipócrita, doble y un traidor de lo peor.

Es claro que yo no podía condonar la conducta del esposo, pero la actitud de esta mujer era tan vengativa y justificable para ella, que explicaba muchas cosas y no pude evitar sentir algo de consideración por el hombre.

Pensé que ella se cansaría pronto, así que la escuché con atención y en silencio, pero cuando comenzó una segunda ronda de la misma diatriba, le pedí que se detuviera. En consejería, he visto que las personas enfadadas tienen la tendencia de repetir sin parar lo que ya han dicho. Relatar una historia solo una vez es suficiente. Pero por más que lo intentaba, yo no lograba acallar el flujo de vituperios que provenía de esta mujer.

Así que oré pidiendo dirección. No tengo la inteligencia suficiente para saber cómo manejar ese tipo de casos por mi cuenta, así que le pedí dirección a Dios y la obtuve. Un método dramático vino a mi mente y resultó ser efectivo.

La interrumpí y dije: "Escuche, no estamos yendo a ningún lado con este asunto. Así que le sugiero que deje por completo el problema por un rato. Déjelo en mis manos". Me puse de pie, junté mis manos como haciendo una forma de copa y las extendí hacia ella. Como si recibiera su problema en mis manos, proseguí: "Ahora tengo su problema". Caminé a la puerta, la abrí e hice el gesto de lanzar algo a la habitación del lado y cerré la puerta. "Ahora, su problema está afuera. Dejémoslo allá y vamos a pensar en Dios en lugar del problema". Ella comenzó a decir algo. Entonces, la interrumpí diciéndole: "Por favor, ya tuvo su oportunidad de hablar. Mantenga absoluto silencio y yo también lo haré. Solo permanezca sentada y piense en Dios hasta que le diga que deje de hacerlo; yo haré lo mismo".

Estaba tan sorprendida con ese procedimiento tan inesperado, que guardó absoluto silencio. Yo no esperaba que pudiera hacerlo, pero luego observé que ella tenía más autodisciplina que la que evidenciaba en la superficie. Después de tres minutos de silencio, tomé la Biblia y leí unos pasajes seleccionados con la idea de hacer énfasis en la presencia del Señor. Otros los escogí para mirar el poder de acallar la mente y permitir la actividad mental racional.

Luego, continué: "Ya puede hablar. ¿Qué pensamientos vinieron a su mente durante ese periodo de silencio?".

Vaciló, y cuando habló, lo hizo con palabras calmadas y controladas. La ira había desaparecido. Habló despacio y de forma inteligente. En ese punto, ya no era más una completa víctima de la emoción; ahora, estaba pensando. Era una especie de monólogo que tuve el honor de escuchar. Digo honor, porque era una persona real la que estaba hablando. "Bien, a pesar de todo, Harry es un buen hombre. Debo pensar en toda su bondad y paciencia. No es normal que Harry se haya envuelto en esa aventura". Hizo una pausa y por último agregó: "Quizá, la falla es más mía que de él. Debo haberle fallado. No estaba pensando". Ella tenía toda la razón. Muchas esposas no sufrirían este tipo de situaciones si solo pensaran, no solo en ellas mismas, sino también en sus esposos.

Pero por mucho que respete el poder de la oración para hacernos pensar, nunca hubiera estado preparado para su siguiente afirmación. Era claro que era dura, pero el hecho de que ella la expresara mostró una valiosa comprensión de la vida.

"Pobre mujer. Mira toda la pena y el dolor que está generando sobre sí misma y sobre mi familia. Espero poder orar porque ella se encuentre a sí misma". Pero no estaba siendo débil, eso es seguro, porque de repente se puso de pie y dijo: "Ya estoy bien. Sé qué hacer conmigo misma y estoy segura de que sabré manejar la situación". Al verla partir, vi que lo haría, porque había experimentado una de las más sutiles de todas las habilidades humanas: cómo orar para salir de la dificultad. Ella, por sí sola debía resolver su problema, con la ayuda de Dios. Y así fue como ella lo vio.

Desde entonces, he usado esta técnica en muchos otros problemas y en la mayoría de los casos ha resultado ser efectiva. Este método en particular implica muchos factores: el primero es un vaciado completo del contenido emocional. Esta mujer lo hizo.

Por fortuna, pude detener su vaciado emocional en el momento preciso y evitar que volviera a lo mismo. Esta es una de las razones del fracaso en muchos casos; las emociones se desocupan y vuelven a llenarse de inmediato. Con esto se crea un ciclo sin fin que no lleva a un final constructivo.

Un segundo factor es que ella exorcizó o descargó la emoción sobre otra persona. Yo pude ayudarle al escucharla de manera respetuosa, valorando su personalidad, que en ese momento estaba herida y se sentía rechazada. Al mostrar estima, la ayudé a restaurar su ego.

Un tercer factor, y uno de gran importancia es que, al insistir en tener un tiempo de quietud, rompimos con el ciclo, desviamos un ciclo que de otra forma no tendría fin, e inyectamos una nueva posibilidad, la de dirección más allá de sí misma. Cuando llegó a mi oficina, no tenía ánimo como para poder pensar. Pero se creó un nuevo ánimo, no solo para poder retomar los procesos de pensamiento, sino que se hizo a un mayor nivel de perspectiva. Al hacer a un lado el problema de manera temporal, pasándolo y desviándolo a un entrenamiento de pensamiento espiritual, su mente quedó liberada de la tensión que la entorpecía y logró relajarse. Así fue como pudo estar en capacidad de producir ideas constructivas. De esta manera, se recuperó y recobró la habilidad de manejar su problema.

Otra persona que encontró la efectividad de este método es alguien que dirige una empresa grande. Él me dijo que en una ocasión enfrentó un problema tan preocupante, que luchaba con él día y noche. Estaba tan presente en su mente, que no podía dormir. Se volvió tenso, irritable y nervioso. Cuanto más luchaba con la situación, más compleja y sin esperanza parecía. De hecho, al mantener el problema en su mente, lo que hacía era evitar que surgieran la respuesta y la solución.

Al recorrer su oficina, hizo una pausa frente a la fotografía de su madre. Ella había sido una sencilla mujer de campo a quién no solo amaba y por quién sentía un gran respeto, sino que también la admiraba por su inteligencia aguda y práctica. Mientras miraba la fotografía de su madre, recordó algo que le había escuchado decir muchas veces en situaciones familiares difíciles: "Solo dejemos el problema a un lado por un rato y pensemos en Dios".

Esa idea pareció ser un mensaje directo para él ante su situación. Así que quitó todos los papeles de su escritorio, los introdujo en un cajón y lo cerró. Luego, se dijo a sí mismo: "Ahora, la cubierta está despejada. Me voy a alejar de este problema por un rato". De otro cajón sacó su Biblia, se recostó en la silla y comenzó a leer el libro de los Salmos. Y ahí, aunque no lo creas, permaneció media hora, leyendo la Biblia en silencio. Buscó algunas de las páginas que mejor conocía y leía en voz alta las palabras más llamativas. Por último, cerró la Biblia y permaneció sentado en silencio, pensando en Dios. Pensó en la bondad de Dios, en su providencia, en la vastedad de su mente, en la inmensidad de su amor. Luego, hizo una oración silenciosa de acción de gracias.

Un sentimiento de calma inundó sus pensamientos. Su mente se calmó más y más, sentía descansado su cuerpo. Estaba relajado, como una banda de caucho que vuelve a su forma natural después de haber sido estirada al máximo.

Retomó el trabajo muy refrescado y estimulado. De repente, a su mente llegó la idea de ir a buscar a cierto hombre que vivía por la misma calle. Como lo veía hasta ese momento, en realidad no había ninguna conexión entre su problema y el hombre cuyo nombre había surgido en su cabeza. Pero pensó que, puesto que a su mente había llegado ese pensamiento justo después de orar, quizás era mejor ir a verlo.

Así lo hizo y durante la conversación él hizo un comentario aparentemente irrelevante que, a su vez, activó una idea que explotó en la mente de nuestro amigo con la fuerza de la inspiración repentina. Vio con mucha claridad el primer paso para la solución de su problema. Otros eventos subsecuentes demostraron que había recibido una respuesta real.

Como resultado de esta experiencia, ahora sigue el mismo procedimiento con cualquier problema que represente mucha dificultad. Quita la atención del problema por el tiempo suficiente como para concentrar sus facultades en Dios. Luego, vuelve al problema, pero con su mente acallada, relajada y trabajando a su máxima eficiencia. Como resultado, su mente le da perspectivas sólidas. Ha visto que su método es válido para toda clase de problemas. Dice que funciona de manera consistente.

La técnica de calmarse y retirarse mentalmente para estar en la presencia de Dios es tan importante que va contra todo buen juicio hacer caso omiso de este método para el manejo de los problemas. Algunas personas muy inteligentes tienen una imagen borrosa de Dios como una clase de ser religioso remoto que solo está vinculado con las iglesias. Este no es el gran Dios que conocemos. Algunas iglesias han encerrado a Dios con toda clase de pompa y ceremonias que hacen que Él se vuelva una imagen aburrida e irreal. Por supuesto, Dios es mucho más grande y más fascinante que todo esto, de modo que reducirlo es una blasfemia, por muy piadoso que parezca.

Solía asumirse que solo los pastores, y quizá los laicos religiosos, animaban a las personas a encontrar sus respuestas en Dios, pero ahora, parece que los doctores también lo hacen. Por ejemplo, un hombre me dijo que por unos días había sentido una disminución en su energía, así que decidió que se estaba exigiendo demasiado y "se escapó" a unas vacaciones de dos semanas en Florida. Pero al volver a "la vieja carrera", como dijo, estaba igual de cansado que antes. "Todo el tiempo y el dinero invertidos en Florida se perdieron", confesó. Él era la clase de hombre que se resistía a ir al médico y lo hacía solo como un último recurso. Pero terminó consultando a un médico que le hizo una revisión a fondo con una completa serie de exámenes. El doctor le dijo que estaba sufriendo de dos cosas, una de las cuales era bajos niveles de azúcar en la sangre.

"¿Qué podemos hacer al respecto?", preguntó el paciente, que tenía la satisfactoria esperanza de que quizás un mayor consumo de dulces sería la prescripción. Como tenía un muy bien desarrollado gusto por el dulce, la idea le agradaba. Pero en lugar de ello, y para su sorpresa, la prescripción fue almorzar "hamburguesa" todos los días hasta recobrar la energía.

"¿Cuál es la otra cosa que padezco, doctor?", preguntó. El doctor, un viejo experimentado, miró por largo rato a este ávido líder metropolitano de negocios. De manera pensativa, y más hablando consigo mismo que con su paciente, dijo: "Me pregunto... Solo me pregunto si tiene lo que se necesita".

"Qué quiere decir, '¿tengo lo que se necesita?'", exclamó aquel hombre exasperado.

"Bien", dijo el médico, "como lo veo, tiene deficiencia de dos cosas: azúcar en la sangre e inspiración espiritual. Así que a la hamburguesa añádale, si me lo permite, más de Dios. Dios y hamburguesa", repitió con una sonrisa, "el primero, para aumentar el nivel espiritual y el segundo, para elevar el nivel de azúcar en la sangre".

Y eso explica cómo entré en escena. El paciente me buscó siguiendo las sugerencias del médico "para recibir una inyección de Dios". Podría decirse que es una prescripción curiosa.

A cualquier costo, este paciente que "nunca había seguido una religión para nada", no solo comenzó a ir con frecuencia a la iglesia, sino que también comenzó a aplicar con seriedad las técnicas espirituales en su vida. Como resultado, mostró una clara mejoría en los nervios y en su energía. "Mi nueva energía", dijo, "en realidad viene de la vitalidad espiritual que recibí cuando rendí mi vida a Dios. Cuando aprendí a vivir con Él, en lugar de solo tratar de seguir avanzando con mis propias fuerzas, comencé a vivir, a vivir de verdad". Lo cual, desde luego, es otra forma de decir que aprendió a avanzar orando en medio de sus dificultades.

Pero la energía física no es lo único que decae. La vitalidad creativa y la fuerza mental también se debilitan. La mente que alguna vez proporcionaba ideas y perspectivas dinámicas puede convertirse en un pozo seco del cual no se extraiga nada constructivo. Bajo esas circunstancias, la oración ha demostrado ser una poderosa fuerza reactivadora y renovadora para la mente.

Por ejemplo, conocí a un hombre en la calle y recorrimos juntos varios metros. Noté que él era una persona profunda y vibrantemente feliz.

"Quiero decirle", dijo, "que el programa del pensamiento positivo que ha estado promoviendo sí funciona. ¡No tiene idea de lo que ha significado para mí la oración positiva! Es emocionante, créamelo".

Al parecer, aquel hombre había tenido un tiempo muy difícil. Todo tendía a salirle mal, en especial cuando se trataba de los negocios. Como él lo dijo, siempre estaba "chocando con muros de piedra y con caminos bloqueados". Su situación no dejaba de empeorar y esto hacía que cada vez se sintiera más frustrado y desanimado. Lo que más le molestaba era que ya no tenía ideas constructivas. Su mente era un "pozo seco por completo".

En medio de esa encrucijada, en una de mis columnas de periódico leyó acerca de la técnica espiritual y práctica que describo como "tomar a Dios como socio", una frase nueva para él, pero que, simplemente, significaba poner tu vida en las manos de Dios y dejarlo dirigirla. En el artículo, yo afirmaba que esta sencilla práctica había activado un nuevo poder, estimulado el pensamiento y mejorado el desempeño de muchos que la habían aplicado. A mi amigo le pareció interesante el artículo y decidió practicar el pensamiento espiritual básico que describía. Él dijo que había tratado de todo, así que "quizá pueda darle una oportunidad a esto también".

Así que, estando sentado ante su escritorio, oró diciendo algo similar a esto: "Señor, tengo que admitir que al parecer no puedo manejar mi situación. Siento que ya no tengo ninguna idea buena. Odio admitirlo, pero supongo que estoy a punto de la derrota. Esta empresa no está funcionando para nada. Con humildad te pido que seas mi socio principal. No tengo nada que ofrecerte, solo a mí mismo. Por favor cámbiame y limpia el caos en el que estoy; y también mi caos a nivel personal. En realidad, no entiendo cómo hacer esto y quizá deba decirte con franqueza, Señor, que tengo mis dudas al respecto, porque es algo nuevo para mí. Pero estoy listo para hacer lo que me digas y le daré un genuino intento a esta sociedad. De otra forma, voy por muy mal camino".

"¿De verdad dijo todo eso en su oración?", le pregunté.

"Sí, eso es lo que dije, casi palabra por palabra. Tampoco fui irreverente".

"Es una oración muy real, si quiere saber mi opinión. ¿Qué sucedió después?". "Bueno", prosiguió, "después de terminar de orar, volví a sentarme en mi silla y no sucedió nada. No sé con precisión qué esperaba, pero tenía una ligera sensación de decepción. Y me dije, bien, esta es tan solo una de esas cosas. Pero noté que estaba sintiendo algo de paz y tranquilidad. Decidí salir a dar una caminata. No sé por qué, solo parecía que era lo que debía hacer. Caminé cerca de una milla, luego di la vuelta pensando en que mejor debía volver a la oficina.

Y en mi camino de regreso, al llegar a la esquina de Madison Avenue y la calle 48, de repente me detuve y me quedé de pie en la acera. En mi mente surgió una idea que no había tenido antes, una idea para resolver mi mayor problema. No sé de dónde vino. Parecía haber salido de la nada. Pero ahora sé muy bien de dónde vino.

Me apresuré a volver a la oficina y de inmediato comencé a poner la idea en acción. No pasó mucho tiempo para que las cosas comenzaran a funcionar, una tras otra, y pocas semanas después, toda la situación comenzó a verse mejor. Vi la luz por primera vez y también surgieron otras ideas de apoyo. El viejo cerebro estaba de nuevo en marcha.

Seguí poniéndome en las manos de Dios todos los días. Ah, y tuve algunos días difíciles, no crea que no. Todavía sigo teniendo que enfrentar grandes dificultades... bastantes. Pero por primera vez, estaba progresando día a día y quizá lo que es incluso más importante, me sentía muy diferente. ¿Sabe?, es un poco chistoso, pero cuando fui diferente, todo se hizo diferente. Así que, supongo que las cosas son como son las personas. ¿Qué opina?".

"Y le diré lo que estoy haciendo ahora", prosiguió sin esperar una respuesta, "cada noche estoy explorando en el Nuevo Testamento antes de irme a dormir y estoy haciendo una lista de todas las cosas que Jesús nos manda a hacer. Y en realidad estoy tratando de hacerlas. Por ejemplo, decidí dejar de odiar a otros. Jesús dice que nos reconciliemos con las personas con las que hemos estado mal y he estado haciendo eso. Él dice que tengamos fe, así que también he estado haciendo eso, o al menos, tratando de hacerlo. Solo puedo decir que nunca me he sentido tan bien y la vida nunca ha sido tan emocionante".

Este hombre sin duda tenía algo. No había duda de ello. Era claro que de verdad estaba vivo y tenía un espíritu animado. Lo había conocido por años y estaba asombrado por el cambio en él. Había descubierto que la oración no es un ejercicio visionario, piadoso o místico para santos y súper devotos. Encontró que puede ser un método práctico para reactivar la mente que ha perdido sus habilidades creativas. E incluso más de eso, encontró que esa oración es una fuerza renovadora de energía.

En este capítulo ya hemos sugerido varios métodos para avanzar en tus dificultades mientras vas orando: (1) Deliberadamente, dale la espalda al problema y concéntrate en Dios. Ese fue el método usado en el caso de la mujer airada cuyo esposo estaba teniendo un amorío y en el hombre de negocios que estaba luchando con una dificultad abrumadora. (2) La oración fue la única prescripción que le dio un médico a un hombre de negocios que estaba sufriendo de disminución de energía. (3) Y por último, fue el método usado por el hombre que "tomó a Dios como socio".

Ahora, quiero sugerir lo que llamo el método "escríbelo y ponlo en la Biblia". Este procedimiento está basado en el principio de que muchas oraciones son vagas y carecen de un concepto bien definido del problema en sí. Debes saber cuál es el problema y poder describirlo en detalles claros y básicos para obtener los mejores resultados. Apenas sí puedes esperar una solución si en realidad no sabes cuál es el problema, así como tampoco puedes comenzar a andar y tratar de llegar a un destino que no has definido. En otras palabras, debes saber de qué se trata todo y adónde quieres ir.

En algunas oficinas de negocios es posible que veas la directiva críptica: "Escríbelo o ponlo en un memo". Esta instrucción está diseñada para eliminar la incesante charla, las descripciones vagas, los conceptos borrosos. Un principio básico en la oración es saber con exactitud qué quieres decir y cuál es tu objetivo con precisión. Debes estar en capacidad de expresar el problema con claridad y de manera sencilla. Si debes usar muchas palabras, ese mismo hecho es evidencia de que no estás muy seguro de lo que hay en tu mente. Alguien que considera a fondo su problema y lo describe con palabras para poder verlo con claridad ha abierto la posibilidad de recibir esas respuestas claras que están a la espera para él en la mente de Dios. Solo la claridad puede recibir claridad.

Así que escribe tu oración en la menor cantidad de palabras posible. Selecciona cada palabra para que comunique el máximo significado. Reduce el mensaje a la longitud de un telegrama. Esto te ayudará a aclarar tu problema.

Yo diseñé tarjetas que poníamos en los estantes del espaldar de las bancas de la Iglesia Marble Collegiate. Se han usado miles de ellas, obteniendo muy buenos resultados. Incluso el color de la tarjeta se seleccionó con cuidado para que también sirviera de apoyo en la actitud de quien la usaba. Es un color dorado que simboliza esperanza y expectativa, y dice lo siguiente:

MI(S) PROBLEMA(S)

Para obtener la respuesta a un problema, escribirlo sirve de ayuda. Esto lo hace específico y estás mejor capacitado para pensarlo con detenimiento y orar como es debido.

Escribe tu problema en esta tarjeta. Ponla en tu Biblia personal. Ora por ello todos los días. Debes estar dispuesto a aceptar la respuesta de Dios.

Por último, toma nota del día cuando recibas la respuesta. Luego, archiva la tarjeta con agradecimiento.

La razón para sugerir que pongas la tarjeta en tu Biblia personal es que identifiques el problema con el libro que es fuente de la sabiduría, animándote así a explorar la dirección que este ofrece. De manera simbólica, es como si en realidad pusieras el problema en las manos de Dios.

La sugerencia de archivar la tarjeta después de recibir respuesta ya sea afirmativa o negativa se basa en el valor de compilar una historia de tu relación con Dios y su asombroso efecto en tu vida. Ese archivo de tarjetas te ayudará mucho a fortalecer tu fe al tener documentadas las muchas maneras en las que has sido guiado y apoyado a nivel espiritual. Será una muestra clara de que la oración, usada como es debido, no es una reacción descuidada de desesperación o crisis en la que das en el blanco o fallas, sino un trabajo racional de la ley divina en los asuntos humanos.

Podría relatar muchas historias de cómo ha funcionado esta tarjeta en la vida de las personas, pero una que considero la más interesante es la experiencia de mi esposa Ruth. Cada uno de nosotros tiene su propia Biblia al lado de la cama y la leemos cada mañana y cada noche. Una tarde, noté de alguna forma que nuestras Biblias habían sido cambiadas, así que la Biblia de Ruth estaba en mi mesa de noche. Y de ella se había caído una tarjeta de problemas. Vi que para ella la tarjeta era privada, pero la curiosidad me indujo a leerla, en parte esperando que yo estuviera listado como su gran problema.

Ella había escrito tres problemas en la tarjeta y estaban expresados de manera clara y sencilla. Además, había indicado la fecha en la que la escribió, enero 1 de 1960. Después del primer problema escribió: "La respuesta fue sí, el _____ de 1960". Después del segundo problema había hecho la anotación: "Recibí como respuesta un no, en 1960". Después del tercer problema no había nada, lo cual indicaba que todavía no había recibido respuesta. Añadí mis oraciones a las de ella y volví a poner la tarjeta en la Biblia.

Muchas semanas después, de hecho, varios meses después, ella obtuvo respuesta a su problema número tres. Fue un "sí". Ella me mostró la tarjeta el día que recibió la gloriosa respuesta afirmativa y luego, después del tercer problema escribió: "Recibí un maravilloso 'sí' hoy 19 de diciembre de 1960, once meses y dieciocho días después de escribir el problema aquí. Gracias, amado Señor".

Luego archivó la tarjeta y ahora ha abordado otros problemas. Y, desde luego, así es como funciona, los problemas siempre están surgiendo. Pero como estos nos dan la oportunidad de tener más victorias y experimentar más a fondo la bondad de Dios, deberíamos alegrarnos y agradecer por los problemas. Sigue escribiendo tus problemas. A medida que sigas pensando, ora y cree que llegarán buenas respuestas y de esta manera crecerás y la vida será más significativa y satisfactoria.

Al orar en medio de tus dificultades, también es importante reducir el elemento del interés propio y hacer énfasis en los intereses de otros que puedan estar involucrados en el problema. No quiero decir que esté mal tener un interés en uno mismo que sea legítimo y normal. Esto lo menciono porque muchos que escriben o hablan sobre la oración asumen una actitud demasiado piadosa y nos dicen que no deberíamos pensar en nosotros para nada. Esto son solo tonterías, porque la realidad es que estás involucrado en la misma naturaleza de la vida y un desprecio tan profundo no es posible, ni tampoco deseable, si fuera posible. No hemos sido diseñados para retirarnos de la vida, sino para vivirla en un equilibrio adecuado. Por tal razón, debemos evitar hacer demasiado o muy poco énfasis en nosotros mismos, si queremos mantener ese equilibrio. Cuando se logra el equilibrio adecuado entre el interés propio y el de los demás, entonces el poder espiritual pone en movimiento los resultados prácticos.

Una ilustración es la experiencia de H.F., un popular personaje de televisión en el Suroeste. Fui invitado a su programa para participar en una discusión libre y no ensayada en la que la conversación tocaba varios temas. H.F. sabe cómo lograr altos niveles de interés y su programa es entretenido y deleitoso. Al final, llegamos al tema de la oración. H.F. dijo: "Quizá no entiendo la oración tan bien como debería, porque a veces las cosas salen bien y otras no. ¿Por qué sucede eso?".

"¿Sabes? Hay tres posibles respuestas a la oración: sí, no y espera".

"Bien", respondió él con una sonrisa, "la mayoría de las respuestas que he estado recibiendo ha sido del tipo espera. En este momento tengo un problema".

Esta conversación estaba al aire, justo frente a la vasta audiencia invisible de televidentes. Y prosiguió, "Tengo una casa en el Norte, que debo vender. Necesito el dinero, pero no sé qué hacer al respecto. Todos los días le pido al Señor que me ayude a venderla a un precio satisfactorio, pero nada sucede. ¿Qué anda mal? ¿Qué puedo hacer al respecto?" "Quizás el problema con tu oración es que solo estás pensando en ti y en cuánto dinero obtendrás de esa casa", dije. "Aunque el Dios Todopoderoso está interesado en ti, también está interesado en otros. ¿Por qué no tratas también de interesarte en los demás? Quizás eso te ponga en sintonía con Dios".

El quedó perplejo. "¿Qué quieres decir?".

"Orar al Señor algo como: 'Señor, tengo una hermosa casa que ahora está desocupada. Quizá conozcas a una familia o a una pareja joven que estén buscando justo una casa como esa y estarían felices de vivir allá. Si mi casa se ajusta a sus necesidades, por favor tráelos. Y que yo pueda satisfacer sus necesidades en términos razonables para sus posibilidades. Ayúdalos y ayúdame, según lo que necesitamos. Acepto tu dirección y gracias por ello'". Poco después de aquel incidente, recibí una carta de H.F. diciendo:

Estimado Dr. Peale:

Estoy seguro de que recordarás nuestra entrevista cuando estuviste en Houston. Pensé que te gustaría saber que cinco días después de hablar sobre la oración y el pensamiento positivo en relación con la venta de mi casa, esta se vendió y fue a una familia que necesitaba justo ese tipo de casa, lo cual fue tu sugerencia para mí al hacer la oración.

Este es un ejemplo de un problema resuelto cuando un hombre comenzó a pensar en las otras personas y en sí mismo en un balance igual. Quizá tú, yo y todos los que pensamos mucho incluso oramos demasiado en términos de bienestar personal.

A veces, es un hecho que tienes que pensar solo en ti y sin enga-
ños, porque puedes estar tan mal o en una condición tan extrema
que tú y tus seres queridos son quienes más ayuda necesitan. Lo
único para hacer en ese caso es llevar tu problema ante el Señor
y poner todo en sus manos. Deja allá el problema con toda tu
confianza. Después que recibas respuesta por tu oración pidiendo
ayuda, desde luego, con gusto lo compartirás con otros para que
el flujo de las bendiciones siga corriendo.

En mi columna semanal, que se publica en unos 200 periódicos, a veces escribo acerca del poder de la oración. Y les pido a mis
lectores que me hablen de sus propias experiencias. Como supon-
drás, he recibido algunas fascinantes historias de demostraciones
de oración en diferentes situaciones de la vida.

Una provenía del Sr. Bean Robinson, de El Paso, Texas. Me impresionó su membrete que decía: "Buenos caballos, buenos ran-
chos, buen ganado, buenas personas. Los conocemos todos desde
Fort Worth hasta California, desde Chihuahua hasta Canadá". El
Sr. Robinson ilustra la verdad de que Dios te dirá qué hacer y
cuándo hacerlo, y que debes escuchar y hacer lo que Él dice. Pero
lee su carta porque de verdad es interesante.

Estimado Dr. Peale:

En el periódico **El Paso Times** de julio 14 usted publicó un artículo sobre la oración y dijo que le alegraría que sus lectores le escribieran hablando sobre sus experiencias, para así ayudarse unos a otros. La oración para mí es como tomar el teléfono y llamar a Dios. Ahora, si Dios me va a ayudar, debo estar en capacidad de entender lo que me dice. Lo importante es cuál es la voluntad de Dios para mí. Creo que la perfecta oración sería: "Dios, dame visión y entendimiento para saber lo que quieres que haga y fe, fortaleza y valentía para hacerlo". Ahora le relataré una experiencia personal y quiero que sepa cómo se salvó mi vida porque pude entender lo que Dios me decía y lo hice:

Me encontraba administrando un gran rancho en Montana. Habíamos tenido nuestra primera nevada en noviembre. Había sido suave y pasajera. La nieve se derritió dejando parches de tierra húmeda que iban de 1 a 20 pies cuadrados. Estos parches se habían congelado. Aquella mañana, salimos de la casa del rancho cuando ya había amanecido. Al subir a mi caballo, mis pies se embarraron. Llevaba puesto un par de protectores sobre mis botas. Cuando puse mis pies en los estribos, fue difícil sacarlos. Estábamos reuniendo una manada de ganado en unos pastizales grandes. El aire estaba frío y seco, y los protectores de mis botas se congelaron en los estribos, parecían como si estuvieran forjados en concreto y eso hacía imposible sacarlos de los estribos.

Como a las 11:00 de la mañana, esos puntos húmedos en la tierra ya se habían derretido un poco por encima, pero se habían congelado, excepto aproximadamente un cuarto de pulgada por encima. Esto los hacía justo como si fuesen un plato de vidrio cubierto como con un cuarto de pulgada de manteca de cerdo. Estaba montando un buen caballo, no tan grande, que estaba entrenado para ranchería de ganado y corrí al galope alrededor de un pequeño grupo de novillos para meterlos en la manada. Mi caballo se detuvo para dar la vuelta sobre uno de esos puntos húmedos y al hacer un giro rápido, sus patas se resbalaron. Lo siguiente que supe, es que yo estaba debajo del caballo con los pies congelados en los estribos, sin posibilidad de sacarlos y mi caballo estaba corriendo y pateándome en la cabeza. No encontraba ninguna salida. Solo miré hacia arriba a Dios y dije: "Dios, ayúdame". Lo repetí, luego escuché con toda mi mente y vino un pensamiento; creo que era Dios diciéndome: "Todavía tienes las riendas en la mano". Miré y vi que ahí estaban. El siguiente pensamiento fue: "Hala la cabeza de tu caballo hacia ti y háblale para que se calme". Eso hice. El caballo se detuvo por completo. El siguiente pensamiento, había un vaquero como a un cuarto de milla de donde yo estaba, pero no había observado lo que me estaba ocurriendo. "Llama al vaquero". Eso hice y él se acercó, le dije que tuviera cuidado de no asustar a mi caballo. Él descendió de su caballo y le dije que retirara la silla de mi caballo. Eso hizo y me liberó.

Ahora, como verá, el rescate requirió varios pasos.

No pensé que tenía alguna oportunidad. No tenía ninguna herida. No se me ocurrió alguna manera de escapar. Dios me dirigió paso a paso. En ningún momento me asusté. Solo estaba esperando y escuchando a Dios. ¿Era un asunto de vida o muerte? Lo que fuera la voluntad de Dios.

Como usted es un predicador y no un vaquero, quizá no entiende por completo mi situación, pero estoy seguro de que conoce a algunos buenos jinetes y si habla con ellos, sé que comprenderá todavía más lo que le cuento.

Ahora, ¿podemos siempre recibir instrucciones claras como en mi caso? Diría que no. Pero siempre podemos hablar con Dios respecto a nuestros problemas, confiar en Él y tratar de encontrar su voluntad para nosotros.

¡A las personas que tienen una confianza simple y que tienen fe y amor en sus corazones les suceden cosas maravillosas! Durante una visita a Tierra Santa, conocí a S. James Mattar, un árabe cristiano que vivía en Jerusalén, Jordania. Él había sido funcionario del Banco Barclays en la parte de Jerusalén que ahora está en Israel. Como muchos otros, el Sr. Mattar perdió su empleo, su casa y sus posesiones en medio de las hostilidades en esa asediada zona.

Él y su esposa con sus pequeños hijos habían escapado por la frontera hacia Betania, en Jordania. Llegaron ilesos, pero sin dinero. Tras eso, enfrentaron días difíciles, sin duda llegó el momento en el que el Sr. Mattar tenía tan solo dos chelines en su poder y ninguna posibilidad de ganar más dinero o alguna manera de proveer alimento para su familia.

Pero este hombre tenía una fe incuestionable en Dios. Reunió a su esposa y a sus hijos alrededor de él, con humildad pidió las bendiciones de Dios sobre cada uno de ellos y su dirección. Mientras oraba, obtuvo la clara impresión de que debía tomar unas canastas vacías e ir al mercado junto con Samuel, su hijo mayor.

En el camino hacia el mercado, Samuel le dijo: "Pero papá, no tenemos dinero para comprar nada". El Sr. Mattar solo le respondió: "Esto es lo que el Señor me dijo que haga".

Estando en el mercado, se sentaron y esperaron a ver qué sucedía. En ese momento, de entre la muchedumbre de personas, un hombre se acercó a ellos y lo saludó con las palabras: "¡Cuánto me alegra verte, viejo amigo! Te he estado recordando mucho últimamente y he tratado de localizarte". Él era un antiguo empleado del Banco Barclays y amigo de hacía mucho tiempo.

Conversaron, pero el Sr. Mattar no le dijo nada de los apuros en los que estaba. Sin embargo, aquel hombre, en una actitud vacilante y penosa, sacó de su bolsillo un billete de cinco libras y le dijo: "¿Sería atrevido pensar que quizás estás teniendo dificultades? Por favor, acepta esto por nuestra amistad". El Sr. Mattar estaba tan abrumado, que apenas pudo decir gracias.

Después que su amigo enviado por Dios se marchó, Samuel le preguntó: "Papá, ¿sabías que ese hombre iba a pasar por acá?".

"No, Sammy. No lo sabía", le respondió. "Estamos en las manos de Dios y Él es bueno. Acabas de ver una muestra de su providencia".

Las provisiones que compraron con las cinco libras ayudaron a la familia Mattar hasta que obtuvieron ayuda por medio de un programa de las Naciones Unidas. Tiempo después, el Sr. Mattar encontró cómo autosostenerse. Se convirtió en el guardián del Jardín de la Tumba, que se cree que es la tumba que perteneció a José de Arimatea, en donde pusieron el cuerpo de Jesús. Es un amigo de inspiración espiritual. Y su vida y la de su esposa están dedicadas a ayudar a otros en el nombre de Cristo.

Al considerar la experiencia del Sr. Mattar, me impresiona ver que si él no hubiese tenido la fe suficiente para actuar bajo la dirección que recibió al orar, no habría recibido la ayuda que necesitaba con tanto desespero.

El resultado de la oración no siempre es tan dramático, aunque no es menos real. Una carta que hace poco recibí de un lector describe cómo la oración en un tiempo de profundas dificultades produjo la dirección y la guía que resolvió el problema.

"Sentía", dice la carta, "como si estuviera en medio de un espeso y oscuro bosque. Con desespero repetía una y otra vez el Padre Nuestro, una docena de veces al día. Pero ningún evento espectacular sucedió de inmediato, Sin embargo, poco a poco, comencé a notar que siempre podía ver cuál era el siguiente paso y después de dar ese paso, algo sucedía que me permitía ver el próximo.

Llegué a tener la sensación de que había una fuerza en operación. Luego, comencé a pensar en serio en Dios. Vi que en los momentos de crisis siempre sucedía algo que salvaba el día; no era algo que yo planeara, sino una circunstancia extraña e inesperada. Y vi que las dificultades en mi vida habían funcionado para mi bien...".

Porque la persona que tiene la fe y el valor para enfrentar las dificultades un paso a la vez, y dejar los problemas y las decisiones de mañana en las manos de Dios, las circunstancias a menudo parecen desarrollarse de maneras que resultan provechosas, aunque parezca extraño. La fe no necesariamente nos da todo lo que deseamos, pero sí hace posible que haya buenos resultados, que de otra forma no sucederían. Apenas podemos dudar que sí les da forma a los eventos.

La experiencia del Sr. Mattar demuestra que algunas de las mejores respuestas a la oración vienen cuando no puedes hacer nada por ti mismo y con humildad reconoces ese hecho. Es así como te abandonas con toda confianza a la ayuda de Dios. "Cuando estaba en angustia, tú me hiciste ensanchar". (Salmo 4: 1). Este marco parece crear el tipo de situación en el que la providencia de Dios a menudo se demuestra de manera notoria.

Sin duda, soy consciente de que hay quienes no comparten mi confianza en la oración tal como está descrita en este capítulo. La razón bien podría ser que aquellos que dudan, en realidad, no oran. Y algo sí es verdad, y es que nunca obtendrás resultados con la oración, si nunca oras. ¿Cómo podrías? Y es posible que, aunque quizás ores, al menos de vez en cuando, lo hagas más que todo cuando estés en crisis o solo de manera superficial o formal.

También puede ser que tu esfuerzo de oración sea sincero y honesto, pero que aun así no obtengas resultados. En ese caso, el problema lo podría causar el aislamiento espiritual, es decir, que estés aislado del poder y la bondad de Dios debido a resentimientos, a malos pensamientos y acciones, pensamientos negativos u otras manifestaciones no espirituales. En tal caso, tu oración no llega a Dios por la simpe razón de que nunca sale de ti. No logra escaparse del aislamiento autoimpuesto, así que, por así decirlo, nunca despega de la tierra. Es más, el poder de Dios, que tiende a fluir hacia ti, está bloqueado no porque no desees ese poder, porque sin duda sí lo deseas, sino que no puede llegar a ti debido al aislamiento mental que tú mismo has creado. Cuando quites esos pensamientos y acciones, el poder fluirá con abundancia. Así cambiarán las cosas, cambiarán porque tú habrás cambiado.

Resumen de

Ora a medida que avanzas en la dificultad

1. Rompe la tensión sacando de tu mente por completo el problema y pensando solo en Dios. Cuando vuelvas al problema, tu perspectiva se habrá agudizado; tu entendimiento se habrá profundizado.

2. Practica a diario el tomar un tiempo de quietud para escuchar de manera intencional la dirección de Dios; escucha más allá de tus propios pensamientos.

3. Toma a Dios como tu socio en todo lo que emprendas.

4. Aplica el pensamiento espiritual analítico respecto a cada problema.

5. Practica el método de escribirlo y ponerlo en la Biblia, y escribe tus problemas usando la menor cantidad de palabras posible. La simplicidad requiere claridad mental y de esta obtenemos respuestas claras.

6. Cuando ores, pídele dirección a Dios respecto a qué hacer y cómo hacerlo. Luego, cree lo que Él te diga y hazlo.

7. Mantén limpios tus "puntos de contacto" espirituales y mentales para que Dios opere en tu mente.

DIEZ

¿Cómo triunfar y ser feliz,
y qué hay de malo en eso?

"Supongo que estoy confundido, o algo así. ¿Crees que tal vez deba enderezarme?".

Esta pregunta medio burlona me la hizo un joven de unos 24 años que había terminado la universidad hacía tres, y que se había metido de lleno en el área de promoción y ventas. Y le estaba yendo excepcionalmente bien.

"¿Confundido?", repetí. "Tú, no. Según lo que he escuchado de ti y de tu rendimiento, no estás confundido en lo absoluto. Me han dicho que eres un vendedor innato, que tu récord de producción va a alcanzar el tope si continúas como comenzaste. No trates de hacerme pensar que estás confundido. No eres del tipo que se confunde".

"Bueno, solo me pregunto si tal vez estoy equivocado al querer ser un triunfador exitoso y creativo, feliz con mi trabajo y feliz conmigo mismo". Su actitud era medio jocosa y jovial, pero denotaba cierta molestia.

"No te entiendo", repliqué. "¿Qué es lo que te preocupa?".

"Esto es lo que quiero decir. Y me preocupa más el efecto en otros jóvenes que en mí mismo. Verás, soy muy activo en mi iglesia y también en los negocios. Supongo que así soy. Todo lo que hago, lo hago lo mejor posible. Me gusta hacer mi mayor esfuerzo. Creo en participar al máximo. Me siento mejor de esa manera.

Fui a un par de conferencias para jóvenes en la universidad y lo que escuché allí me impactó. Parecían ser reuniones espirituales genuinas y decidí ser un cristiano dedicado, alguien que de verdad viviera conforme a la fe cristiana en cada aspecto de su vida: en lo personal, en lo social, en los negocios, en todo. Eso es lo que he estado haciendo y tal vez explica, al menos en parte, por qué he sido exitoso y feliz a la vez".

"Pero ¿qué ha pasado?, le pregunté notando cierto resentimiento en su manera de pensar.

"Bueno, verás: tenemos un nuevo pastor en nuestra iglesia. Es un erudito; podría decirse incluso que es un intelectual. Hermano, deberías escuchar sus sermones. Pasan por la cabeza de la mayoría de los asistentes sin que se los entiendan. Yo los entiendo sin problema, ya que acabo de salir de la atmósfera universitaria, donde escuchas todas esas palabras pretensiosas. Estoy seguro de que, en el fondo, él es un buen hombre, pero no me convence del todo. Al escucharlo, pensarías que el éxito es algo malo; que no puedes ser un cristiano y un triunfador al mismo tiempo. E incluso critica la felicidad; pregunta si alguien tiene lo que él amargamente llama 'el derecho a ser feliz en un mundo como el nuestro'. Vaya, se escucha bastante amargado. A los empresarios los ve como un montón de ladrones o republicanos o algo así. Es difícil identificar cuáles de todos ellos son peores".

"Bueno", le dije, "viéndolo desde el punto de vista de un artículo reciente de *Reader's Digest* sobre 'Cómo 29 compañías se metieron en líos', sí suceden un montón de cosas sospechosas".

"Aun así", prosiguió él, "debo admitir que he adquirido cierta admiración reticente por este reverendo, porque tiene una mente muy buena, si tan solo viviera en la realidad de este mundo. Pero sus argumentos, que es de lo que se tratan sus sermones, han forjado una especie de sentimiento de culpa en mí. Si quiero agradarle, supongo que lo único que debo hacer es fallar en los negocios y ser infeliz. Tal vez tenga que convertirme en un bohemio o en un socialista de poca monta. Al parecer, me iría mejor si estuviera aburrido, viviendo en un garaje, con el cabello largo y hablando sobre existencialismo o temas por el estilo. ¡De locos!", concluyó el chico despectivamente.

"Mira", le contesté, "tienes tanto derecho de interpretar el cristianismo como tu pastor. Él no es la única autoridad. Estúdialo tú mismo. Deja que él tome una actitud amargada y negativa, si es lo que quiere. Este es un país libre. Por lo tanto, tú también tienes el derecho de sacar fuerza, gozo, coraje, amor, buena voluntad y satisfacción creativa de tu fe; en otras palabras, éxito y felicidad".

Por supuesto, sé con exactitud cómo reaccionó él a las ideas de su pastor, ya que este tipo de ministros me ha criticado por años; usualmente, con cierta violencia cargada de odio causada por enseñarle a la gente a pensar positivamente y a hacer cosas creativas con su vida. De hecho, se irritan tanto sobre el tema del éxito, que me he preguntado si algunos de estos críticos no estarán, simplemente, celosos de aquellos que hacen algo valioso con su vida y sus talentos. Un verdadero cristiano, del tipo que tiene el amor de Dios y que ama a la gente con el corazón, se alegra cuando otros logran victorias y alcanzan resultados positivos frente a la adversidad y a la dificultad.

"Pero me indigna", replicó el joven.

"Vamos, no lo permitas. No vale la pena que desperdicies energía en eso. De todas formas, es probable que él sea mejor persona de lo que crees. Escúchalo con respeto cuando hable en la iglesia y haz que te escuche de la misma forma cuando hablen fuera de ella. Nuestra fe nos enseña a pensar y a dejar pensar, así que deja que piense lo que él prefiera. Es su derecho; y tú piensa lo que prefieras; ese también es tu derecho. Luego, continúa haciendo un gran trabajo y sé feliz mientras lo haces.

No solo tienes el derecho, sino la responsabilidad de ser feliz y exitoso y no me importa nada quién te diga lo contrario. Y el hacerlo no es inconsistente con el cristianismo. Si este mundo fue creado para producir personas infelices, aburridas y fracasadas, entonces no fue hecho por el Dios creativo en el que creo. El mismo Jesucristo dijo: 'Estas cosas os he hablado, para que mi gozo esté en vosotros, y vuestro gozo sea cumplido'. (Juan 15:11)".

Sentí que era mi responsabilidad asegurarme de que el concepto de éxito de este hombre encajara con su fe, ya que, si afectaba sus principios, podría encontrarse en un verdadero conflicto. Así que le pedí que definiera el éxito. "¿Se trata acaso de acumular dinero, pertenecer a un club pretensioso, andar con gente sofisticada y pavonearse en un carro deportivo?", le pregunté.

"No estoy tan seguro de adoptar esa idea anticuada del éxito. La vieja idea de dinero, poder, fama ya pasó de moda", me contestó. "Ahora somos modernos y tenemos una idea moderna del éxito".

Esta visión me gustó más y le expresé que algunos de los fracasados más patéticos que he conocido son personas muy adineradas. Tienen dinero, pero eso es todo. O, para ser más precisos, el dinero los tiene a ellos. Más allá de tener la habilidad de comprar lo que quieren, son un fiasco como personas y como ciudadanos. Tal vez, si no hubieran tenido mucho dinero, se habrían convertido en personas muy exitosas y felices.

Por supuesto, también he conocido algunos que tienen muy poco y son igual de fracasados; no tienen ni el carácter, ni la hombría para hacer algo que valga la pena con lo poco que tienen. Lo que haces con lo que eres, con lo que tienes o no tienes, es lo que prepondera al determinar el éxito o el fracaso.

De hecho, estos fracasados ricos y fracasados pobres tienen mucho en común. El fracasado rico nunca da de lo que tiene en abundancia; el fracasado pobre nunca da de lo poco que tiene. Ninguno da lo mejor que cada uno tiene, es decir, de sí mismos. Ni el fracasado rico, ni el fracasado pobre se preocupan por algo o alguien diferente a ellos; uno se apega a su riqueza y el otro a su pobreza. A ninguno le preocupa el mundo, ni sus problemas. En pocas palabras, ambos son egocéntricos. Ahora, esto no significa que todos los ricos sean malos, ni todos los pobres sean buenos. Esta es una realidad que los sabios aprenden cuando maduran. Pero, por supuesto, hay quienes nunca maduran.

La idea "moderna" del éxito de mi amigo me intrigaba. "Significa ser exitoso como persona", dijo, "es decir, ser integrado y controlado en ti mismo, y estar integrado y controlado en tu relación con el grupo. Tener éxito es ser organizado, calmado, seguro, filosófico, educado, confiado y valiente. (Todo eso, nada menos). Es ser extrovertido, servicial, participativo, atento y constructivo. (Todos los adjetivos que aplican). Es dar de ti mismo y de lo que posees para fines sociales. En resumen, es tener la actitud y la capacidad para mejorar todo y a todos los que tocas. Si no haces estas cosas, si no eres nada de esto, no eres exitoso, eso es seguro".

"¿Pero y convertirse en vicepresidente de una compañía o incluso en el presidente, devengar un buen salario y poseer parte de las acciones, eso no es ser feliz y exitoso?", le pregunté.

"Claro, eso está bien, siempre y cuando también seas exitoso como persona. Y hay otro punto; si haces algo de dinero, aumentará tu obligación para usarlo con responsabilidad. El rico fracasado piensa crudamente que el dinero es solo para suavizar su camino, para aumentar su comodidad y seguridad. Pero el rico exitoso es responsable y administra su dinero con un sentido de obligación social, incluso de oportunidad; y más aún, se ve a sí mismo como el guardián de la riqueza que tiene, pues sabe que esta le pertenece a Dios. Él es, simplemente, el agente que Dios usa para manejar ese dinero con creatividad. Así que, ¿de dónde obtiene el pastor estas ideas piadosas de que nadie puede hacer dinero, ni tenerlo y aun así ser cristiano? Está confundido, si quieres saber mi opinión".

"Tienes que sacarte a este ministro de tu cabeza", le dije a mi joven amigo. "Si dejas que los demás te molesten así, no llegarás a ser muy exitoso. Estás importunándote y llenándote de resentimiento con estas nimiedades teológicas. Mejor mira a tu pastor como un ser humano que está en problemas. Sus pensamientos están algo desorganizados, diría yo. Sin duda, eligió ser ministro por cierta motivación espiritual genuina. Así que se inscribió a un seminario al que imaginó que iba con el anhelo de adentrarse en el entendimiento espiritual, pero quizás allá perdió sus buenas intenciones y le tornaron su mentalidad afable en regaños. De hecho, puede que lo hayan desviado de la fe cristiana como tal, hacia una sociología piadosa. El resultado de estos procesos suele ser confusión y tergiversación en la mente de personas sencillas, que, de otra manera, verían la vida y la sociedad con más sencillez y realidad".

Y proseguí en mi explicación: "Creo que fue el filósofo Santayana quien dijo algo en cuanto al efecto de quienes enredan tu mente, que son como si se entrometieran en tu vida, como si te asestaran un golpe en la nariz. Así que mejor comienza a amar a tu pastor y trata de desenredar su mente. Recuerda que una de las funciones de los laicos es ayudarles a sus líderes a modificar las distorsiones que han resultado de su educación teológica; y creo que algunas, si no todas las escuelas de teología, se desvían de la pureza y sencillez de la Palabra de Dios. Pero como ciertos casos lo han evidenciado, tal vez se necesitan entre cinco y diez años de trabajo con ovejas normales para que algunos pastores jóvenes recobren el sentido de perspectiva y equilibrio que a lo mejor perdieron en el seminario.

Pero entiende esto: este proceso de modificación no está diseñado para forzar a un pastor a que piense como tú, ni para hacer que acepte tu visión. Tal vez, solo tal vez, tú como hombre de negocios tampoco lo sabes todo. Se trata de traerlos a ti y a él a un lugar donde convivan con una actitud de estima mutua, encontrando juntos las respuestas viables a los problemas de la vida".

"Eso lo acepto", dijo. "Bien, continuaré siendo tan exitoso como Dios quiere que lo sea, y", sonrió, "tendré las agallas para ser feliz también, sin ningún sentimiento de culpa al respecto. Y además, trabajaré en ese asunto del afecto hacia mi pastor", añadió de inmediato.

Su decisión me alegró, así como el éxito y la felicidad que alcanzó, porque es a lo que he estado alentando a mis lectores por años; ¿y por qué no?

He hecho énfasis en que unas de las ayudas más grandes para el éxito y la felicidad son la lectura y el estudio constante de la Biblia, la cual inculca sus verdades profundas en nuestra consciencia. Algunos profesores y predicadores me han censurado por lo que ellos llaman, en su manera elevada, "utilizar" la fe cristiana.

¿Y cuál es el problema? La fe cristiana está diseñada con el fin de ayudarnos a vivir esta vida con cierto grado de éxito. Y cuanto más identifiques por completo tu fe en Dios a través de Jesucristo con la vida contemporánea, tendrás un mejor mundo, así como también mejores habitantes. Así que deja que los críticos despotriquen y deprecien el esfuerzo que hagas por ayudarles a los demás a relacionar la Palabra de Dios con los problemas cotidianos. Me dejan completamente frío. Yo voy a seguir haciendo lo que esté a mi alcance para ayudarles a otros a hacer que sus vidas sean tan completas y satisfactorias, y tan guiadas por Dios, como sea posible en este mundo difícil.

Es impactante darse cuenta de que al parecer algunos ministros no tienen una fe lo suficientemente fuerte y vital como para enfrentar el mundo real de los seres humanos de carne y hueso; tanto así que, al no saber cómo manejar sus problemas, generan una escapatoria hacia los claustros protegidos de la religiosidad, para así evitar ser sepultados por lo que ellos llaman "el sistema económico poco ético e injusto".

William Cohea habla sobre tres de esos hombres. "Hace poco, mientras hablaba en el Seminario Teológico Union", dice, "mi tesis sobre el ministerio de los laicos en el mundo fue atacada. Los atacantes fueron tres hombres que acababan de abandonar el mundo de la industria para ingresar al seminario.

El más iracundo de todos (¿por qué siempre son iracundos?, me pregunto.) era un hombre que trabajó durante 18 años en la industria. Él afirmaba enfáticamente que, durante todo ese tiempo, trató de atender las necesidades de sus compañeros. "De hecho, mi escritorio era un centro de asesoramiento", comentó. Pero después de 18 años, decidió que amaba tanto al Señor, que no podía evitar servir como parte del clero.

"¿Por qué del clero?", le pregunté.

"Aquí es donde de verdad puedo servir a Cristo", respondió. "¿Pero no estabas sirviendo a Cristo como laico en tu trabajo?" "Sí y no", continuó. "Verás, no es posible ser un cristiano de verdad en el mundo de la industria. El conflicto que esto genera fue demasiado fuerte para mí. Lo único que hay en ese ámbito es un entorno donde comprometes tus principios una y otra vez, y siempre estás en conflicto. Así que decidí que el único lugar donde de verdad se puede servir a Cristo es en el ministerio. Y aquí estoy en el seminario, y ya tengo una iglesia".

"Ahora dime", le pregunté. "¿Qué les dices a los hombres que vienen a ti desde la industria y están llenos de compromisos y conflictos?".

"Los entiendo y puedo hablar su idioma. No hace mucho, uno me dijo que era maravilloso tener a un líder espiritual que conociera su situación".

"Sí", le dije, "y ¿qué les dices que hagan si se dedican por completo a Cristo? ¿Les dices que dejen la industria y que vayan al ministerio?".

No hubo respuesta. Claro que no. Estos hombres se estaban engañando a sí mismos. No podían asumir la responsabilidad de vivir en el mundo y por eso buscaron un refugio.

Bueno, algunos de nosotros que tenemos lo que se necesita para vivir en el mundo real y que todavía seguimos a Cristo y comprometemos nuestra vida con Él creemos que la Biblia nos sirve como instrumento práctico para alcanzar el éxito tal como lo hemos definido, así como también la felicidad real.

Como presidente del Comité Horatio Alger, de la Asociación Estadounidense de Colegios y Universidades, por mucho tiempo he tenido el privilegio de entregar cada año el Premio Horatio Alger a una docena de hombres de negocios y profesionales elegidos para este honor mediante el voto de estudiantes de los Estados Unidos. Estos empresarios son demostraciones vivas de la oportunidad en una economía de libre empresa; emprendedores que desde un comienzo humilde han creado grandes empresas y han ayudado a construir la vida de nuestro país, llevándola a estándares más elevados para toda nuestra gente. Ellos son verdaderos optimistas empedernidos.

Uno de este grupo es Alfred C. Fuller, quien una vez fue un torpe campesino de Nueva Escocia que construyó la inmensa Fuller Brush Company, la cual gana más de $100 millones de dólares al año. Mr. Fuller, con una adorable personalidad, y a quienes sus asociados llaman "Papá Fuller", fue descrito de manera encantadora por Hartzell Spence en su fascinante libro *A Foot in the Door*.

Fuller, quien afirma haber sido un muchacho torpe y errático cuando vino a Boston en busca de empleo, dice que esta torpeza le hizo perder varios empleos; de hecho, fue algo persistente en él durante bastante tiempo. Pero como es bien sabido, terminó por convertirse en un industrial muy sabio y competente. ¿Cómo? Mediante el estudio de la Biblia, dice él. De hecho, estableció su planta en Hartford, Connecticut, por ningún otro motivo más que por el hecho de que la antigua Biblia de la familia Fuller en su casa de Nueva Escocia fue impresa en esa ciudad.

Esto es lo que el Sr. Fuller tiene que decir sobre el uso de la Biblia en su experiencia comercial:

"Lo que más me impresiona cuando miro hacia atrás es la inmensa aplicación que he hecho en mi vida diaria de las verdades bíblicas. Mi deficiente educación formal a lo largo de mi vida no fue una deficiencia, sino tal vez una ventaja. Por falta de educación, confié en la Biblia como mi libro de texto en cada problema concebible que surgía. Fracasé cuando me desvié de esta enseñanza o intenté interpretar el mensaje de manera equivocada para acomodar mis propios deseos.

El que no vive a diario bajo su dirección es un tonto, porque está rechazando la mayor fuente de beneficio personal que existe en el mundo. La Biblia es el mejor manual jamás compilado y cubre todos los aspectos fundamentales que cualquier persona necesita saber".

Fuller tenía una ignorancia total sobre contabilidad de costos, fijación de precios e incluso contabilidad, y según su propia evaluación, era deficiente en técnicas de administración, incluido el manejo de personal. Con humildad, se dio cuenta de que carecía de estas cualidades que son tan esenciales para el éxito. La experiencia con sus empleados más importantes le hizo darse cuenta de que había llegado el momento de desarrollar una filosofía definida como empleador. Él dice lo siguiente sobre su método:

"Como de costumbre, en momentos cuando necesitaba consejos infalibles sobre asuntos que iban más allá de mi comprensión, estudiaba mi Biblia para encontrar dirección y, finalmente, llegué a este pasaje de Lucas: 'Cuando fueres convidado por alguno a bodas, no te sientes en el primer lugar, no sea que otro más distinguido que tú esté convidado por él, y viniendo el que te convidó a ti y a él, te diga: Da lugar a este; y entonces comiences con vergüenza a ocupar el último lugar. Mas cuando fueres convidado, ve y siéntate en el último lugar, para que cuando venga el que te convidó, te diga: Amigo, sube más arriba'. (Lucas 14:8-10).

Mis tres trabajadores merecían posiciones más altas que yo por sus propias habilidades. Vi que desarrollar una empresa era, en esencia, cuestión de recurso humano calificado, de lo cual carecía yo. ¿Cómo podría recompensarlos y cuál debería ser mi actitud hacia ellos? El Libro de Mateo me dio una sugerencia: 'Mas el que fue sembrado en buena tierra, este es el que oye y entiende la palabra, y da fruto; y produce a ciento, a sesenta, y a treinta por uno'. (Mateo 13:23).

De estos pasajes concluí que la elevación personal a expensas de mis trabajadores no era correcta. Debía permanecer como estaba y encontrar entre los que me rodeaban las acciones que darían buen fruto, recompensando a cada uno según su contribución. Solo porque era el dueño del negocio, ese simple hecho no me hacía mejor que nadie. Todos estábamos juntos en esto y creceríamos o caeríamos juntos. Si recordaba esta verdad, sabría que también crecería en estatura y en la capacidad de contribuir".

En el manejo exitoso de la vida y sus problemas es importante adquirir un conocimiento básico y, con básico me refiero a una connotación aún más profunda que la información técnica. Estos conocimientos profundos se describen mediante una antigua palabra, ya en desuso: sabiduría. Cuando tienes sabiduría y una comprensión sutil de la vida y sus principios básicos, estás en capacidad para convertirte en alguien bien informado, con conocimientos, sagacidad, ideas y destrezas. Y la persona sabia tiene otra cualidad a la que los estadounidenses solían darle gran aprecio: sentido común. De hecho, esta cualidad hizo que la economía estadounidense representara la capacidad de satisfacer las necesidades humanas básicas y aplicarles el estudio y la investigación, y proponer métodos y procesos constantemente mejorados. El sentido común Yankee estimuló los éxitos espectaculares que este país produjo y además contribuyó en gran medida a la felicidad y al bienestar de una enorme cantidad de personas. Está de más decir que también creó tensiones, injusticias, desigualdades y problemas en abundancia. Pero no olvidemos que el sistema no solo tiene debilidades, sino que también cuenta con su propia corrección y poder renovador.

Este sentido común, que es tan importante para el éxito y la felicidad, conlleva una característica concomitante cuya mención, sin duda, recae desagradablemente en algunos oídos modernos.

De hecho, algunos de nuestros jóvenes inteligentes lo descartan como algo "anticuado"; como un pintoresco término para referirse a actitudes reales que les son ajenas. Me refiero a esa práctica realista cuya cualidad estimula y mantiene la unidad. Dicho en términos simples, me refiero al trabajo duro, a las agallas para seguir adelante, a no permitir que nada se interponga en el camino hacia el logro de una meta u objetivo, y a divertirse mucho durante el proceso.

Es cierto que esta motivación ha producido unos cuantos colapsos nerviosos y neuróticos, pero también ha desarrollado innumerables personas felices y exitosas, razón por la cual la defendemos. Sé a ciencia cierta que el trabajo duro te hace feliz, porque yo he trabajado duro toda mi vida y estoy feliz. Empecé a trabajar de niño por la sencilla razón de que tenía que hacerlo, ya que quería comer y no tenía poco apetito. En ocasiones, debo admitirlo, me cansé del trabajo constante y sin parar. Así que traté de holgazanear, pero nunca pude hacerlo por mucho tiempo. Sencillamente, holgazanear no me hacía feliz. Los hombres que terminan siendo vividores deben tener un tornillo suelto. Aunque puede haber algunos a los que les guste el tipo de vida inocua a la que se entregan, nunca he conocido a nivel personal a alguien de quien pueda decirse que es feliz llevando esa vida. Ellos frustran su sentido de creatividad dado por Dios y por eso deben desarrollarlo para llegar a ser felices o exitosos.

Por supuesto, muchos te dirán que el trabajo duro no te lleva a ninguna parte hoy en día, no como en los viejos tiempos. He oído esa melancólica melodía interpretada por los débiles con tanta frecuencia, que casi caigo en ella, pero no del todo, estoy agradecido de poder decirlo. Ahora no lo creo en absoluto.

Y una razón para mi convicción es John M _____. Y ¿quién es John M _____? Bueno, en mi libro él es uno de los mejores y más reales estadounidenses que he conocido.

Fue en Sorrento, Italia; allí conocí a John. A mi esposa y a mí nos gusta la encantadora costa que pasa por Ravello y Amalfi hasta Sorrento, soñando sobre la Bahía de Nápoles. En ese pueblo había un ciudadano que estaba haciendo algo más que soñar, también tenía parte de sus sueños escondidos bajo el corazón.

En la Plaza de Sorrento hay una tienda de la que mi esposa se enamoró. Alcancé a pensar que compraría aquel lugar. "Tú", le dije, "eres una niña indefensa en el bosque para estos vendedores expertos. Te venderán cualquier cosa". Yo, en lo personal, ni siquiera entraría a la tienda. "No quiero nada de lo que allí ofrecen. Además, soy como un zorro viejo viajando y ellos no podrían venderme ni una moneda antigua".

"Sí, querido, lo sé. No tratarían de vendértela porque verían de inmediato que eres demasiado inteligente para ellos. Solo entremos y resguardémonos de este sol caliente". Me engañó con dulzura y me llevó al departamento de lencería donde pronto me encontré firmando cheques de viajero para sus compras.

Entonces, se aproximó un agradable muchacho italiano que me ofreció una refrescante Coca Cola. Parecía tener mucho interés en los Estados Unidos y en especial en mí, así que tuvimos una charla encantadora. Pronto, me encontré en el departamento de muebles escuchando una atractiva descripción de cómo eran elaboradas las hermosas piezas. Todo era muy cautivador y placentero; una hora más tarde, estaba comprando ansiosamente un juego completo para enviarlo a casa.

"Muchacho, tú sí que eres un vendedor", le dije con admiración a John M _____. "Como dicen en casa, podrías vender el puente de Brooklyn. De verdad, vas a conocer los Estados Unidos".

"Allá es a donde quiero ir", dijo. "Mi esposa es estadounidense y ambos queremos irnos a vivir a Estados Unidos". Nunca he estado allá. Mi esposa vino aquí de visita y se quedó cuando me conoció".

"¿También le hiciste una venta? ¿No?" Sonreí. "¿Qué te detiene de ir a los Estados Unidos?".

Mencionó algunas dificultades. "Solo decídete a ir y cuando lo hagas", lo dije con todo mi entusiasmo, "avísame y te tendré un empleo". Luego, le enumeré las técnicas del pensamiento positivo y le dije que le enviaría por correo una copia del libro *El poder del pensamiento positivo*.

¿Leyó él el libro? Eso no es ni la mitad de todo lo que hizo. Como un mes antes de Navidad, mi secretaría me dijo: "Un joven desea verlo". Dice que es un amigo suyo de Italia".

"¿Un amigo de Italia? ¿Qué es lo que quiere?".

"Dice que quiere el empleo que le prometió".

"Yo no prometí ningún empleo". Llevo una vida ocupada y había olvidado el evento en Sorrento. "¿Cuál es el nombre de mi amigo?".

"John M._____", contestó. En efecto era John, el mismo John.

"¿Cómo llegaste aquí?", le pregunté.

"Con la ayuda de Dios y del pensamiento positivo, ¿cómo más?", fue su respuesta definitiva.

Así que era mi responsabilidad cumplir con la promesa de encontrar un empleo para John. Escribí cartas a una media docena de las tiendas más grandes de Nueva York, cada carta mostraba copias de envío a otras tiendas. Yo conocía en persona a algunos de estos hombres, a otros no, sin embargo, escribí algo así: "En Sorrento, Italia, conocí a uno de los más grandes vendedores innatos que he conocido en mi vida. Se encuentra en Nueva York, listo para ir a trabajar con quien tenga la suerte de contratarlo. El primero que lo solicite, lo tendrá". Antes de que la semana terminara, fue contratado por un importante dueño de una tienda de ropa.

"Voy a trabajar duro y daré todo lo que tengo", dijo John. "Voy a adelantarme y seré parte de este país maravilloso". Sus ojos brillaban con amor por los Estados Unidos, la tierra de las oportunidades infinitas. Aquella cosa fascinante llamada *el Sueño Americano* ardía en su interior. Aunque no podía definirlo, era la tradición de Horatio Alger: desde abajo, el cielo es el límite, nada es demasiado bueno, ni inalcanzable para quien trabaje por alcanzarlo.

Dudé. ¿Debería informarle la noción cínica de hoy en día acerca de que es "anticuado" soñar de esa forma? ¿Sería oportuno decirle que solo los "tontos" trabajan duro y que un soñador no está "jugando a la pelota" cuando está en medio de otros empleados que también están tratando de hacer un buen trabajo y cumplir sus sueños? ¿Sería mi deber advertirle que algunos jefes penalizan al empleado que quiere trabajar duro y hacer un mejor trabajo? ¿Convendría alertarlo de esos ladrones "respetables" que roban el tiempo de sus jefes, así como su mercancía? ¿O acerca de los falsos líderes que dirigen negocios, que están más que dispuestos a dejar que sus trabajadores se esfuercen al máximo para luego negarles lo que se hayan ganado?

No, no lo haré. Mi trabajo no es desilusionar a nadie, sino alentar a todo el mundo con los más grandes ideales y yo creo en los ideales, porque los ideales son resistentes y buenos. Cuando los ideales de un ser humano son reales, incluso los eventos desastrosamente deshonestos y sórdidos no logran acabarlo. Personas así tienen la capacidad de aprender de lo que les sucede y seguir viviendo por encima de ello. Y, gracias a Dios, sigue siendo posible vivir por encima de esos lamentables aspectos en los Estados Unidos. Y todo el que vive por encima de la maldad y se queda arriba, seguirá subiendo. Alcanzará lugares, los lugares más altos, y se quedará allí. Y eso fue, exactamente, lo que pasó con John.

La época navideña terminó, los empleados de temporada terminaron su contrato; todos, menos John. El gerente le dijo: "El único trabajo que tengo es vendiendo sombreros. Tenemos una vacante en el departamento, pero la venta de sombreros no es popular ahora. El estilo actual es tener la cabeza descubierta y verse universitario".

"Bien", dijo John, "nunca he usado sombrero, pero ser vendedor de sombreros es exactamente lo que quiero ser. ¿Cuándo empiezo?".

La primera venta de John fue para él. Si iba a vender sombreros, tenía que saber de sombreros. Quedó tan convencido de usar sombrero, que en poco tiempo les estaba vendiendo a casi todos los transeúntes que pasaban por allí. Y descubrió cómo hacer que se acercaran a él y que siguieran viniendo a comprarle.

Era claro que un chico como John se hacía notar. Era diferente y es inevitable pasar por alto a las personas distintas. ¿Qué era lo distinto en él? Que él trabajaba. No holgazaneaba y era feliz. Irradiaba algo. Era entusiasta. Creía en los sombreros. Amaba vender sombreros. Sin duda, procuraba venderlos, no uno, sino dos o tres para distintos atuendos, como lo hacen las mujeres. No era como el típico vendedor de ferretería a quien se le acercan los clientes para preguntarle por una brocha para pintar. ¿Qué crees que hace ese vendedor? Vende la brocha, pero solo la que le pidan. ¿Trata de vender una brocha más, alguna pintura para llevar con la brocha y algo de limpiador? No, sus clientes solo reciben lo que le piden, ¿cierto?

Uno de esos clientes de ferretería me dijo que, tristemente, ese mismo proceso se repite en las distintas tiendas. Esos empleados no son vendedores. Solo toman órdenes. No me sorprende que no avancen; sin duda, tienen mucho que decir en cuanto a que en los Estados Unidos ya no hay oportunidades y quizá voten por el candidato de izquierda en la elección del momento, quien mira con desdén al sistema de la libre empresa, un hombre necio que, al igual que ellos, culpa al sistema y no a sus propias dificultades.

Escuché hablar de un cliente que hizo una prueba en varias tiendas de ropa para hombres. Llegaba y le decía al empleado: "Perdí mi equipaje por una confusión de maletas en una aerolínea. Solo tengo lo que llevo puesto. Me gustaría comprar una camisa". ¿Acaso los empleados que lo atendieron de almacén en almacén trataron de venderle calcetines, corbatas, pijamas, ropa interior y las necesidades básicas? ¿Qué crees? Aunque no lo creas, nadie lo hizo hasta cuando fue a la quinta tienda, donde repitió el mismo experimento. Allá sí se encontró con un verdadero vendedor: un encargado que estaba alerta y era algo más que un robot que tomaba órdenes. Este vendedor le vendió un conjunto de mudas bastante completo y hasta una maleta para llevárselo.

Así que un fabricante de sombreros notó a John. Como resultado, hoy es el gerente nacional de una gran organización de productores de sombreros.

¿Quién dijo que Estados Unidos no es la tierra de las oportunidades? Sin duda, lo es para todos los que tienen en su interior capacidades para aprovechar las oportunidades que se les presenten, y todo hombre las tiene. John es feliz y exitoso. Es un hombre de Dios, un buen padre, un gran estadounidense y mi amigo querido. Es un optimista empedernido. Me inspira a ser un mejor vendedor. De cierta forma, yo también soy un vendedor cuando trato de comunicarme y ganar aceptación por las ideas que sé que tienen el poder de cambiar vidas. Soy un vendedor de la más grande de todas las ideas, la fe, esa que tiene la facultad de llevar al ser humano a un mundo totalmente nuevo de experiencias. Y para ser honesto, espero que tú también aceptes lo que vendo.

Sé que a algunos que lean este libro les gustaría adquirir y tener el espíritu y las aptitudes que describimos, pero tal vez han perdido la fe en sí mismos. Su antiguo entusiasmo tocó fondo. ¿Y entonces, qué? Solo encárgate de recuperarlo, esa es la respuesta. Y ¿cómo se hace? Bueno, ¿quién te dio vida, en primer lugar? Dios, por supuesto, y Él puede hacerte volver a la vida otra vez. Entonces, si estás apagado, aletargado o, simplemente, desilusionado, el primer paso en tu revitalización es reencaminar tu vida hacia Dios. Así de simple.

"Bien", quizá preguntes, "pero ¿cómo se hace eso? Suena muy complicado y vago para mí".

Déjame darte una técnica que he usado en mi propia vida; no pienses que nunca he tenido problemas que me hagan perder la fe en mí mismo, junto con el declinante entusiasmo que los acompañan. Los problemas nos afecta a todos en algún momento.

Mi método es alejarme para estar a solas y quedarme sentado en silencio hasta que alcanzo un estado de mente y cuerpo relajados. Entonces, práctico concebir a Dios, el Creador, como si de verdad me tocara, me recreara, aquí y ahora. De manera consciente, "siento" una nueva vida que pasa de Él a mi cuerpo, a mi mente. Imagino mi espíritu siendo renovado aquí y ahora, no después, sino en al instante. Me veo como haciendo un contacto eléctrico vital. Entonces digo en voz alta la siguiente afirmación: "En Él (yo) vivo, y me muevo, y tengo (mi) ser". (Hechos 17: 28). Los tres elementos dinámicos en ese texto de las Escrituras son: identificación (yo vivo en Él), energía (yo me muevo) y estar completo (tengo mi ser). Como resultado de este procedimiento, siento una verdadera renovación sensorial, mental y espiritual. Sí, funciona.

Entonces, me recuerdo a mí mismo que dentro de mí están todas las cualidades, habilidades, pensamientos e impulsos necesarios para una vida satisfactoria y exitosa. Digo en voz alta las siguientes palabras dinámicas, y también son dinámicas porque producen y transmiten poderes: "El Reino de Dios está dentro de ti". (Lucas 17:21). Para personalizarlo, uso el pronombre yo. Nunca olvidaré la primera vez que todo el significado de esas palabras surgió dentro de mí. La manera como lo comprendí fue al entender que uno siempre era rico y poderoso. Lo tenía todo para tener una vida buena. Dios es el más grande de todos los reyes; Él lo tiene todo en sus manos. Por lo tanto, todas las riquezas del Reino de Dios, su poder, paz, alegría, salud, en esencia, están construidos en mi interior como su hijo que soy, a quien Él formó. Él lo puso todo en mí, y en ti para que lo usemos.

En un abrir y cerrar de ojos, me vi poseyendo "riquezas" en forma de fuerza, valentía, paz, capacidad, aunque había pensado que esos bienes estaban completamente fuera de mi alcance. Entonces, supe que solo tenía que recurrir a ellos como regalos de Dios que Él puso en mí, sabiendo que los necesitaría para llevar una vida plena. Y cuando de verdad recurras a ellos y vivas por encima de ellos con confianza y alegría, los tendrás en abundancia y seguirás recurriendo a ellos, y nunca se te agotarán.

Inténtalo y compruébalo. Dios, tu Creador, puso en tu interior una vida exitosa.

Si nunca has experimentado este tipo de vida, tal vez necesitas ser recreado. Y es Dios quien puede hacer eso por ti. Y lo hará.

Luego, recibirás el entendimiento y el conocimiento espiritual para superar uno de los factores más desafiantes del ser humano: su tendencia autodestructiva.

Un viejo amigo, Fred H____, descubrió esta verdad. Había pasado un tiempo difícil consigo mismo y con su vida, pero encontró su respuesta. El problema de Fred era que había impulsado de manera inconsciente su propia autodestrucción. Y como yo suelo decir, trágicamente, todos tenemos la capacidad para la autodestrucción. El bien y el mal están en nosotros, el cielo y el infierno, el Reino de Dios y el del demonio. Quién llega arriba y sabe cómo quedarse allí, ese es el verdadero problema; como dijo Shakespeare en ocho palabras significativas: "Ser o no ser, he ahí el dilema".

Todos enfrentamos los problemas sicológicos y espirituales opuestos; debilidad o fuerza, miedo o fe, pensamiento positivo o negativo. Entonces, mientras en nuestro interior está la tendencia destructiva, también lo está el impulso creativo. La técnica para superar la autodestrucción es enfatizar el factor creativo que está en nosotros.

Es importante entender que no somos destruidos principalmente por otras personas, ni por condiciones o situaciones, ni siquiera por la sociedad, ni por el gobierno. En esencia, somos destruidos por nuestros propios complejos y por nuestra frustrante tendencia autodestructiva. Sin embargo, nos salvaremos de esta condición utilizando la tendencia creativa que Dios puso en cada ser humano.

Fred H____ así lo vio, y yo lo vi luchar con ello por años, tratando de ayudarlo como pude. Pero Fred encontró su propia respuesta de renovación dejando en claro que, en últimas, solo tu respuesta solucionará o empeorará tus problemas. Pero dejemos que Fred H ____ relate su propia historia, lo cual hace en la siguiente carta:

Estimado Norman:

Este marzo hace 32 años nos casaste a S_____ y a mí. Durante los siguientes 18 años, llevé una vida relativamente tranquila. Mi cargo por encima del promedio en una compañía de servicios públicos me permitía darle a mi familia una vida cómoda.

Luego, en 1946, comencé a sentirme insatisfecho y busqué mis propias razones para renunciar a mi trabajo. Me convertí en un animador profesional en la peor época en la historia del mundo del espectáculo. Después de dos años en ese precario campo, haciendo muchos viajes largos y estando lejos de casa, reaccioné y también caí en un mundo de desesperación. Así que comencé a consumir licor para ahogar mi propia molestia.

En un esfuerzo por corregirme, traté de lograr una reincorporación a la compañía de servicios públicos en la que duré todos esos años. Usted y otras personas escribieron cartas en mi nombre. Sin embargo, el esfuerzo no dio resultado. Para ese entonces, tenía 44 años y me resultó difícil encontrar un empleo bien remunerado.

Me convertí en un vendedor puerta a puerta y con dificultad apenas lograba ganarme la vida, pero siempre estaba lleno de odio hacia mí mismo y me avergonzaba la decisión que tomé y que llevó a mi esposa y a mis hijos adoptivos a un estado muy bajo de inseguridad.

Siempre que me postulaba para un cargo de tiempo completo en una compañía establecida, ¡nadie podía creer que un hombre responsable de más de 40 años renunciaría a una compañía de servicios públicos para hacer lo que yo hice! En ese entonces, me sentía muy abatido y derrotado.

Mi esposa tuvo que aceptar un trabajo como enfermera nocturna y, además de sus responsabilidades, trataba de cuidar de nuestra casa y de nuestros hijos. Mis ingresos disminuían más y más. Sin embargo, dejé de consumir alcohol y decidí que, sin importar lo que sucediera, enfrentaría la vida en sobriedad.

Cada mañana, cuando mi esposa llegaba a casa y antes de yo comenzar a hacer llamadas, tomábamos 15 minutos para orar, leer la Biblia y pedirle a Dios que nos dirigiera. Escribíamos nuestros pensamientos y las ideas que nos venían a la mente. Todavía tengo esas notas y puedo decirte que son mis posesiones más preciadas.

Una de esas mañanas, tuve que llevar nuestro viejo auto a un taller para que le hicieran una reparación importante. En lugar de buscar al hombre que por muchos años lo había reparado, me pareció muy claro que debía ir a otro taller en una parte diferente de la ciudad. Conocía al propietario, pero no lo había visto en 20 años. ¡Y así hice! Al regresar por mi auto al final del día, vi un auto importado muy sofisticado estacionado al lado del mío. Mientras lo admiraba, el propietario del auto llegó. Nos presentamos, hicimos un par de comentarios jocosos y él se marchó. El propietario del taller me dijo que aquel hombre era dueño de una estación de radio, que había tenido fuertes problemas financieros y estaba luchando hasta volver a la cima.

Pasaron varios días y no podía dejar de pensar en lo que sucedió en el taller. Luego, una mañana, mientras S _____ y yo orábamos, el rostro de aquel hombre y todo el evento pasaron por mi mente. En ese momento, decidí buscarlo, relatarle mi historia y ofrecerle mis servicios. Y así lo hice. Cuando llegué a la estación de radio, él estaba esperando un auto que lo llevara al aeropuerto. Me ofrecí para llevarlo y él aceptó. Me dijo que no tenía vacantes. Yo le dije (y recuerdo cada palabra): "Estoy desesperado por poder ingresar a esta industria. Mi experiencia en varios campos se presta muy bien para su tipo de empresa y yo seré una ventaja para usted". Él me miró atentamente y dijo: "Venga a la estación tan a menudo como quiera, puede permanecer ahí cuantas horas desee, permita que mis empleados le enseñen las minucias del trabajo, aprenda a manejar los controles y a leer noticias. Tras dos semanas, si es bueno en algo, lo pondré en la nómina con un salario de $50 dólares a la semana y le pagaré comisión por ventas". Yo acepté. Eso fue en enero de 1956. Después de un mes, era el segundo lector de noticias y al final del segundo mes me ofrecieron el cargo de gerente.

En marzo de este año, comenzaré mi cuarto año aquí como gerente y acabo de ser nombrado presidente de nuestra corporación. Norman, todos los días le agradezco a Dios muchas veces por dirigirme a este lugar. En tres cortos y gloriosos años, he podido recuperar mis pérdidas y ahora gano un excelente salario y recibo un porcentaje de ciertas utilidades.

Pasé de ser una persona malhumorada y desanimada que a diario contemplaba el suicidio, a alguien muy activo y alerta. Me aceptaron en el Club Rotario y mi trabajo me hizo posible ingresar a ser miembro de una fraternidad periodística.

Jugamos golf en el club campestre local y S _____ y yo, a la edad de 56 años, nos unimos al club de patinaje artístico y aprendí a patinar. Lo hacemos tres veces a la semana y nos estamos divirtiendo más que nuestros hijos. También procuro estar adelante de mi hijo en álgebra y, *después de 25 años*, volví a tomar el banyo de cinco cuerdas para relajarme.

Si este relato puede ser útil para alguien, tienes libertad de usarlo como desees. Pero, por favor, camufla los nombres y los lugares, no quiero más gloria de la que mi experiencia me ha dado. Me ha mostrado que los milagros todavía suceden. Yo soy uno, por la gracia de Dios.

Fred H _____ superó su tendencia hacia la autodestrucción por medio de la dirección de Dios y la regeneración espiritual. Aprendió a sacar provecho del Reino de Dios que siempre estuvo en su interior. Ahora, es un hombre feliz y exitoso.

Cada mañana, al comenzar el día, di estas poderosas palabras: "El Reino de Dios está en mí y con su ayuda soy capaz de enfrentar lo que venga". Y cuando sepas con certeza que de verdad puedes hacerlo, y si siempre mantienes una actitud humilde, y trabajas y oras, y siempre eres un optimista empedernido, vivirás una vida exitosa y feliz, ¿y qué hay de malo en eso?

Resumen de

¿Cómo triunfar y ser feliz, y qué hay de malo en eso?

1. No tengas ningún sentimiento de culpabilidad por ser feliz y exitoso si trabajas con honestidad y sentido de responsabilidad social.

2. Adopta la idea moderna de éxito, que es ser exitoso como persona.

3. Lee y estudia la Biblia como guía práctica para una vida de éxito.

4. No deseches la importancia del trabajo esforzado, las agallas para persistir, el contar con una meta y la habilidad para divertirte en el proceso. Si no te diviertes, algo anda mal con todo lo que estás haciendo.

5. Usa tu cabeza. Sin esta, nunca podrás progresar.

6. No dejes de ser entusiasta y ama lo que haces.

7. Mantente relajado. No te tensiones a pesar de lo que suceda, porque si lo haces, terminas por reducir tu poder creativo. El hombre tranquilo es poderoso.

8. Ten tiempos de quietud con frecuencia y practica el "sentir" a Dios, tu Creador, recreándote.

9. Visualiza al Reino de Dios en ti. Mírate como el poseedor potencial de la generosidad de Dios.

10. Elimina, y esto es muy importante: elimina tu capacidad de autodestrucción.

ONCE

El optimista empedernido
mira a la Iglesia

Algunos de nosotros nos encontrábamos conversando durante una comida. Siempre buscábamos hombres a los cuales reclutar para la vida espiritual y, siendo vísperas de la Pascua, dije en tono de broma: "Bien, supongo que todos ustedes irán a la iglesia el domingo". Uno dijo que iba todos los domingos; otros dos, casi siempre. Los demás eran una suerte de visitantes que solo iban a la iglesia el domingo de Pascua.

Hubo entonces una reacción impactante que sin duda terminó siendo patética. Te advierto que esto te perturbará tanto como a mí. Espero que no sea significativo. Sé que es algo extremo, pero te lo relataré sin maquillaje, tal como lo viví.

Un hombre demostró ira y era ira de verdad. Sus ojos despedían fuego y su rostro estaba enrojecido mientras gruñía: "¡Demonios! ¡No! No estaré allí para eso, nunca más. ¡No cuenten conmigo en esta iglesia, para bien!".

Impactados, nos quedamos sin palabras y se impuso un vergonzoso silencio en el ambiente. Después de un momento, me atreví a decirle: "Disculpe, ¿qué hay en su corazón?".

"A estos señores no les interesa, pero hablaré con usted en privado", respondió. Así terminó esa conversación que nos dejó a todos con una sensación desagradable.

Y, por supuesto, lo vi más tarde y me dijo la verdad. Fue muy claro y directo. La conversación fue difícil, créeme. "Esta iglesia y todos sus ministros pueden irse directo al infierno", me dijo. "¿Por qué no? Al infierno nos está mandando ir a todos". Estaba muy amargado.

No mostré reacción alguna ante aquella impactante declaración y lo dejé continuar. Nunca había escuchado expresar tanto resentimiento hacia alguna iglesia y sus ministros en general. Esta era la historia:

Por como hablaba, ese hombre había trabajado duro: "Trabajé duro en los negocios y salí adelante e hice una buena cantidad de dinero". Luego, él y su esposa decidieron mudarse a los suburbios. "Tenía dinero, así que lo teníamos todo: carros, membresía en un club, todo lo que se pudiera esperar. Antes de eso, yo había estado demasiado ocupado para tener mucha vida social, pero ahora que había creado una compañía, necesitaba hacer algunos contactos importantes… ¡muy importantes!", manifestó con arrogancia. "Todos ellos me irritan. Casi vomito cuando pienso en esos tontos. Prefiero no tener nada y vivir en el 4º piso de la Tercera Avenida, como una vez lo hicimos, pero tener algo de paz mental y felicidad".

"Prosiga", le insistí, "cuénteme los hechos, sin las filosofías. ¿Por qué esa fijación contra las iglesias y sus ministros?".

"Está bien", gruñó. "Usted lo pidió, así que le diré toda la verdad. Es que ellos me dejaron ir directo al infierno y no intentaron detenerme ni una vez.

Verá, de esto se trata: los vecinos comenzaron a invitarnos a fiestas de cocteles. Eran reuniones de simple esparcimiento, la gente parecía amable. De hecho, algunos lo eran. Cuando nos mezclamos en la multitud de la fiesta, me di cuenta de que estábamos bebiendo mucho. Una noche, encontré a mi esposa con su brazo sobre el cuello de otro hombre y estaba completamente borracha. La arrastré a la casa y la metí en la cama.

Yo también estaba un poco mareado, pero lo suficientemente sobrio como para pensar un poco… ¿Qué más había estado haciendo ella con otros hombres? Me volví desconfiado y sabía que yo mismo tampoco estaba siendo muy honesto en lo moral. Sin embargo, no pretendía tener una esposa de segunda mano.

En la mañana, durante el desayuno, Mary dijo repentinamente: 'Jack, cariño, ¿qué nos pasa? No me está gustando todo esto de vivir en un buen vecindario en los suburbios. No es divertido. Salgamos de este lugar antes de que sea demasiado tarde'.

'A mí me pasa lo mismo, Mary', le respondí, y como un gran tonto, añadí: 'Pero tenemos una enorme inversión aquí y necesito estar cerca de personas pudientes. Te diré algo: Volvamos a la iglesia y conozcamos buenas personas allá. Así nos mantendremos en aguas más tranquilas y el pastor nos ayudará a apegarnos a nuestros buenos hábitos morales'.

Así que comenzamos a visitar algunas iglesias para averiguar cuál podría gustarnos, pero a mí no me gustó ninguna. Los pastores sonaban como una partida de profesores arrogantes y cada uno de ellos hablaba como un terrible socialista. A mí no me iban a engañar, puedo oler a un charlatán comunistoide a kilómetros de distancia. Y ni una sola vez, escuché una palabra sobre el pecado, que era justo sobre lo que quería oír, pues estaba, y sigo estando, lleno de él hasta el tope. Y eso no es todo. Las personas amables de la iglesia comenzaron a invitarnos a reuniones y, Dr. Peale, aunque usted no lo crea, ¡las fiestas de ellos no eran muy diferentes a las de aquellos que no iban a la iglesia!".

Me miró con dolor en sus ojos, se podría decir que con agonía. "Norman", continuó, "estoy en el infierno. Mary y yo nos separamos. Sencillamente, no pude soportar una fiesta para intercambio de esposas. Me dan náuseas cada vez que pienso en eso. A ella le gustaba eso, pero ya se ha ido directo al infierno ahora, y yo también. Norman, por el amor de Dios, ¿por qué esa iglesia no nos ayudó antes de que nos hundiéramos de este modo?". Estaba a punto de llorar. "La iglesia nos falló. Nos decepcionaron. Nos hicieron pensar que el pecado ya no importaba. ¡Al infierno con ellos!".

Permanecí sentado con gran tristeza. Sin duda, él no estaba siendo razonable. Estaba lleno de autocompasión y tenía una gran mezcla en sus pensamientos, culpando a todos menos a sí mismo por el desorden en su vida. Era obvio que estaba muy lastimado, y, como médico espiritual, mi deber era limpiar sus heridas, aclarar sus pensamientos, ayudarlo a encontrar el perdón de Dios, enseñarlo a perdonarse y a reconstruir su vida sobre bases espirituales y morales sanas. Necesitaba que le mostraran que el tipo de vida que en verdad trae felicidad es la vida cristiana. Y así lo es, porque Jesús lo dijo: "Yo he venido para que tengan vida, y para que la tengan en abundancia". (Juan, 10: 10).

De hecho, esta mal llamada generación sofisticada no es para nada tan sofisticada. La sofisticación es conocer tu lugar en el mundo y conocer bien el mundo. En muchos casos, los habitantes de los suburbios de clase alta, o los "disturbios", como algunos los llaman ahora, en realidad no conocen lo que los rodea, porque muchos de ellos han salido lastimados, como Jack y Mary, y no conocen tanto del mundo, así que terminan por destruir sus vidas de maneras poco inteligentes. El cristianismo verdadero, lleno de Dios y centrado en Cristo, con un profundo énfasis en el pecado y la fe, lleno de un enorme regocijo originado en una vida espiritual sana, podría darles a esos confundidos ciudadanos de los suburbios una existencia llena de gozo, a niveles que ellos nunca sospecharon que existía.

El pesado y anticuado énfasis en el pecado, guiado por el miedo y la estrechez de pensamiento de algunas personas religiosas en tiempos pasados podrían haber estimulado en parte la rebelión contra la moral, lo cual ha conllevado a los terribles niveles de frustración, crimen, colapsos nerviosos y de personalidad, y a matrimonios destrozados. Pero hay una respuesta y está en esas iglesias que enseñan una doctrina bíblica saludable, un evangelio transformador y un programa social cristiano. Las iglesias que saben cómo comunicarles estas enseñanzas a las mentes modernas de manera convincente serán, para esta generación, como en el pasado, la salvación del hombre y de la sociedad. Gracias a Dios, tenemos muchas iglesias de este tipo en los suburbios, aunque Jack no encontró ninguna.

Una noche, mientras me lamentaba de la decadencia en cuanto a la religión real, honesta y redentora, mi hija Elizabeth, de 18 años, que estaba estudiando en la universidad y que asiste a una comunidad en los suburbios, me dijo: "Papá, tú no conoces toda la historia. Puedo asegurarte que el pastor de la iglesia a la cual voy cuando visito a mis amigos allá no juega con ellos. Les dice la verdad con claridad y ellos la aceptan". Y lo que ella dijo es verdad. Ellos no solo aceptan la verdad, sino que aman al pastor por eso. Es más, lo respetan, y ese ministro, tal como los otros, ha construido una verdadera iglesia de gente entregada, allí en el corazón de los suburbios; eso demuestra que sí se puede lograr.

Así que, en realidad, la Iglesia y quienes sirven en ella no son tan deficientes o incorrectos como Jack, en su desesperación, aseveraba. Los ministros, por supuesto, son humanos y, a veces, se han dejado afectar por la cultura pagana y materialista en la cual trabajan. Un amigo mío, un hombre joven y con una genuina espiritualidad, se mudó a un ostentoso barrio de los suburbios en una ciudad del Medio Oeste y recibió una invitación para unirse a una iglesia informalmente llamada la Iglesia de los Ejecutivos. "Pero", él le respondió al pastor, quien era obvio que tenía muy buenas capacidades de socialización: "He escuchado varios de sus sermones y no logro tener claridad precisa con respecto a qué es lo que usted cree y enseña. Usted es uno de los oradores más pulidos que he oído, pero ¿cuál es su posición respecto al compromiso personal con Cristo y a su evangelio de cara al mundo?".

El pastor le explicó que "la gente de clase ejecutiva en esta iglesia no aceptaría esa clase de cristianismo. Hay que dosificarlo; de lo contrario, te abandonarán. El campo de golf es un duro competidor para la Iglesia".

"No estoy de acuerdo con eso", repuso mi amigo. "Debajo de todas esas vestimentas rellenas hay personas reales, y si les dice la verdad, la mayoría la aceptará".

Ese hombre inició en su casa un grupo de discusión sobre la respuesta de Cristo a la vida personal y social, y para considerar el significado del compromiso personal. Había tanta gente interesada en participar, que el grupo original se dividió en varios grupos más. El mismo pastor se unió y pudo experimentar el renacimiento de la vida espiritual. Ya no les tiene miedo a los llamados peces gordos y ahora, ellos, en verdad, lo escuchan. ¿Y por qué no? Las personas siempre escucharán a quienes tienen algo que decir, así como el coraje para decirlo y el liderazgo para decirlo como se debe.

Si la Iglesia no llega con un evangelio vital para el individuo y la sociedad, los hombres encontrarán sus respuestas fuera de ella, tal como Ed M _____, dueño de una gran empresa en una ciudad del Sur. Vino a verme con su prometida para hablar de su futuro matrimonio. Por supuesto, hablé con ellos, como cualquier pastor, respecto a cimentar su matrimonio sobre una base espiritual.

Durante la conversación, les pregunté si asistían a la iglesia con regularidad. Ella dijo que iba todos los domingos, pero él me sorprendió al decir: "No, yo nunca voy a la iglesia. Soy episcopalista, pero el líder allí es absolutamente vacío, así que no me molesto en ir".

"Pero", repliqué yo, "me confunde, porque siempre creí que usted era un hombre espiritualmente vivo. Sé cómo piensa y me ha impresionado su espíritu victorioso".

"Eso lo puedo explicar ", dijo él. "Todas las mañanas, desde las 6:30 hasta las 7:30, leo la Biblia y libros espirituales. Luego, tengo un momento de quietud en el que escribo mis problemas y se los remito a Dios, pidiéndole orientación. Y me ha sorprendido la guía que Él me ha brindado. No podría pensar en vivir sin Cristo. Él es la única respuesta a la vida". Su rostro se iluminó al decir eso.

Aun sabiendo que podría ser un tipo de hombre muy positivo, no podía evitar sentir pena por aquel líder eclesiástico del que él habló, quien, sin duda, era un buen hombre y auténtico, pero que no sabía cómo comunicar el evangelio y tener cercanía espiritual con un amigo como Ed M_____, en especial porque Ed M_____ ama a Dios con todo su corazón.

Hoy en día, personas como Ed M_____ están encontrando una forma de fe personal dinámica, que quieren expresar en acción social. Pero muchos de ellos se confunden con lo que llaman una "franja izquierdista que se ha abierto camino en algunas iglesias". Yo me apresuro a afirmar que, aunque constantemente escucho eso, la verdad es que estoy seguro de que no es tan cierto como parece.

Por muchos años, como la mayoría de los ministros, he estado persuadiendo a la gente a consagrar su vida a Cristo y me ha parecido que muchos responden. Siempre trato de relacionar a las personas como participantes activos dentro de su congregación, tanto en su labor de adoración, como en su misión social y mundial.

Creo que he estimulado a un gran número de creyentes a convertirse en miembros vitales, pero no es fácil retener a algunos de ellos; de hecho, muchos se han vuelto resistentes debido a lo que, con odio, describen como un "plan izquierdista dentro de cuerpos eclesiásticos y una forma de engañar a incautos para que se conviertan en sus simpatizantes". No puedo aceptar este punto de vista y he persuadido a no pocos a pensar de otra forma y a mantenerse firmes como miembros de su iglesia. Pero, dado que solo puedo alcanzar a un número limitado con una conversación personal y no tengo acceso a periódicos cristianos, quiero usar una breve parte de este libro para exhortar a mis lectores a apoyar a la Iglesia como instrumento espiritual para traer esa forma de cambio social significativo, llamado el Reino de Dios en la Tierra. Quizás este capítulo te resulte un poco diferente a nuestro énfasis habitual, pero se trata de un asunto que, en mi opinión, debe ser discutido y considerado por personas reflexivas.

Jeff H _____ fue un hombre con el que tuve un momento bastante difícil debido a que era un pensador empedernido, el tipo de persona que indaga y que también es muy inteligente. Lo contacté en un principio por medio de mi programa de radio *"The Art of Living"*, del Consejo Nacional de Iglesias. Él iba rumbo a un campo de golf un domingo por la mañana y estaba escuchando la radio del auto mientras conducía. En ese momento, comenzó mi programa. Después, dijo que lo escuchaba porque me había oído hablar en una convención nacional de negocios y "le agradé un poco".

En esa charla de radio, como en todas las demás, traté de predicar lo que podría llamarse un tipo de mensaje atractivo, uno diseñado para atraer, convencer y persuadir, con el objetivo de ganar aceptación y compromiso. Dado que este hombre jugaba golf todos los domingos por la mañana, creó el hábito de escuchar con regularidad nuestro programa en su camino al club campestre. El mensaje, abordado en diversas maneras, siempre estaba ligado a una idea: tu vida puede significar mucho más. Nada tiene por qué derrotarte. El gozo y la paz pueden ser tuyos, al igual que tu salud, vitalidad y entusiasmo. Jesucristo es la respuesta; de hecho, Él es tu respuesta. ¿Por qué no encomendar tu vida a Él? Entonces, encuentra una iglesia. Conviértete en parte vital de su adoración y trabajo. Así podrás compartir tu experiencia espiritual con otros. Ya no seas parte del problema del mundo, sino parte de su sanidad y tu vida estará llena de felicidad y satisfacción, al igual que la vida de otros.

Jeff H _____ me dice que una mañana se vio considerando hacerlo. "Debería encomendar mi vida a Cristo". Pero él nunca hacia nada de manera apresurada, sin considerarlo bien, ni hacer cuestionamientos. Sin embargo, la idea se había alojado en su mente y había comenzado a funcionar. El domingo siguiente, sorprendió a su esposa diciéndole: "Creo que hoy iré contigo a la iglesia y veré qué es lo que están dando allá".

Cuando él me relató esta historia, en este punto contuve la respiración ¿Qué clase de pastor habría encontrado en él esa iglesia? Esperaba que no hubiese encontrado a algún intelectual superdotado sin interés por sus ovejas; ni a alguien que regañara desde el púlpito o a un fanático de las manifestaciones sociales o a uno de esos fundamentalistas con todas las respuestas, en especial uno de esos malos. Esperaba que hubiera encontrado un predicador genuino y dedicado, centrado en Cristo, que tuviese un mensaje con algo de vitalidad espiritual. Esperando contra toda esperanza, le pregunté: "¿Y cómo estuvo la iglesia?".

"Estuvo genial". El ministro era un tipo real. Eso fue evidente desde el momento en el que comenzó a hablar. Hablaba mi idioma y yo creo que sabía que yo estaba allí, porque él habló directo a mi vida. Su sermón contenía una gran cantidad de buena Biblia de antaño, así como de exposición sobre el pecado. No tenía nada de sermoneador, ni nada de esa basura socialista que muchos dicen que los pastores reparten hoy en día. Dijo lo que significa ser cristiano de una manera que pude entender y me llegó.

Me gustó tanto, que cambié mi tiempo para jugar golf y comencé a ir a la iglesia con bastante frecuencia. No cambié todas mis costumbres de inmediato, pero me incluyeron en un grupo de hombres donde estudian la Biblia y discuten cómo relacionarla con nuestra vida y nuestros problemas cotidianos. Más tarde, comencé a participar en la iglesia y estoy tratando de crecer espiritualmente, como tú decías".

Luego, Jeff H _____ llegó a su problema actual. "Pero, Norman, estoy desconcertado". Sacó de su bolsillo varios recortes. "¡Lee estas tonterías!", dijo con fuerza, "¡solo lee estas bobadas!". Se echó hacia atrás y me miró con rabia mientras yo miraba los recortes. Los reconocí de inmediato como varios "dictámenes" emitidos por las reuniones confesionales e interconfesionales de la Iglesia. Había varias "declaraciones" de una página entera firmadas por varios ministros. Luego, lanzó un último recorte sobre mi escritorio, un artículo con un gran titular: "LOS PROTESTANTES URGEN EL RECONOCIMIENTO DE LA CHINA COMUNISTA". Reunión en Cleveland vota en unanimidad por inclusión en las Naciones Unidas".

"¿De dónde obtienen ellos esas cosas? Soy protestante y no respaldo esto".

"Mira, Jeff", dije, "por qué no verlo de esta manera. Acabo de ver que hay un estilo entre cierto tipo de ministros que podría ser clasificado como enfocado en expresiones, firmas y pronunciamientos sobre problemas. Ellos lo llaman "profético" o algún término igual de rimbombante. Con el paso de los años, este estilo ha ido convirtiéndose en una actitud estandarizada y cualquier desviación del mismo la consideran como una especie de traición. De hecho, te menosprecian con arrogancia si no aparentas seguir su corriente. Pero, en lo personal, nunca me dejé llevar, a menos que quisiera hacerlo, ya fuera que ellos me menospreciaran o no. Insisto en la integridad de ser yo mismo y de determinar mi propio patrón de pensamiento".

"Pero ¿qué están tratando de probar con estas cosas?", preguntó. "¿Acaso ellos no tienen interés en la vida espiritual? No hay ni un solo "pronunciamiento" sobre la inmoralidad, la embriaguez, el divorcio, la delincuencia juvenil, la homosexualidad o la deshonestidad... ¡ni una palabra! Supongo que no les interesa nada más que la política y en ese departamento huelen a socialistas 'sobrealimentados'... o comunistas, pero creo que esa sería una palabra demasiado fuerte. ¿Qué hay acerca de este Consejo Nacional de Iglesias? También sospecho de ese atuendo".

"Bueno, Jeff, me estás haciendo muchas preguntas al mismo tiempo e intentaré respondértelas. Pero primero, debo advertirte de no tomar una actitud negativa hacia la gente, sin importar cómo te sientas respecto a ellos. Eso en sí, no es una aproximación espiritual, de verdad. Y no te 'indignes' tanto por eso. Solo sigue desarrollando tu vida en Cristo y haz tu propia contribución cristiana a los problemas de nuestro tiempo.

Y ahora, Jeff, déjame responder tus preguntas sobre el polémico Consejo Nacional de Iglesias. He estado asociado con su Comisión de Radiodifusión y Cinematografía por años. La Sra. Peale ha servido como Vicepresidenta del Consejo; y en la actualidad es, y ha sido durante varios años, parte de su Junta General y de su comité de más alto nivel, sobre política y estrategia. Puedo decir que la Sra. Peale y yo respetamos tanto las ideas de cada uno, que podemos, y con frecuencia lo hacemos, estar en desacuerdo; y mis opiniones son mías y las suyas son en efecto suyas, y me refiero a que son muy diferentes.

Por muchos años, he tenido algo de conocimiento acerca de este cuerpo interconfesional de la Iglesia, así que creo que sé de lo que hablo.

Ahora, Jeff, hasta donde conozco, no hay ninguna razón para sospechar de la infiltración comunista en el Consejo Nacional de Iglesias. Quizás haya algunos, unos muy pocos, cuyas inclinaciones comunistas o de compañeros puedan ser sospechosas; pero nunca han estado bajo responsabilidad ejecutiva, y en realidad nunca parecieron tener demasiado peso. La secretaría del Consejo, bajo la dirección del Dr. Roy G. Ross y su cuerpo de delegados, son hasta donde sé, personas cristianas genuinas quienes, de manera consciente, intentan enseñar un liderazgo espiritual constructivo en la sociedad contemporánea".

Jeff había escuchado con atención. "De acuerdo. Aceptaré tu idea e intentaré entender a estos líderes cristianos, pero en mi opinión, algunos de ellos son bastante excéntricos", dijo en tono obstinado.

Creo que la principal causa de los malentendidos generalizados con respecto al Concilio se debe a un pequeño nido de lo que podríamos llamar benefactores idealistas que en su afán de lucha sociopolítica en realidad están debilitando la influencia de este gran cuerpo de la Iglesia. Que estos hombres en sí sean comunistas, no lo creo. Pero una cosa es segura: han generado serias dudas respecto a que todo el movimiento ecuménico se forme en las mentes de millones de estadounidenses reflexivos. Este hecho tiene implicaciones reales y trágicas para el futuro del cristianismo unificado en un momento en el que el impacto total de la fe se necesita desesperadamente.

En realidad, creo que el Consejo Nacional de Iglesias, que ha realizado un trabajo muy efectivo, nunca cumplirá su función en el más alto grado, siempre y cuando no permita que personas de este tipo representen de manera indebida ante la nación el pensamiento y la convicción de la mayoría de los protestantes. No me refiero a que se les deba negar la libertad de expresión; de hecho, apoyo su derecho a hablar, pero insisto en que no tienen derecho a hablar en mi nombre, ni en el de millones de otros protestantes a quienes nos indignan muchas de sus opiniones".

Pero ¿qué hay de esos "pronunciamientos" que tenían tan enojado a Jeff? Y él no es el único, porque mucha gente se queja de lo mismo. Esta es la historia. Hace algunos años, los fanáticos de la acción social concibieron la idea de emitir los que llamaron "pronunciamientos". Quizá tomaron esta idea de la práctica Católica Romana de emitir encíclicas. Pero más allá de eso, habían desarrollado un nuevo concepto de cristianismo como manifiesto social y habían decidido utilizar a toda la iglesia cristiana para su brillante y entusiasta filosofía y punto de vista político.

Esto me consta porque fui, lo creas o no, uno de ellos; de hecho, fui un cabecilla y por lo tanto estoy bien enterado de cómo operan. Cuando era ministro en Brooklyn, y más tarde en el centro de Nueva York, durante la década de 1920, recuerdo cómo los jóvenes graduados de la Facultad de Teología de la Universidad de Boston nos juntábamos y tramábamos sobre cómo sobre cómo manipular e impulsar proposiciones izquierdistas a través de conferencias, para luego hacer que se emitieran como "pronunciamientos" de pensamiento iluminado y dar la impresión de que eran la opinión común de toda la Iglesia.

Y también sabíamos cómo hacerlo, no pienses que no. El pronunciamiento debía redactarse en lenguaje piadoso e identificarse solemnemente con la "voluntad de Dios". Debía estar bien intercalado con frases altisonantes que fueran sacrosantas, como "ideales cristianos", "enseñanzas de Jesús", "pasión social de los profetas", "percepciones éticas del evangelio" y otras, todas efectivas recaudadoras de votos. Nuestro objetivo social básico estaba enterrado en el corazón de un laberinto de palabras y la idea era presionar a cualquier disidente para que se lo bebiera de un trago como aceite de castor en jugo de naranja.

Luego, planeábamos nuestra estrategia y ¡éramos muy listos! Revisábamos la lista de los miembros de la conferencia, marcando aquellos con los que contaríamos por seguro. (Aquellos que habían ido a la Universidad de Boston, al Seminario Teológico Unido y a la Escuela de Religión del Pacífico; ellos, por supuesto, estaban de acuerdo). Luego, verificábamos a los dudosos: a aquellos que todavía andaban a tientas en la neblina de la falta de iluminación, que aún votaban por los republicanos, pero que mostraban algunos signos de modernización. Pero a otros los calificábamos como sin esperanza, a menudo con referencias poco gratas, como "omítanlo, es solo un santo Joe", o "es uno de esos tontos salvadores de almas", o "ese evangelista que siempre lleva la Biblia, está fuera". Pocos activistas políticos alguna vez calificaron a sus votantes mejor que nosotros, o con mayor éxito.

¿Éramos sinceros? No lo sé. De hecho, creo que éramos un grupo de tontos inteligentes que queríamos "mostrarles a algunos viejos pájaros" que sí teníamos las respuestas. Algo que ahora me hace dudar de nuestra sinceridad fue el desprecio que teníamos por aquellos que se demoraron en unirse a nosotros. En espíritu, éramos muy autoritarios, no arriesgábamos ninguna variación de nuestras ideas claramente izquierdistas.

Al obtener una resolución, estábamos listos para el siguiente paso. Algunos de nosotros siempre hacíamos parte del comité de "interpretación de relaciones públicas", para ver que la publicidad fuera "correcta". Sugeríamos titulares como "Iglesia adopta"... o "Iglesia respalda...". El hecho simple era que los miembros de la Iglesia sabían poco o nada acerca de lo que leían, y sin duda, nunca habían "adoptado" o "respaldado" nada de eso. Nuestra pequeña célula había hecho eso; pero la impresión que se le daba al público en general era una acción unánime de toda la Iglesia.

Puede ser que los agitadores y las nodrizas de los dictámenes de hoy sean más maduros, aunque no estoy muy seguro de que así sea. Ellos han tenido más experiencia, sin duda; pero para una vieja mano con ojo prejuicioso, la misma vieja técnica todavía se hace evidente. Por ejemplo, tengo a la mano un comunicado publicitario emitido en una reunión de la Junta General del Consejo Nacional de Iglesias, celebrada en Syracuse, Nueva York. Se encuentra marcado como procedente de la "Sala de Prensa - Salón F" y dice: "El Consejo Nacional de Iglesias hoy aprobó formalmente la planificación familiar y el espaciamiento en un histórico pronunciamiento emitido como un consenso protestante". Nótese el uso de la palabra histórico, los pronunciamientos siempre son históricos. E independientemente de un acuerdo o desacuerdo (que en este caso es un acuerdo) yo protesto el uso del término consenso. Es un consenso solo de la jerarquía y no es mandato en absoluto para el resto de nosotros, quienes estamos supuestos a aceptar con gratitud pronunciamientos realizados por "las mejores mentes de nuestra era". Me pregunto por qué no pudieron utilizar una redacción como por ejemplo esta: "La Junta General del Consejo Nacional de Iglesias hoy adoptó una resolución por votos de 60 a 40 (si es que alguien tuvo la audacia de votar por un no) y de manera respetuosa pide la atención sobre este asunto por parte de la membresía total de nuestras iglesias, las cuales no han tenido la oportunidad de votar al respecto. La acción fue tomada por 400 representantes no electos, pero designados por líderes eclesiales y esta es la expresión única y exclusiva de su opinión. Esto no compromete a la Iglesia entera. No es un consenso".

Tal vez la ofensa más evidente en el uso del "consenso" protestante fue la acción de la así llamada Conferencia de Estudio que tanto exasperó a Jeff H _____. Al parecer, este grupo estaba integrado por unos 500 delegados designados por la jerarquía de las denominaciones y del Consejo Nacional de Iglesias y reunidos en Cleveland, Ohio, en el año 1959. Presentada como una conferencia de "estudio", emitió una petición de estudio buscando el reconocimiento de la China Comunista y sus manipuladores, y con astucia anunció tal reconocimiento como la representación de la opinión de todos los protestantes. La acción luego fue repudiada por una abrumadora mayoría (aproximadamente un 85%) en una votación realizada por una encuesta entre ministros. Por una vez, los "intrigantes del pronunciamiento" llegaron demasiado lejos y fueron repudiados. Quizá la China Comunista termine siendo reconocida, aunque en lo personal me opongo a tal acción; pero hay que preguntar ¿qué derecho tenía esta perspicaz e inteligente célula que operaba en la reunión de Cleveland para comprometerme a mí y a millones de otros protestantes con una acción a la cual nos oponíamos fervientemente?

Un asunto del cual Jeff y otros se quejan es que el personal de los grupos interdenominacionales que emiten la mayoría de estos comunicados o pronunciamientos, por supuesto, es seleccionado en gran medida y minuciosamente por comités de acción social. Como les he recordado a aquellos que se quejan de este sistema, es natural que seleccionen individuos similares en carácter o con ideas afines. Lo que otros pocos podrían admitir a regañadientes en la membresía de la conferencia serían laicos no instruidos quienes quedan desconcertados ante charlas y palabras superficiales y dudan de expresarse por falta de experiencia a la hora de hablar en público y en el uso de la jerga empleada; además, los laicos poseen un arraigado respeto hacia sus ministros y vacilan o dudan en el momento de oponerse a estos. Así que, con recelos, siguen la corriente para no quedarse afuera y uno por uno van renunciando cuando se hartan de la situación.

Por supuesto, como trato de decirles a los laicos irritados que se quejan conmigo, el cristianismo tiene profundas implicaciones sociales y debería hacer sentir su influencia en problemas económicos, raciales y de otro tipo. Esto lo creo firmemente. Pero aun así, no puedo evitar aceptar que la obsesión del presente pronunciamiento y el método a menudo es ofensivo y destructivo en el sentido de que molesta y disgusta a tantos miembros de la Iglesia, que el resultado final es por completo negativo. Existe una mejor forma para que la Iglesia "se exprese" en asuntos sociales. Requeriría más tiempo, pero creo que lograría un resultado más sustancial. Es lo siguiente: los pronunciamientos propuestos se pueden enviar a iglesias locales para su discusión y votación entre las congregaciones, y abrirse camino a través de los diversos entes oficiales hasta que sean emitidos por la Junta Nacional de Iglesias; estos serían considerados con mayor exactitud como la verdadera voluntad y la convicción de las iglesias.

Pero, por supuesto, los comités de acción social difícilmente harían esto, porque los despojaría de esa "prerrogativa" que guardan con tanto celo en este campo, y también, viniendo de personas sencillas que nunca han tenido voz en pronunciamientos, el proceso podría requerir de mucho sentido para adaptarse a ellos.

Pero una cosa es segura, hay una mejor fórmula para la conformación de comités, departamentos, conferencias de estudio y otras reuniones que evitaría la práctica de constituirlos con el mismo tipo de personas e incluir una sección transversal más integral y completa de distintas opiniones. Y además, estas deberían ser personas que sepan representar sus puntos de vista. El no izquierdista promedio no sabe cómo articular sus puntos de vista tan bien como lo hace el izquierdista más simple, así que se rinde y sigue adelante; o descarta con cinismo todo el asunto calificándolo como "un puñado de pésimos comunistas", lo cual, por supuesto, es un error, pero un error que, por desgracia, está ganando credibilidad.

Soy muy consciente de que lo que estoy diciendo traerá considerables ataques en mi contra. ¿Y cuál es el problema? Muchos expertos me han atacado. Debo dejar constancia de que estoy seguro de que la Iglesia ha tenido una influencia extraordinaria y desmedida de un tipo de acción social con aires de erudición, vocabulario súperescolástico e implicaciones éticas. ¿Y cuál ha sido el resultado de su insistencia en un énfasis ético y social sobre cualquier elemento del cristianismo? "El protestantismo", como un hombre lo dijo en una ocasión, "seguramente ha recibido una paliza bajo estos hombres".

La fe numéricamente dominante en esta nación, y apreciada por generaciones, ahora parece estar perdiendo su presencia e influencia entre las masas. Y muchos piensan que esto se debe más que todo a que demasiados líderes han tendido a hacer que el cristianismo sea solo una religión de tipo social y ético, haciendo caso omiso a su carácter sobrenatural y a su dinámica de cambio de vida.

Como resultado de la negligencia en el compromiso personal con Cristo por parte de entusiastas que insisten demasiado en lo ético, el énfasis en el pecado individual se desvaneció. Los laicos tienen la impresión de que la Iglesia ahora enseña que solo la sociedad puede ser culpable de pecado. Esto, por supuesto, le brinda al individuo una escapatoria fácil de su responsabilidad moral, y créeme, las personas también han sacado provecho de esta "salida".

Cuando los periódicos publicaron titulares anunciando que la Asamblea General Presbiteriana había respaldado el consumo "moderado" de bebidas alcohólicas para darles alivio a los miembros y que no fueran llamados "cristianos de segunda clase", vi una interesante reacción por parte de un miembro de la iglesia. Quizás él era un "cristiano de primera clase", ¿quién sabe? El caso es que manifestó: "Nunca hemos servido licor en nuestro hogar y hemos evitado las fiestas de coctel considerando que tenemos una vida espiritual de mayor nivel que nuestra cultura centrada en el licor. Pero ha sido un poco complicado mantener estas convicciones porque esto nos ha separado de algunas personas agradables que no comparten nuestros puntos de vista. Ahora que mi iglesia respalda el consumo de licor, supongo que pasaré por la tienda de licores camino a casa y empezaré a consumir alcohol como todos los demás". No pude entender si él estaba herido, decepcionado o estaba siendo cínico; o tal vez los tres.

Lo cierto es que le dije: "¡Jum! Aférrate a tus propias convicciones honestas, independiente de las opiniones de los demás y aunque tu propia iglesia te dé la espalda. Además, las asambleas de las iglesias no siempre han sido guiadas por el Espíritu Santo.

Los creyentes tienen derecho al gozo y a la fuerza de la vida cristiana a fondo. Al parecer, el cristianismo como un manifiesto ético, en lugar de ser un evangelio completo de convicción, regeneración y salvación, permite que quienes viven sin apoyo y sin guía espiritual avancen sin restricción hacia su propio infierno personal. Además, al parecer, carece de una referencia de crisis personal y, por lo tanto, le falla a la gente en los momentos difíciles.

Por ejemplo, un brillante joven intelectual, que era un miembro poco entusiasta de una iglesia que tenía un pastor que hacía énfasis en lo ético, consultó a un médico por un pequeño grano que tenía en su oreja. Unos días después, el reporte de laboratorio indicó que tenía un melanoma, una forma de cáncer. Esto, desde luego, generó una profunda crisis en la que el joven necesitó ayuda, ayuda real. Su pastor no resultó ser muy efectivo. En su desesperación, el afligido joven se volvió hacia un hombre de Dios que no solo tenía una fe vital y transformadora, sino la capacidad de guiar a las personas a una experiencia de fe profunda, ayudándolas a usar la fe para enfrentar situaciones extremas como esa.

Este hombre de Dios no despreciaba el contenido ético de la fe cristiana, sino que además se había aferrado al poder de Dios de una manera personal. Él pudo comunicarle la gracia de Dios a este moderno intelectual en medio de su profunda crisis. El pastor de acción social que de verdad quería ayudar, tuvo que reconocer que su superficialidad espiritual lo hizo impotente ante un problema de esta complejidad. Luego, después de una curación asombrosa de su cuerpo y aún más asombroso, del cambio en su vida espiritual y de su mente, este joven dijo: "Cuando esa enfermedad me afectó, ni Reinhold Neihbur, ni toda su filosofía intelectual tuvieron mayor significado para mí. Cuán agradecido estoy de que encontré a un ministro para quien Cristo era real y que puso a mi disposición, en medio de mi necesidad, la gracia sanadora del Señor". Este joven es hoy uno de los cristianos más comprometidos y creativos que he conocido.

En la actualidad, muchos están perturbados por las diversas tendencias dentro de la fe cristiana. Al parecer, un declive melancólico del protestantismo se ha instalado, de acuerdo con un artículo del Rev. Dr. Ralph W. Sockman publicado en una revista nacional: "Durante un período de 30 años" dice, "la membresía de cinco denominaciones protestantes en Cleveland disminuyó más del 13%. En 15 años (1940-1955), unas 55 iglesias abandonaron el centro de Detroit, y algunas de las denominaciones más grandes perdieron cientos de sus miembros alrededor de la ciudad. En los últimos 40 años, 44 iglesias luteranas de las más robustas en un rango de dos millas del centro de la ciudad se han reducido a cuatro. Durante el último siglo, en promedio, cada año, una denominación protestante en la ciudad de Nueva York ha sido abandonada o se ha fusionado en el área de Manhattan y el Bronx".

Aun así, el protestantismo ha tenido un crecimiento asombroso, en especial en los florecientes suburbios que se extienden por kilómetros alrededor de grandes ciudades hacia lo que ahora se llama exsuburbios o la región más allá de los suburbios antiguos y más nuevos. Junto con la migración de las grandes tiendas del centro hacia los modernos centros comerciales en los suburbios, muchas iglesias antiguas del centro de la ciudad también se han mudado a los suburbios o más allá de ellos, siguiendo a la multitud.

Este, por supuesto, es el deber y la oportunidad para ministrar a la creciente población suburbana y muchas lo están haciendo de forma elogiable. Pero no podemos evitar preguntarnos si toda esta migración de iglesias a los suburbios ha sido motivada por los objetivos más nobles o si, en algunas instancias, es con el fin de preservar el estatus social de ciertas de ellas. Las que una vez fueron grandes iglesias en el centro de la ciudad han ido declinando con el paso de los años hasta convertirse en una especie de refinado gentilismo, aunque hay remanentes de familias de la alta sociedad que todavía tienen un vínculo sentimental con la iglesia antigua.

Sin embargo, ¿abrirían sin restricción sus puertas y traerían a la casa de Dios y mantendrían relaciones de compañerismo con gentes que viven en albergues, sindicalistas, afroamericanos y "extranjeros" que se refugian en las viejas y sucias mansiones de las áreas que alguna vez fueron socialmente impecables? "Oh, no, ellos no son nuestro tipo", "¿Qué pensaría la querida tía Mabel?". (Se retorcería en su tumba). "Oh, vaya, esas personas, no. Recuerdo esos albergues y cuando las familias más distinguidas de la ciudad vivían en esas casas y todas eran miembros de nuestra querida y vieja iglesia".

Pero poco a poco, más y más de estas agradables personas de la vieja data han ido falleciendo y algunas grandes herencias han sido repartidas, y lo siguiente que sabes es que la querida y antigua iglesia se muda a los suburbios donde "ahora vive nuestra clase de gente".

Una iglesia que no tenga en cuenta su función como casa de Dios abierta para todos, sin considerar su estatus económico, ni su origen nacional, ni su color, no es una verdadera iglesia del Señor Jesucristo. Cualquier iglesia que rechace burda y deliberadamente a cualquiera de los hijos de Dios merece perder su exención de impuestos según la ley, ya que este alivio financiero del gobierno está relacionado con la verdadera función eclesiástica de servirles a todos en todo momento, y nos referimos a todos.

Yo he sido pastor por 30 años de una iglesia en las profundidades del centro de la ciudad; una iglesia para toda la gente, para la comunidad entera. Es bien sabido que sus puertas están abiertas por completo para el compañerismo, la adoración y el servicio a cualquiera. El estatus económico, la posición social, el color o cualquier otro factor nunca es señalado, ni hace diferencia alguna; todos son muy bienvenidos. Y con orgullo incluimos en los números de nuestra membresía a cristianos afroamericanos, así como a todos aquellos de otras razas.

Si el declive del protestantismo sugerido por Martin E. Martz en su libro *La nueva forma de la religión en los Estados Unidos,* en la revista *Church Management* y por Russel Kirk en la revista *Fortune* es una evaluación correcta, entonces es necesario hacer un estudio serio de la causa de dicho declive.

Una de las evaluaciones más fuertes y más convincentemente esperanzadoras del estado actual del protestantismo la realizó el

Rev. Dr. Edward L. R. Elson, bajo el título "¿Es esta una era pos-protestante?" El Dr. Elson, uno de nuestros mejores predicadores, es muy persuasivo al llamar la atención al vasto número de iglesias dentro del protestantismo, así como su impresionante crecimiento y desarrollo en educación cristiana, sus donaciones a iglesias que exceden los $3 millones de dólares al año, sus líderes eminentes y acelerado crecimiento en membresías. "El protestantismo en Estados Unidos no está ni muerto, ni muriendo", dice él. "Tiene en sí el poder de la autocrítica, el cual puede producir autorreformación". Y me gusta la sugerencia del Dr. Elson: "Corrijamos lo que está mal, fortalezcamos lo débil y defendamos con celo lo que está bien".

La principal evidencia de que el protestantismo está en problemas, como lo veo, es la pérdida de influencia sobre nuestra cultura y su menor énfasis en su completo compromiso con Jesucristo y con lo que esto significa. Tal vez se deba también, principalmente, a la falta de un evangelio dinámico, que predique la necesidad de énfasis en la Biblia y la conversión, y a una carencia general de la capacidad de comunicarse con las masas modernas estadounidenses.

En mi opinión, y lo digo con arrepentimiento, gran parte de la culpa recae en aquellos que persiguen con obsesión la súperacción social, esos brillantes y piadosamente enojados jóvenes (hombres mayores, también) que siempre preguntan en su manera intelectualoide: "Ahora, ¿cuáles son las implicaciones éticas?". El cristianismo, por supuesto, es un código ético, pero es mucho más que eso; es el poder de Dios para la salvación, y el no hacer énfasis en esto le ha restado en gran medida fuerza y atractivo. El predicador al estilo "ética de acción social" vacía las iglesias, no porque las personas sean "conservadoras y capitalistas", sino porque el hombre promedio quiere una guía espiritual integral para su mente y su alma. Quiere un mensaje conmovedor y transformador y, al no recibirlo, la Iglesia ya no lo atrae.

Una razón por la cual la Iglesia parece estar perdiendo creyentes puede ser la falta de un gran desafío. Lo que alguna vez fue atractivo para los hombres, por así llamarlo, para enfrentar al mundo en nombre de Dios y conquistarlo para Jesucristo, brilla por su ausencia en la predicación actual. La antigua conmovedora nota que emocionaba a las generaciones pasadas de asistentes a iglesias, es prácticamente desconocida para esta generación. ¿Cuántos hoy en día encuentran esa emoción en un sermón? ¿Una emoción que cautive a los oyentes para que salgan de la iglesia con los ojos brillantes, con el corazón agitado y la sangre corriendo más rápido por sus venas? ¿Por qué inclusive esta descripción suena cursi? Pero así fue en otro tiempo, en los grandes días del cristianismo en este país. ¡Recuerdo muy bien esta clase de sermones en mi niñez! Y esa es una de las razones por las que multitudes llenaban las iglesias; es por eso que la fe religiosa penetró a fondo en la vida de las personas.

Hubo una vez cuando la gran y poderosa predicación fascinó y mantuvo grandes congregaciones, y de verdad impactó vidas. Los predicadores eran una casta fuerte de hombres cuyos sermones eran memorables, algunos de ellos ubicados entre los mejores discursos de los Estados Unidos. Ellos tenían todas las artes y habilidades de los grandes oradores. Su celo evangélico, su sinceridad y el poder de persuasión, formaron y fortalecieron la Iglesia hasta uno de sus picos más altos de influencia y poder espiritual.

Y esos predicadores llevaron al cristianismo al extremo, desafiando a los creyentes y los que no lo eran a tener una gran fe, dándoles una visión global del Reino de Cristo, confrontándolos con sus pecados, tanto a nivel personal como social, atrayéndolos al compromiso con Cristo. Eran predicaciones robustas, poderosas, reales, y eran grandes líderes los que las hacían.

Qué bien recuerdo las iglesias de mi niñez, y la mayoría no estaba en grandes ciudades, sino en pueblos de condados del Medio Oeste. La hermosa, clara y resplandeciente mañana de domingo, el constante flujo de creyentes reuniéndose, el silencio de la iglesia abarrotada, la sensación de emoción de que algo grande iba a suceder. Luego, los viejos himnos cantados por la gran congregación, la oración conmovedora y por último, el gran momento cuando el predicador pasaba a compartir su sermón encendiéndose hasta que el Señor descendía sobre él y sobre los presentes. De un momento a otro, terminaba y todos permanecíamos sentados, como hechizados. Cristo estaba cerca, Dios estaba cerca. Nadie quien haya conocido una iglesia como esta podría olvidarla. Era una experiencia para toda la vida. Esta era la plenitud del cristianismo protestante. De ahí, salieron muchos de los optimistas empedernidos que forjaron este país.

A estos hombres los sucedió una generación que aprendió que la predicación no es importante. El servicio de "adoración" y la "educación bíblica", ambos sin duda son importantes, pero llevaron el sermón a una condición de ensayo corto, aburrido, sin vida, con falta de poder, color e interés. Como resultado: los viejos "degustadores" de sermones murieron; algunos nuevos se formaron para ocupar sus lugares; y por último, el distanciamiento de la Iglesia se volvió tan evidente que ahora los "intelectuales" en la jerarquía admiten que estamos en lo profundo de la "era postprotestante".

El hecho es que los feligreses son ahora indiferentes a un púlpito pedante y académico, pero volverán y se juntarán en un púlpito que es espiritualmente vital, poderoso, desafiante e interesante. Pon la cruz en el centro, junta el sacrificio personal, mantén los altos estándares, haz exigencias de fondo; en otras palabras, dales un cristianismo verdadero a las personas y verás cómo los fuertes les serán de testimonio a los débiles. Esa clase de iglesias atrapará y desafiará a los mejores entre nosotros. Recuperará su fuerza ancestral y tendrá un impacto poderoso en este mundo desordenado y pagano. Un sermón dinámico en la iglesia el domingo en la mañana todavía puede ser una de las maneras más conmovedoras, estimulantes y persuasivas de discurso conocidas por el hombre. El ser humano moderno todavía puede ser alcanzado por un discurso entregado con emoción, humor y razón. No hay otra forma de comunicación entre seres humanos que tenga tanto poder para emocionar e inspirar como un poderoso discurso bíblico entregado por un predicador que se sumerja en su entrega, derramando su corazón, mente y alma frente a su prójimo.

Tal sermón combina drama, suspenso, espiritualidad, autoridad y, de hecho, todas las artes y habilidades de persuasión; sin duda, llegará al hombre moderno no menos que a sus predecesores. Qué lástima, que pena tan profunda que las generaciones de nuestros tiempos nieguen la grandeza del discurso humano, un sermón que emociona la mente y el corazón para la aceptación del amor de Dios y la redención de Jesucristo. Estas generaciones tienen una concepción muy pobre de la maravilla y la gloria de la adoración cristiana, cuando el asombroso fenómeno de un verdadero gran sermón está en su centro.

"Salvar almas" es casi un arte perdido en muchas iglesias. De hecho, es triste que en no pocas iglesias ni una sola alma tenga una transformación espiritual en un año o incluso en cinco. Hay personas laicas que me dicen que algunos predicadores consideran el salvar almas como algo cursi. No puedo creer que esa actitud exista en el cristianismo evangélico, una forma de fe y práctica espiritual que siempre ha tratado de salvar las almas por medio del poder de Dios y del sacrificio, muerte y resurrección de Jesucristo. Tristemente, junto con el declive de la fe espiritual, algunas de nuestras libertades también sufren restricciones.

Algunos miembros del grupo extremo de implicación ética y acción social, no todos por supuesto, pero algunos, tal vez, ni siquiera muchos, parecen extrañamente hostiles contra la libertad individual de pensamiento, expresión y acción. Al parecer, inherente a su filosofía es esperar, y algunas veces, insistir en que todos se conformen y que no muchos se puedan oponer a sus prácticas punitivas. El siguiente reporte de *Daily News* en Bangor (Maine) es un buen ejemplo de esto:

Philip A, un predicador que sirve como pastor de la Iglesia Metodista _____, se retiró el viernes de la campaña del derecho al trabajo, después que se le informara que su posición sobre el tema estaba "fuera de línea" con la "visión metodista".

La renuncia del pastor se hizo pública después de una reunión entre el pastor y su superior eclesiástico, el Reverendo Edward X, el viernes en la mañana. Al comienzo de la semana, Philip A y el Sr. Reverendo X habían participado en la audiencia de Comité Legislativo de Trabajo. El pastor Philip A apoyaba la ley del derecho al trabajo, y el superintendente de su distrito y otros dos ministros metodistas se oponían.

Luego de que la salida de Philip A se hiciera pública, el Reverendo, el Sr. X atribuyó la posición del joven ministro a su falta de experiencia y de entendimiento del tema. Dijo que Philip A no había buscado el consejo de dos comités de la Conferencia Metodista, uno para temas legislativos, antes de tomar posición sobre el asunto.

Cuando se le pidió su comentario sobre la situación del viernes, Philip A solo dijo que "como ministro" había "retirado su apoyo formal" a la ley del derecho al trabajo, pero que "como ciudadano" todavía se sentía "libre de decir cuando me pregunten lo que creo acerca del derecho al trabajo".

Reconoció que la decisión de retirar el apoyo a la ley fue "acordada entre el Sr. Reverendo X y yo".

Otro ministro, y claro está, anónimo, fue citado de manera confidencial diciendo: "El pastor Philip A está acabado". ¡Qué te parece! Un hombre está "acabado" en la predicación del evangelio porque difiere como ciudadano, y dicho sea de paso como ministro, con la jerarquía de su iglesia en un tema de política pública que no tiene relación con el dogma o el credo. Al parecer, el protestantismo fundado bajo el principio de "pensar y dejar pensar" ha quedado bajo la practica autoritaria de los devotos de las implicaciones éticas, una degeneración del "sigue la corriente o de lo contrario...", de un movimiento espiritual que alguna vez fue libre. Por supuesto, es probable que digan que Philip A sea un "raro", lo cual es un término para cualquiera que se resista a seguir la corriente. Fue tranquilizador ver que en la misma noticia el obispo metodista local "afirmó que tanto el ministerio como la membresía laica de la Iglesia Metodista tienen derecho a decir lo que piensan sobre temas sociales".

No es extraño entonces que la espiritual y vital fe protestante, a pesar de la inmensa superioridad numérica y de sus magníficas edificaciones, pudiera acercarse peligrosamente a ser una influencia inocua en la vida de los estadounidenses. ¿Qué más podría esperarse si su sólida creencia en Jesucristo como Señor, Salvador y Divino Hijo de Dios fue demeritada; si su fe en la Biblia como la Palabra de Dios fue despreciada y la Iglesia pasó a ser en gran medida un instrumento político y social? Además, es un organismo que en la práctica suele negar el derecho a pensar y hablar libremente. Qué sorprendente que la Iglesia, el cuerpo de Cristo, pueda ser cambiada por un sistema ético-político-social, que minimice la libertad ganada por decididos hombres de Dios. Las personas han pedido el pan de vida espiritual, pero muchas de ellas creen que han recibido la piedra de la acción social, y así millones se han vuelto indiferentes, mientras que otros se han disgustado y ya no han pedido nada más.

La necesidad de hoy es de un sustancial liderazgo espiritual, de hombres que sepan cómo integrar las implicaciones éticas del evangelio (estas son muy importantes) con el mensaje vital que cambia vidas (el cual es de suprema importancia). Es un hecho que los líderes y pastores que no puedan alcanzar esta integración sean anticuados y pasados de moda, y apenas competentes para liderar espiritualmente en la era moderna, que al parecer no entienden y los ha dejado atrás. Para cualquiera es muy fácil que los tiempos y los eventos lo sobrepasen. Es patético seguir peleando cuando el balón se ha ido al otro lado del campo.

Pero para el cristianismo protestante ha llegado un nuevo día con el nacimiento espontáneo de miles de grupos muy espirituales de laicos y ministros. Han surgido como nuevos brotes verdes, donde los viejos árboles han caído, demostrando una vez más que el cristianismo es inmortal y no lo eliminarán ni sus amigos, ni sus enemigos. Las personas deben tener compañerismo, dirección e inspiración espiritual, y, por lo tanto, al no encontrarlos en muchas iglesias, han acudido a grupos pequeños más íntimos. Allí, mediante una espiritualidad profunda, muchos están encontrando a Dios y están comprometiendo sus vidas con Cristo. Así que, a partir de la esterilidad y la decadencia del cristianismo en nuestros tiempos, emerge una nueva y poderosa vida espiritual. Por lo tanto, agradezcámosle a Dios y armémonos de valor, porque no todo está perdido, ni está cerca de eso. Cristo sigue vivo, los pastores honestos aún enseñan y los laicos sinceros siguen creyendo y practicando el evangelio que cambia vidas.

Solo una palabra más: por lo que he escrito, es posible que algún lector tenga la impresión de que la mayoría de los pastores y predicadores es como algunos a los que me he referido en este capítulo. Por el contrario, la abrumadora mayoría está compuesta de hombres dedicados por completo, que tienen un deseo sincero de ayudar a otros, a todos, en el nombre de Cristo. Ellos están ocupados en su trabajo diario de ministrar a los enfermos, instruir a los jóvenes, confortar a las familias en pena, guiando a los que caen y aconsejando a los preocupados. Además de esto, están tratando de cumplir con un presupuesto, idear y realizar programas, y preparar sermones diseñados para instruir e inspirar a su gente.

No tienen tiempo para inclinarse en la defensa de posiciones políticas. Eso es algo ajeno a ellos. Solo siguen adelante a tiempo y fuera de tiempo, amando con humildad a la gente en el nombre de Cristo y edificando su Iglesia. Pero son hombres despiertos, bien educados y considerados, con una gran preocupación respecto a una identificación creativa del cristianismo con los problemas sociales de nuestro tiempo. Además, nunca tienen miedo de asumir una posición cuando es necesario. Y lo hacen con una actitud de amor y humildad. Todo su ministerio es de servicio amable y humilde hacia Dios y el hombre en lo personal. Y no solo los respeto, sino que también los amo. En mi opinión, ellos son uno de los mejores grupos de hombres que Dios jamás haya hecho, los fieles pastores del cristianismo de hoy.

Sin duda, es trágico que, a pocos, muy pocos, que sin sinceridad articulan el hacer el bien, se les haya permitido crear una imagen infeliz y no representativa de la Iglesia en la mente del público.

En cambio, los pastores que creen que el poder de Dios por medio de Jesucristo cambia vidas sí tienen las respuestas para nuestros tiempos. Ellos saben que cuando, por un acto de gracia redentora por medio de la fe en Cristo, un hombre llega a ser, como dice el Nuevo Testamento, "una nueva criatura", si no desarrolla también convicciones sociales cristianas, su compromiso es menos que válido.

En su manera de pensar, no hay evangelio social, ni evangelio individual; solo hay un evangelio indivisible. Con este énfasis en las enseñanzas individuales y sociales de Jesucristo como unidad, el cristianismo tiene el poder de convertirse en aquello para lo que, sin duda, fue diseñado: una fe espiritual profunda que fue, es y seguirá siendo siempre la fuerza vital en la vida del ser humano en todos los tiempos de la Historia. ¡Y los optimistas empedernidos contribuirán a que así sea!